KB157410

아산, 그 새로운 울림 :

미래를 위한 성찰

—

열과 꿈

일러두기

* 본 연구는 아산사회복지재단 학술연구지원에 의하여 수행되었습니다.
* 고유명사 및 각주, 참고 문헌은 논문 저작자의 표기 방식을 존중해 각 논문별로 통일해 사용했습니다.

아산연구
총서 01

아산, 그 새로운 울림 : 미래를 위한 성찰

울산대학교 아산리더십연구원 편

얼과 꿈

—

전영수

박태원

정진홍

강대중

소래섭

푸른숲

아산, 미래를 위한 위대한 유산

올해는 현대그룹의 창업자이신 아산 정주영 선생의 탄신 100주년이 되는 해입니다. 이러한 뜻깊은 해에 그의 정신을 계승하고 확산하기 위하여 아산사회복지재단과 울산대학교 아산리더십연구원은 아산 연구 총서를 기획하였습니다.

우리나라의 창조적 기업가로 숭앙받고 있는 아산은 사회, 문화, 교육 등에서 탁월한 성취를 이룩했습니다. 이러한 성취는 우리 사회에서뿐만 아니라 세계적인 차원에서 관심의 대상이 되었고, 많은 사람들에게 삶의 귀감이 되었습니다.

우리는 시간이 경과함에 따라 기업을 일군 선구적 창업자에 대한 객관적 성과를 잊는 경우가 많습니다. 역사 속의 인물로 규정하여 그의 비범성이나 성공 신화에 방점을 찍는 경우가 많습니다. 그를 존경하면서도, 그를 안다 하더라도 그가 한 일만을 기억할 뿐, 그 일을 하도록 한 그분의 삶의 태도가 무엇인지, 그리고 당시의 사회·문화적 맥락이 어떠한지를 깊이 생각하지 않는 경우가 많습니다.

이러한 문제인식이 아산 연구의 필요성을 제기하는 계기가 되었습니다. 아산 연구는 아산을 과거의 인물로 규정하는 것이 아닌, 현재 우리의 삶을 풍부하게 해주고 우리의 미래상을 엿볼 수 있도록 해주는 연구입니다. 아산 탄신 100주년은 그 연구의 필요성을 환기시키는 좋은 계기가 되었습니다. 그 출발이 다소 늦은 감이 있지만, 이 연구가 앞으로 이어질 후속 연구의 디딤돌이 될 것을 믿습니다. 무엇보다도 객관적이고 심층적인 학술 연구가 수행되어야 합니다.

아산의 활동이나 성취는 여러 분야에 걸쳐 있기에 그에 관한 연구 또한 다양한 방면에서 이루어져야 합니다. 아직까지 그의 정신이나 가치관에 관해서는 일부 한정된 분야에서 부분적, 단편적 기술만 존재할 뿐입니다. 이러한 상황에서는 아산의 전체 면모를 온전히 이해하기 어렵습니다. 이를 바로잡기 위해서는 그동안 잘 알려지지 않은 분야를 포함하여 아산이 활동한 다양한 분야가 종합적으로 다루어져야 합니다.

우리는 아산의 시대적 성공 이면에서 작용하는 힘이 무엇인지를 알고 싶었습니다. 인간 정주영이 올곧게 이해되기 위해서는 그의 숨결과 정신, 가치와 기여 등에 대한 성찰이 중요합니다. 아산을 학문의 장으로 옮겨 '아산 연구'를 "아산, 그 새로운 울림: 미래를 위한 성찰"로 하고 '얼과 꿈, 살림과 일, 나라와 훗날, 사람과 삶' 등 네 가지 주제로 연구를 진행하였습니다. 이 연구는 국내 각 분야의 전문가들이 참여하여 아산을 새롭게 조명하려는 노력들이 짙게 배어 있음을 알 수 있습니다. 해당 분야 연구자들의 노력에 경의를 표합니다. 이러한 노력의 결실로 아산 연구가 학문의 장 안에서 광범위하게 이루어지기를 기대합니다.

2015년 11월 6일

울산대학교 총장 오연천

취지문

'아산 현상'에 대한 새로운 해석학을 위하여

아산峨山 정주영(鄭周永, 1915~2001)은 거대한 세계적 기업 현대現代의 창업자입니다.

그는 가난한 집안에서 태어났고, 응분의 제도교육의 혜택을 누리지 못했습니다. 그는 어려운 자기 삶의 현실을 극복하고 싶어 했습니다. 각고刻苦의 노력 끝에 그는 우리 사회와 국가에서, 그리고 세계에서 가장 성공적인 기업인 중 한 사람이 되었습니다.

그의 관심은 산업 외에도 교육, 사회복지, 문화, 그리고 정치로 확장되었습니다. 그리고 각기 그 분야에서도 기업에서와 다르지 않게 일정한 성취를 거두고 사회-국가적 기여를 했습니다. 이러한 사실은 우리 사회에서뿐만 아니라 세계적인 차원에서 그를 존경의 대상으로, 삶의 귀감으로 기리도록 하고 있습니다.

그런데 바야흐로 우리는 아산의 탄생 1세기를 맞고 있습니다. 그에 대한 기림은 이전보다 더 드높아지고 있습니다. 그것은 아산의 생애가 지니는 가치의 존귀함, 그리고 그를 기리는 흠모欽慕의 진정성을 보여줍니다.

그러나 이러한 현상은 동시에 우리가 아산을 지금 여기에서 만나기보다는 그를 과거의 '기념비적 인물'로 고착화固着化하는 경향이 형성되고 있음을 보여주는 것이기도 합니다. 이 사실을 우리는 몇몇 측면에서 살펴볼 수 있습니다.

우선 지적할 수 있는 것은 '기림' 자체입니다. 이제는 '아산 생전의 현실'이 서서히 역사의 뒤안길에 들어서고 있습니다. 이를테면 아산의 자서전《이땅에 태어나서》(솔출판사, 1998)가 한 시대의 한 인간의 증언으로 읽히기 위해서는 그 시대에 대한 무수한 각주脚註가 요청될 만큼 이미 그 시대는 오늘을 사는 사람들, 특히 젊은이들에게는 낯설고 이질적인 역사입니다. 당대의 문화도 다르지 않습니다. 이른바 패러다임의 변화는 가치나 의미는 물론 삶의 태도, 그리고 삶의 자리에 대한 인식에서 커다란 변화가 일었음을 보여주고 있습니다. 그렇다고 해서 아산의 삶이 '아산 현상'으로 기술될 만큼 온전히 역사화 되지도 않았습니다. 아직 인식을 위한 충분한 '시간의 거리'가 확보된 것은 아니라고 판단되기 때문입니다.

그런데 무릇 '숭모崇慕'는 역사-문화적 변화를 간과하는 '향수鄕愁'

에 기반을 둔 정서의 표출입니다. 따라서 그것이 품고 있는 진정한 '경외敬畏'에도 불구하고 그러한 기림을 유지하는 것은 결과적으로 아산을 '그의 당대'에 유폐幽閉시키는 것과 다르지 않습니다. 그래서 그에 대한 기림은 '그리움'과 '아쉬움'으로 기술되고 일컬어집니다.

다음으로 지적하고 싶은 것은 아산을 기리는 '태도'입니다. 오늘 우리는 아산의 생애를 회고하면서 그가 이룬 업적을 끊임없이 되뇝니다. 그것은 당연한 일입니다. 그런데 우리는 아산이 스스로 자신의 성취를 증언하는 과정에서 이야기한 그의 소탈한 일화를 그의 생애의 핵심으로 회자膾炙합니다. 그래서 그러한 '삽화揷話의 서술'이 아산의 생애를 묘사하는 정점을 차지하고 있습니다. 이러한 진술은 그의 삶에 대한 경탄을 자아내기에 충분합니다. 나아가 사람들에게 감동을 경험하게 하고 사물에 대한 통찰을 가지도록 자극하기도 합니다.

그러나 그의 생애의 전 과정이 지닌 궤적軌跡의 의미를 살피는 일은 오히려 이러한 사실의 전언傳言에 가려 소홀해집니다. 따라서 이러한 기림은 종내 아산을 '비일상적인 캐릭터'[1]로 화하게 하

---

1 이러한 현상은 흔히 일어나는 일이다. 이른바 '유명인(celebrities)'의 생애를 기리는 나머지 그의 생애를 일상인과 다르게 묘사하는 일이 그것이다. 그렇게 이루어진 '전기(傳記)'를 일반적으로 '성자전적 전기(hagiographical biography)'라고 부른다. Thomas J. Heffernan은 그의 저서 *Sacred Biography: Saints and Their Biographers in the Middle Ages*(Oxford University Press, 1988)에서 이 문제에 대한 흥미로운 주장을 펴고 있다. 그는 '성자의 삶'은 이상적인 삶에 대한 사람들의 희구가 어떤 삶을 그렇게 '만든다'고 말한다. 그러나 그것이 부정직하고 불가능하며 비현실적인 것은 아니다. 그렇게 만들어진 한 '삶의 전형'은 역사적인 이야기(historical narrative)가 되어 전승되

면서 그를 '영웅담에 등장하는 주역'이게 하거나 아예 '신화적 범주'에 들게 합니다[2]. 아산을 일컬어 '하늘이 낸 사람'이라고 하는 칭송은 이러한 태도가 이른 극점極點에서 발언된 것입니다. 이러한 태도는 아산을 '우러르게 하는' 것일 수는 있어도 우리가 그와 '더불어 있게 하는' 것일 수는 없습니다. 비일상적인 극적劇的인 발상과 비범한 행위의 돌출적인 연속이 아산의 삶이라고 여기게 되기 때문입니다.

이에 이어 자연스럽게 지적할 수 있는 것은 기림이 그 대상을 '맥락일탈적脈絡逸脫的'이게 한다는 사실입니다. 하나의 인간이 기림의 대상이 되는 것은 그가 올연兀然하기 때문인 것은 틀림없습니다. 그러나 그렇다고 하는 사실이 그가 자신이 현존하는 맥락에서 벗어나 있는 존재임을 의미하는 것은 아닙니다. 오히려 그 돋보임은 그가 만나고 반응하고 더불어 있었던 무수한 사람과의 연계 속에서 드러난 현상이고, 당대의 정치, 경제, 문화의 구체적이고 직접적인 요소들과의 만남에서 형성된 그 자신의 모습에서 비롯한 것입니다. 그러므로 아산을 그 관계망에서 초연하게

면서 '현실화된 꿈의 범례'로 기능하기 때문이다. 하지만 그렇게 되면 될수록 '성자가 된 그 사람'은 그만큼 '울안의 거룩함(sanctity in the cloister)'이 되어 기려지면서 현실성을 갖지 못하고, 다만 기도의 대상이 되든지 기적의 주인공으로 있든지 할 뿐이다. 그러나 그는 이에 이어 이러한 중세적 현상이 다행히 해석학(특히 Gadamer)에 힘입어, 비록 여전히 성자전적 전기가 요청되는 것이 지금 여기의 현실이라 할지라도, '잃은 현실성'을 되찾을 수 있으리라는 것을 시사하고 있다.

2 이를 신격화현상(deification)이라고 일반적으로 개념화할 수 있다.

하는 기림은 그의 성취에 대한 바른 인식을 그르치게 할 수 있습니다.

물론 '시대가 영웅을 낳는다'는 몰개인적沒個人的 역사 인식에 대한 조심스러운 긴장을 우리는 지닐 수 있어야 합니다. 하지만 마찬가지로 '영웅이 세상을 빚는다'는 몰역사적 개인 인식에 대한 조심스러운 긴장도 우리는 유지할 수 있어야 합니다. 기림은, 특히 항수에서 비롯하는 아쉬움의 정서가 충동하는 기림은 이 긴장의 평형을 놓치는 경우가 많습니다. 그렇게 되면 기림은 자칫 '절대에의 기대'라는 환상이 됩니다.

때로 한 인간에 대한 기림은, 그가 '커다란 사람'일수록, 그가 이룩한 업적에 의하여 압도되면서 소박한 감동, 비약적인 경탄, 직접적인 모방, 맥락일탈적인 절대화 등을 충동합니다. 그러나 그렇게 이루어지는 기림은 그의 살아있는 숨결과 정신, 그의 성취와 기여 등을 이른바 정형화定型化된 영웅담론의 틀 안에서 박제화剝製化할 수 있습니다. 그런데 시간의 흐름은 이를 촉진합니다. 대체로 한 인간의 탄생 1세기는 그에 대한 기림이 그를 여전히 '살아있도록' 할 수 있을 것인지 아니면 하나의 '기념비'로 남게 할 것인지를 결정하는 중요한 전환점이 됩니다.

이러한 사실은 아산을 항수 어린 기림의 범주에 머물게 하거나 소박한 모방의 전형으로만 설정하는 일이 아산을 위해서나 우리를 위해 의미 있는 일이 아니라는 사실을 분명하게 합니다. 아산은 그렇게 머무를 수 없는 보다 더 '커다란' 존재라는 사실을 그간 이루어진 '아산경험'이 증언하고 있기 때문입니다. 그렇다면 우리는 이 계제階梯에 그를 새롭게 자리매김해야 하는 일을 수행하지 않으면 안 됩니다. 아산을 그가 우리의 일상 안에 현존했던 자리에서 기려지는 차원을 넘어 이제는 역사적 맥락 속에서 새삼 서술하고 인식하도록 하여 그를 끊임없이 재해석하도록 해야 하는 시점에 이른 것입니다.

이러한 사실을 전제할 때, 우리는 바야흐로 아산을 '학문의 자리'에 위치하도록 해야 한다는 절박한 '필요'를 주장하지 않을 수 없습니다. 소략하게 말한다면, 아산에 관한 우리의 인식을 학문의 장academism 안에서 의도하려는 것이 우리의 과제입니다. 다시 말하면 '기림'이 학문의 장에서 자기를 노출하면서 재구축되지 않으면 그 기림은 결과적으로 부정직한 것, 그래서 그러한 기림은 의미 있는 현실 적합성을 오히려 훼손하는 일에 이를 수밖에 없게 됩니다. 아산을 기리는 일뿐만 아니라 아산에 대한 부정적 평가나 폄훼도 다르지 않습니다.

이 계기에서 우리가 해야 할 과제를 울산대학교 아산리더십연구원은 커다란 범주에서 '아산 연구', 또는 '아산 현상에 대한 연구'라고 이름하였습니다.

일반적으로 하나의 '현상'에 대한 연구는 네 가지 과제를 지닙니다. 사실의 서술, 비판적 인식, 의미와 가치의 발견, 창조적 계승과 확산이 그것입니다.

위에서 나열한 네 과제를 더 구체적으로 역사학(첫째와 둘째, historiography)과 해석학(셋째와 넷째, hermeneutics)으로 구분할 수도 있습니다. 따라서 논리적으로 서술한다면 이러한 과제는 항목을 좇아 순차적으로 수행되어야 합니다. 그러나 실제에서는 늘 복합적으로 이루어집니다. 제기되는 문제에 따라 자료의 범위가 선택적으로 제한되거나 확산될 수 있으며, 비판적 인식의 준거도 문제 정황에 따라 가변적일 수 있습니다. 또한 의미와 가치도 기대를 좇아 늘 새로운 해석학을 요청할 수 있으며, 창조적 계승과 확산의 문제도 적합성을 준거로 다른 양상을 지니고 다른 방향으로 전개될 수 있습니다.

이것이 하나의 역사적 주제를 '연구'하는 과정에서 불가피하게 중첩되면서 드러나는 구조라면 이를 다듬는 일은 '항수에 의한 기림'이나 그를 좇아야 한다는 '규범적인 당위적 선언'으로 이루어질 수 없는 것임을, 또 전제된 이해를 좇아 부정하는 '이념적 판단'으로만 이루어질 수 없는 것임을 우리는 확인하게 됩니다. 이러한 일은 '실증에 바탕을 두고 사실을 확보하고, 이에 대한 엄밀한 서술을 통하여 그 현상을 이론화하며, 이렇게 체계화된 사실의 의미론적 함축을 실재이게 하고, 이에서 의미와 가치의 현실화를 비롯하게 하는 일'을 수행함으로써 비로소 이루어지는 일입니다.

이번 연구 논총을 기획하면서 우리는 이미 상당히 알려지고 정리된 아산의 업적보다 아산의 '인간'과 그가 성취한 일을 비롯하게 한 '동력의 기저'에 더 중점을 두고 싶었습니다. 그리고 이와 아울러 아산의 유산이 함축할 '미래적 전망'을 헤아리고 싶었습니다.

모임을 구성하고, 학자들에게 의도를 설명하면서 연구 취지에 대한 공감을 해주신 분들과 함께 우리가 논의할 수 있는 주제들을 다듬어 보았습니다. 그 결과 우리는 커다란 주제 범주를 아산을 주어로 하여 '얼과 꿈, 살림과 일, 나라와 훗날, 사람과 삶'의 넷으로 설정하였습니다. 전통적인 개념으로 정리한다면 아산의 '철학과 이념, 경제와 경영, 국가와 정치, 복지와 교육'으로 서술할 수도 있습니다. 그런데 굳이 그러한 용어들을 달리 표현한 것은 기존의 개념이 우리가 의도하는 새로운 접근에 도식적인 한계를 드리울 수도 있으리라는 염려 때문이었습니다.

1년 동안 연구자들은 이러한 기획 의도에 공감하면서, 그러나 각자 자신의 문제의식과 방법론을 따라 스스로 선택한 주제들을 가지고 연구를 수행하였습니다. 주제별 모임을 통해 서로 문제를 공유하고 조언하는 과정도 여러 차례 이루어졌습니다. 심포지엄 형식의 전체 집필자 모임도 가졌습니다. 이 연구 기획을 위해 울산대학교와 아산사회복지재단은 실무적·재정적 도움을 아끼지 않았습니다.

그러나 20명 모든 연구자의 주제와 논의가 유기적인 일관성을 유지한다는 것은 쉽지 않았습니다. 주제별로 이루어진 단위 안에서조차 그러하였습니다. 그러나 우리는 연구 수행 과정에서 이러한 현상이 문제라기보다 극히 자연스러운 사실임을 확인하였습니다. 적어도 '아산 연구'라는 과제에 속할 수 있는 한 일관성의 작위적 유지란 오히려 연구의 훼손일 수도 있으리라는 사실을 확인한 것입니다. 각 연구자가 스스로 설정한 '새로운 준거'는 인식의 변주를 가능하게 하고, 그것은 다시 새로운 의미의 발견을 가능하게 우리를 유도한다는 사실을 거듭 확인했기 때문입니다.

그렇지만 연구 주제의 다양성은 자칫 개개 논문이 지닌 완결성보다 편집된 커다란 범주의 주제에 함께 묶여 있어 우리의 이해를 혼란스럽게 할 수도 있습니다. 이를 저어하여 매 커다란 주제마다 한 분의 연구자가 대표집필을 맡아 당해 범주의 설정 의도를 밝히고 그 안에 담긴 개개 논문에 대한 안내를 할 수 있도록 하였습니다.

연구자들의 최선의 천착에도 불구하고 이 아산 연구 논총이 아산 연구의 완결은 아닙니다. 우리는 새로운 연구의 장을 열었을 뿐입니다. 아산에 대한 기존의 다양한 저술들, 연구 논문들, 기타 여러 종류의 기술들을 우리는 결코 간과할 수 없습니다. 그러나 우리가 주목하고자 하는 것은 그러한 논의가 아산을 어떻게 평가했느냐가 아니라 아산을 왜 그렇게 평가하게 되었는가 하는 데 대한 관심입니다. 이는 앞에서 언급한 바와 같이 '기림'에 대한 소박한 승인에 머물 수 없었던 이유이기도 합니다.

당연히 이러한 맥락에서 우리의 진정한 관심은 '과거의 읽음'이기보다 '미래에의 전망'입니다. 우리의 연구는 '아산 현상'을 재연再演하려는 것도 아니고 재현再現하려는 것도 아닙니다. 중요한 것은 아산은 이미 우리의 삶 속에서 자연인自然人 '아산 정주영'으로 있지 않다고 하는 사실입니다. 그는 이미 과거에 속해 있습니다. 이 계기에서 개개 역사 현상이 늘 그렇듯이 아산은 '기림'의 현실성 속에만 머물지 않습니다. 그는 '기대' 안에서 새로운 현실을 빚는 가능성의 원천으로 있기도 합니다. 그러므로 우리는 아산 현상의 여기 오늘에서의 한계와 가능성을 치밀하게 천착할 필요가 있습니다. 그것이 학계의 과제입니다.

이 연구 기획을 하면서 연구 논총의 주제를 "아산, 그 새로운 울림: 미래를 위한 성찰"이라고 한 것도 이러한 이유 때문입니다.

우리의 작업은 바야흐로 시작입니다. 치열한 학문적 논의가 이어지면서 우리의 역사 속에서 올연한 '아산 현상'이 앞으로도 끊임없이 천착되어 모든 역사적 기억의 전승이 그러하듯 우리에게 창조적 상상력의 원천이 될 수 있기를 바랍니다.

이 일에서 커다란 이정표를 세워 주시고 그동안의 연구에 참여해 주신 교수님들 한 분 한 분께, 그리고 아산사회복지재단에, 깊은 존경과 감사를 드립니다.

울산대학교 아산리더십연구원

아산의 얼로 꿈꿔보기

이런 말 입 밖에 내기 어려운 시절이지만, 나는 한국을 사랑한다. 한국어를 구사하면서 한반도에서 살아가는 것을 큰 복으로 여긴다. 빼어나게 정교하고 아름다우며 풍요로운 한국어에 투영된, 한국인의 그 수승한 얼이 너무 좋다. 한국인의 얼과 행적에는 결코 예사롭지 않은 내공이 새겨져 있다. 그리고 한반도 인연공동체의 그 수승한 내공이 빚어낸 거봉들의 행렬 속에서 아산을 본다. 애써 거리를 두고 이런저런 잣대로 냉정하게 재어보아도, 아산은 분명 우뚝한 거봉이다. 오를 수 없는 산은 아니지만, 쉽게 오를 수 있는 산도 아니다.

아산의 모든 행적은 결국 그의 얼에서 발산되고 또 그곳으로 수렴된다. 환경과 본능적 경향에 수동적으로 순응하는 데 그치지 않을 수 있는 인간 특유의 면모를 '선택'에서 찾는다면, 선택 능력의 원천은 결국 정신적 면모이고, 그 정신적 면모의 핵심을 우리말로 '얼'이라 부른다. 아산은 어떤 얼을 지녔기에, 어떤 얼을 가꾸어 갔기에, 어떤 얼로 문제를 풀어갔기에, 탄성을 자아내는 족적을 보여줄 수 있었을까? 그 얼은 우리에게 어떤 삶과 세상을 전망하게 하는 길라잡이일까? 우리는 아산의 얼로 어떤 꿈을 품을 수 있을까?

전영수는 기업가정신Entrepreneurship을 주목한다. 창업과 수성을 관통하는 '상상력의 공간구성'이야말로 아산 얼의 핵심이고 생명력이라 읽는다. '인문학적 감성력, 차별적 창의력, 무한한 긍정력, 무차별적 도전력의 4대 요소가 긴밀하게 연계되고 선순환적인 순환관계를 형성하여 상상력의 공간구성이라는 종합적 발현 메카니즘을 실현하고 있는 것'이 아산정신세계의 중핵이며, 소떼 방북은 이 상상력 메커니즘이 유감없이 발휘된 사례이고 대선 출마는 그 절정이었다는 것이다. 일종의 집단적 폐색閉塞현상에 봉착한 한국인들의 활로도 결국은 아산 얼의 이 상상력 메커니즘을 구체화시키려는 지속적 실현의지에서 확보할 수밖에 없다는 진단이다.

아산의 기업가정신에서 목격되는 그 특출한 상상력 메커니즘의 인간적 원천은 무엇일까? 기업가적 상상력의 공간을 역동적으로 구성해가는 창의·긍정·도전의 면모를 인과적으로 설명할 수 있는 내면적 심층원리는 무엇일까? 정진홍은 그 인과적 원천을 포착하기 위해 아산의 자아구조를 주목한다. 아산의 자아구조를 파악하기 위한 작업도구로서 설정한 개념은 '삼위적 자아三位的自我, triad-self'이다.

아산은 '오직 현재만을—과거도 망각이나 소멸로 흘려보내지 않고 미래도 환상적인 기대의 먼 자리에 두지 않으면서—완성시키는 삶을 산 사람'이다. 아산에게는 과거의 자아와 미래의 자아가 현재의 자아와 더불어 있으며, '삼위적 자아'라 부를 만한 이러한 세 자아의 정립鼎立과 만남에서 비범한 현상이 펼쳐진다. 아산은 '사라진 자아를 생생하게 살아있는 현실로 지금 만나고 있고, 아직 오지 않았지만 뚜렷한 모습으로 지금의 나를 기다리는 내일의 나를 지금 여기에서 살아있는 실체로 만나' 대화한다. 특출한 '긍정, 도전, 창의' 등의 덕목도 여기에서 출현한다.

아산이 대화하는 첫 번째 자아는, '회상을 통해서 만나는, 그러나 회상이 일상화된 현실에서는 언제 어디서나 지금 여기에서 만날 수 있는, 지나간 과거의 자아, 그러나 현재 안에 생생하게 살아있는 자아로서, 과거의 자아Ps, past-self'이다. 아산이 만나는 두 번째 자아는, '희구를 통해서 만나는, 그러나 희구 자체가 일상화된 현실에서는 언제 어디서나 지금 여기에서 만날 수 있는, 다가올 미래의 자아Fs, future-self, 그러나 현재 안에 생생하게 살아있는 자아'이다. 그리고 '지금 여기의 아산'은 이 두 만남이 이루어지는 '지금 여기의 경험 주체의 의식'으로서, Ss subject-self라 부를 현재의 자아이다.

아산은 Ps-Ss-Fs가 중첩된 시간 의식을 가지고 현재를 살았기에 비범할 수 있었다. 아산의 비범한 긍정적 태도도 Ss와 Fs와의 대화가 낳은 산물로 볼 수 있다. '더 나아진 사태와의 대화, 이미 그곳에 가 있는 자아, 그런데 그렇기 때문에 내 옆에 있는 그 자아와의 대화'가 긍정확신의 기반인 것이다.

과거·현재·미래가 중첩된 자아와 그저 시간적으로 나열된 자아의 차이가 바로 비범함과 평범함의 분기점이다. 아산은 세 자아의 대화 구조를 유지하면서 공시적 인식공간을 확보하기에 비범할 수 있지만, 그저 통시적 인식지평에 머물러 있는 사람들은 평범하게 된다. 그러나 이 차이는 건널 수 없는 단절이 아니라 '시정될 수 있는 현실'이다. 지금 여기에서 직면한 현실을 '정직하게 인식'하려고 하면, 아산과 같은 비범한 자아는 누구에게나 가능한 일이다.

그렇다면 '정직한 인식'은 어떻게 가능한가? '과거가 살아있는 인격으로 자기에게 말을 걸게 하고, 아직 오지 않은, 언제 올지 가늠할 수 없는 미래가 살아있는 인격으로 자기에게 말을 걸게 할 수 있다면' 그것이 가능해진다. 과거·현재·미래의 세 자아가 지금 여기에서 만나 함께 발하는 물음으로부터 '정직한 인식'이 가능해진다.

이처럼 과거와 미래를 현재로 호출한다는 것은, 과거에의 함몰이나 과거의 망각에서 벗어나는 것이며, 또한 미래에의 맹목적인 기대나 미래의 환상을 벗어나는 일이다. 이 삼위적 자아의 만남과 대화 구조를 가꾸어감으로써 우리도 아산과 같은 비범한 덕목을 확보할 수 있다. 그럴 때 아산의 기림과 좇음은 현실에서 구현된다.

아산의 삼위적 자아구조는 그의 학습생애와도 깊숙이 연관되어 있을 것이다. 강대중은 아산 생애에 관해 평생학습 관점의 독해를 시도한다. 아산의 평생학습에서 확인되는 학습활동과 학습자 자세는 '순응·확장·관리'로 형상화할 수 있다. 아산의 생애에서 학습자 자세는 '삶에의 집중(순응), 생활의 자립(확장), 인생의 향상(관리)'이라는 세 측면으로 구분되고, 이것이 그의 삶을 형성한다.

아산의 학습생애모형을 구성하여 분석해 보면, 두 가지 특징이 목격된다. 학습자 자세가 학습생애에서 비선형적으로 작동한다는 점이 하나이고, 학습생애경로가 무정형성을 보인다는 것이 다른 하나이다. 아산의 학습생애모형을 바퀴에 비유하자면, '매끄러운 자동차 바퀴가 아니라 덜컹거리며 구를 수밖에 없는 모가 난 바퀴 모양'이다. 아산의 삶과 정신은 '외부의 맥락에 의해 결정되지도 않았으며, 그 자신이 가지고 있던 특성에 의해 고정되어 있었던 것도 아닌', 안과 밖이 상호적으로 작용하는 열린 모형에서 형성되고 작동하였다.

아산의 자아구조 형성과 평생학습 과정에서 독서 경험은 중요한 조건으로 기능하였을 것이다. 소래섭은 아산 독서 경험의 내용과 의미를 분석하여 '기업가정신과 문학'의 상관관계를 읽어낸다. 특히 아산의 독서 경험 속에서 그의 기업가정신을 추동한 배후 감정으로 추정되는 '분노'를 주목한다.

아산이 젊은 시절 가장 기억에 남는 독서 경험으로 꼽고 있는 이광수의 《흙》이나 박화성의 《백화》는 모두 '정당한 권리에 대한 부당한 억압과 비합리적 행태에 대한 지극한 분노'를 배후의 감정으로 삼고 있다. 아산의 문인 교류에서는 모윤숙이 부각되는데, 등단 초기 모윤숙의 시 역시 《흙》과 《백화》처럼 현실에 대한 강렬한 분노 및 저항정신을 표출하고 있다. '사사로운 이익보다는 조선과 민족을 위한 치열한 싸움에 대한 열정을 중시하는 것과 미래에 대한 낙관적 전망을 담고 있는 점'도 공통적이다. 아산은 그러한 분노에 공감하였을 것이고, 이 분노 감정은 '패배주의적 사고와 순응적 운명론을 극복해가는 창조적·적극적 기업가정신을 평생토록 유지하는 동력이 되었으며, 끝내는 정치 참여에 나서게 하는 계기'로 작용했을 것이다.

아산이 문학과 예술에 각별한 관심을 기울인 것은 행복과의 밀접한 연관을 인식했기 때문이었다. 아산이 '돈과 사람의 행복한 만남'을 추진했던 것은, 문인과 기업인, 문화와 기업 간의 관계에 대한 하나의 모델을 제공하고 있다. 그리고 이 모델은 한국의 기업인으로서는 유사한 사례를 찾기 어렵다는 점에서 그 가치가 각별하다.

아산의 기업가정신과 자아구조는 그의 인성과 불가분리의 관계를 맺고 있다. 문제 상황에 대응하는 사유와 정서의 고유 방식을 인성이라 부른다면, 실존의 인성은 생래적인 면모와 후천적으로 형성된 면모가 융합되어 마련된 '사유와 정서의 반복적 고유성'이다. 아산은 전前근대와 근대가 구획되는 한국문명사의 전환시대를 헤쳐 갔다. 그리고 해체와 수립의 격동이 동시적으로 진행되는 시대 속을 걸어가는 사람의 행보는 그의 인성 면모가 방향 결정의 핵심 조건이 된다.

아산의 삶을 구성해 가는 인성 면모는 크게 네 가지가 주목된다. '긍정 인성', '관계 인성과 공감 인성', '진보 인성', '능동 인성'이 그것이다. 관계·공감의 인성은 아산으로 하여금 타인을 공감적으로 이해하고 공경하면서 배타적 개인 이익이 아닌 관계의 공동체 이익을 추구하게 한다. 또 진보 인성은 역동적으로 변하는 관계 상황에 유연하게 적응하게 하여 특정한 관계 방식에 갇히지 않는 변신과 향상을 가능케 한다. 모든 유형의 고정관념은 변화와 새로움을 거부하여 역동적인 관계의 실상을 놓치게 만드는데, 아산의 진보 인성은 끊임없이 고정관념을 거부하며 변화하는 관계 상황에 탄력적으로 응하면서 보다 탁월한 해법을 향해 창의적으로 전진하게 한다. 또한 능동 인성은 관계의 세계관으로 하여금 문제해결 과정을 자칫 의존적 태도로 변질시키지 않도록 보호해준다. 관계 인성과 능동 인성이 결합함으로써, 능동성이 배타적 자만이 되지 않고 호혜적 자립성이 되어 능동적으로 호혜적 관계이익을 구현하게 한다. 그리고 긍정 인성은, 관계·공감과 진보 및 능동 인성으로써 문제를 해결하고 과업을 성취해 가는 데 필요한 근원적 낙관과 자신감으로 작용한다.

존재와 세계를 관통하는 원리 하나는 '관계'이다. 따라서 인간의 능력으로써 존재와 세계의 관계 진실을 밝히고 그에 상응하는 이익을 구현해 가는 원리와 방식을 '자기구현의 인간학'이라 부를 수 있다. 특히 인성은 선천적·후천적으로 내면에 새겨진 사유와 정서의 반복적 경향성을 지칭한다는 점에서, 자기구현의 원리와 방식을 구성하는 데 중요한 조건이 된다. 만약 인성이 관계의 세계에 부합하는 내용이라면, 그 인성의 주체는 자기구현에 성공할 가능성이 높아진다.

아산의 인성은 그런 점에서 주목된다. 아산의 인성적 면모는 관계의 진실과 이익에 상응하는 내용을 지녔으며, 흥미롭게도 그런 인성이 탁월한 시장 성취의 토대로 작용한다. 아산 특유의 긍정, 관계·공감, 진보, 능동의 인성은 모두 관계진실과 관계 이익의 구현으로 수렴되고 있다.

아산의 인성 면모는, 존재와 세계를 관통하는 '관계'라는 진실에 상응하고 있으며 관계 이익 구현의 내면적 원천이 되고 있다는 점에서, 자기구현의 인간학 수립을 전망하고 그 내용을 구성해 가는데 의미 있는 사례가 된다. 더욱 주목되는 것은, 관계의 세계관에 부합하는 아산의 인성 면모가 관계 이익을 구현해 가는 장場이 근대의 시장이라는 점이다. 아산은 자본의 이익 극대화를 합리화시켜 권장하는 근대 시장의 기업 행위 속에 관계 친화적 인성 면모를 투영시키고 있고, 그러한 기업 행위를 통해 관계의 세계관에 부응하는 관계 이익을 구현해 내고 있다. 긍정·진보·공감·능동의 인성과 맞물린 관계 인성의 시장적 구현이 아산의 자기구현 방식이다.

상상력의 공간구성을 역동적으로 펼치고, 부정의와 불합리에 대한 분노를 배후의 감정으로 삼아 창조적 도전을 추동해 가는 아산의 기업가정신, 과거자아와 미래자아를 현재로 호출하여 대화하면서 지금 여기의 문제를 파악하여 비범한 긍정·도전·창조로써 대응해 가는 삼위적 자아구조, 이러한 기업가정신과 자아구조를 학습을 통해 역동적으로 형성하고 전개해 가는 평생학습과정, 긍정·진보·공감·능동의 인성과 상호작용하는 관계 인성으로써 시장 속에서 관계 이익을 구현해 가는 자기구현. — 아산의 얼을 직조하고 있는 결들 가운데 우선 주목해본 것들이다. '우선'이라고 말한 것은 아직 더 읽어내야 할 결들을 염두에 둔 것이다. 이 얼의 결들은 시효가 완료된 것이 아니라 현재와 미래에도 여전히 유효한 보편가치들이다. 그 결들을 씨줄과 날줄 삼아 힘차게 베틀가를 합창하는 꿈. 인생이 아름다운 것은 그런 꿈을 꿀 수 있기 때문 아닌가.

아산의 얼을 구성하는 결들은 성공한 기업가에 대한 통념과 선입견을 크게 비껴간다. 그 결들은 예상보다 훨씬 중층적이고 섬

세하며 고품격의 것으로 보인다. 아산의 자서전뿐만 아니라 울산대학교 아산리더십연구원이 구축한 아산 강연 녹취록들은, 아산 얼의 결들이 어떤 수준인가를 가늠케 하는 흥미로운 내용들을 풍부하게 전하고 있다. 예컨대 1982년 10월 28일에 행한 '특별훈시' 강연에서는, 선종의 걸출한 인물인 중국 원오극근 선사의 어록 일부를 인용하여 해설하면서, 아산은 삶과 죽음을 보는 자신의 관점을 다음과 같이 피력하고 있다.

"그럼 죽는다는 것은 무엇이냐. 죽음도 또한 전체의 기능, 전체의 기틀을 들어내는 거라는 거예요. 이 말을 더 쉬운 말로, 살 때는 삶에 철저해서 그 전부를 살아야 하고, 죽을 때는 또한 죽음에 철저해서 그 전부를 죽어야 한다, 이런 뜻이에요. 우리가 우리 인생을 살 때는 삶에 철저하라는 거예요. 어중간하게 살지 말라는 거예요. 삶에 철저해서 그 전부를 살라는 거예요. 내가 가지고 있는 기능을 마음껏 발휘하는 거예요. 내가 지니고 있는 잠재력을 조금도 유감없이 마음껏 발휘하라는 거예요. 그것이 삶의 양상입니다. 또한 죽을 때는 어떻게 하는가. 미련 없이 두려워하지 말고 온전히 죽어버리라는 거예요. 어중간히 반만 죽지 말라는 거예요. 삶에 철저할 때는 털끝만큼도 기분 나쁜 죽음 같은 것은 생각할 필요가 없습니다. 또 죽음에 대해서는 조금도 생에 미련을 둘 필요도 없습니다. 생에 미련을 둔다고 해서 누가 살려주지도 않으니까 말이지."

그러고 보니 아산의 얼과 행적에는 선禪의 결이 뚜렷하다. 혹 저자거리에서 마음껏 놀다간 숨은 선객禪客이었던가.

박태원(울산대학교)

차례

상상력의 공간

– 창업·수성에 나타난 아산정신

전영수(한양대학교)

학력
한국외국어대학교 일본어학과 졸업, 한양대학교 국제학대학원 석사 및 박사(국제경제학).

경력
게이오대학교 경제학부 방문교수, 한양대학교 사회적기업 리더과정 운영교수(한국사회적기업진흥원), 한국일본학회 상임이사(편집이사), 현 한양대학교 국제대학원 특임교수.

저서 및 논문
《이케아세대, 그들의 역습이 시작됐다》(중앙북스, 2014), 《인구충격의 미래한국》(프롬북스, 2014).
〈새로운공공(新しい公共)의 경로탐색과 교훈–일본의 관민협치 실험과 한계〉, 일본학보 103집, 한국일본학회, 2015.

1. 서론–기업가정신과 아산산업

한국 사회가 역사적 전환점에 섰다. 불과 최근까지도 긍정적이고 희망적인 도전·기회·성취가 상존했지만 지금은 총체적인 폐색閉塞감에 휘감겨 불안·불만·불행의 부정적이고 절망적인 공기가 압도적이다. 이대로라면 한강의 기적으로 평가받던 한국모델은 애틋한 역사 속의 기록물로 전락할 상황이다. 자본주의와 민주주의의 융합 속에 한국 특유의 성장 활력과 긍정 동력이 완성해온 한국모델은 '고도성장→감축성장', '인구 증가→인구 감소', '균형재정→적자재정'의 위기 상황에 직면함으로써 재검토New Normal를 요구받고 있다. 우울해진 불안·절망과 심화되는 갈등·분열이 그간 설명력을 발현해 온 한국 사회의 하위 구조를 심각하게 훼손하고 있는 것이다. 따라서 그 개념 혼란과 실현 논란은 차치하고 일종의 돌파구로써 제안된 창조경제의 타이밍과 아이디어를 평가절하해서는 곤란하다.

특히 경제성장과 관련해 성장 경로의 단절·후퇴를 우려하는 시선이 적잖다. 과거처럼 압축적인 고도성장을 유지하는 것까지는 힘들지만 적어도 잠재 성장률을 유지하고 일부나마 증가시킬 필요와 근거가 충분함에도 불구, 현실에서 작동되는 성장 추동은 기대 이하인 상태로 수년간 흘러온 걸로 판단된다. 그렇다고 성장 기반이 확연하게 축소되거나 약화된 것은 아니다. 급속한 상황 변화와 맞물려 성장을 위한 자원 결합이 위축된 건 사실이되

성장함수의 실체적인 구성 요소와 조합 양상에 큰 변화는 없다. 즉 디스토피아적인 미래 절망은 결코 확정적인 예측 결과가 아니며, 위기 상황을 어떻게 극복하고 어떤 길을 열어갈지에 따라 얼마든 달라질 수 있다. 결국 '현실 위축→도전 부재→역동 상실'의 비관상황 대신 '상황 직시→자신 회복→적극 도전'으로의 전환 시도가 바람직하다. "공황은 없지만 불황은 계속될 것"이란 폴 크루그먼Paul Krugman의 현실분석[1]처럼 불황을 이겨낼 한국적인 새로운 성장지평을 열어갈 담론과 실천이 필요한 순간이다.

본고의 문제 제기는 여기에서 비롯된다. 한국 경제를 둘러싼 저성장 혹은 마이너스성장 등의 침체 우려에서 벗어나 서둘러 새로운 환경 변수와 정합적인 대안 활로를 마련하는 것이 중요하다. 이를 위해 필수 불가결한 종합적인 시대적 과제가 바로 기업가정신Entrepreneurship으로 요약되는 리더십의 구축과 실천이라고 요약할 수 있다. 이렇다 할 부존자원과 축적자본조차 없던 전후시대의 복합 한계를 딛고 세계 10위권의 선진 국가로 발돋움한 결정적인 까닭도 창의·긍정·도전력과 함께 그 조합 결과로서 최종적인 상상력의 공간구성을 거론하지 않을 수 없다. 요컨대 4저시대(저성장·저금리·저물가·저고용)에 능동적으로 대처하는 새로운 차원의 혁신적인 패러다임이 필요하다면 이는 기업가정신의 발로로 시작되는 게 타당하다. 한국 사회를 감싸는 온갖 우울한 불

---

1 김윤이 외, 《빅 피처 2015》, 생각정원, 2015, pp.4-7.

행 파편을 제거할 유력 대안이 기업가정신, 즉 리더십이다.

본고는 한국 경제를 둘러싼 위기 극복의 유력 대안으로 리더십의 부활을 지적하며, 그 대표적 사례로 아산정신을 꼽는다. 성공 기업가로서 아산정신이 잘 반영된 핵심적인 하위 성격을 크게 다섯 가지로 나눠 이를 아산산업의 3대 원류인 건설, 자동차, 조선의 창업 및 수성 과정에서 확인하는 게 주된 연구 목적이다. 다섯 가지 성격 체계는 기반 원천으로 인문학적 감성, 그리고 실천 뼈대로서 차별적인 창의력, 무제한의 긍정력, 무차별적 도전력 등으로 나눴고, 그 총체적인 발현 채널로 상상력의 공간구성을 거대개념으로 선정했다. 이 과정에서 아산정신의 존재감과 설명력을 현대적 의의와 함의로 재검토하고 특히 아산정신의 경험철학을 세분화함으로써 전체 맥락과의 연결성을 시도할 것이다. 연구 방법은 저서와 관련 서적, 논문, 기사 등 문헌 연구에 초점을 맞춰 진행할 것이다. 특히 경영철학과 성과 도출을 연계·분석함으로써 아산정신의 기여도를 추정해볼 것이다.

본고의 연구 의의는 다각적이다. 특히 아산정신에 초점을 맞추고, 무엇보다 그 세부 변수일 수 있는 상상력에 무게중심을 실은 연구는 찾기 힘들다는 점이 차별적이다. 더불어 그 업적에 비해 잘 알려져 있지 않는 내면적인 아산정신을 재조명함으로써 현대사회에 봉착한 한계와 돌파 계기를 제공하는 확장적인 함의도 존재한다. 이를 위해 본고는 아산정신의 원천과 진화 내용을 아산산업의 전개와 확산 과정에 투영함으로써 아산정신을 관통하는 내면세계의 본질적 특징과 이를 확대·심화시키는 구성 인자를 추출할 것이다. 더불어 이렇게 요약·구분된 차별적인 창의력과 무제한의 긍정력, 그리고 무차별적 도전력 등 기저 기반에 존재하는 아산정신의 원천으로서 문학적 감성을 확인하게 될 것이다. 동시에 이들 내면세계의 구성 인자들이 아산산업의 발전 과정에서 상상력의 공간구성이라는 광범위하고 초월적인 역학 관계를 통해 선순환적인 결과로 연결됐음을 이해할 수 있다.

본고는 아산산업의 모태인 자동차 수리 공장(아도서비스)은 물론 유년 시절까지 되짚어 그의 기업가정신을 구성하는 내면적 키워드를 선정해 이를 재배치함으로써 궁극적인 아산정신의 실체와 의의를 평가할 것이다. 특히 창업, 확대, 수성에까지 연대기적 성장 상황을 분석해 그 과정에서 아산정신의 내면적인 특정 면모가 어떻게 발휘되고, 또 어떤 성과로 연결되는지 검토할 것이다. 상상력의 공간구성은 대표적인 아산정신의 발현체로 먼저 문학적 감성에서 출발해 창의적인 사고, 도전 정신의 발현 등에 깊숙이 개입하는 다양한 정신적 키워드를 정리·활용할 것이다. 즉 아산정신의 철학 기반이 최종적으로는 상상력임을 확인하고, 기업 성장과의 연결 고리를 분석할 것이다. 특히 관련성이 낮고 진입장벽이 높은 건설, 자동차, 조선 등 이업종으로의 진출 선언을 통해 평생에 걸쳐 끊임없는 상상력이 재구성됨을 확인할 때 비로소 아산정신의 뿌리로서 독특한 얼을 도출할 수 있다. 이를 통해 아산정신의 얼을 현대적 의미에서 재검토하고, 이를 새롭게 응용함으로써 난국에 봉착한 한국 사회에 필요한 의의와 함의를 확인할 수 있다.

2. 아산산업의 전개와 확산-건설, 자동차, 조선을 중심으로

창업기의 아산정신

아산산업은 현대그룹, 현대차그룹, 현대중공업그룹 등 직계의 직접적인 거대 그룹만 해도 세 개이며, 방계 그룹까지 합할 경우 범凡현대가의 기업 규모는 측정하기 힘들 만큼 크다. 본고에서는 지금의 현대그룹과 구분하고자 아산 생전의 통합 현대를 아산산업으로 지칭한다. 즉 아산산업은 건설, 자동차, 조선을 축으로 해서 여기서 파생된 산업 연관성을 지닌 일련의 기업집단을 총칭한다. 아산이 출범시킨 현대는 현재 2대와 3대를 거치며 다양한 형태로 확대·발전 중이다. 세분화하면 여덟 개 범汎현대가로 구분된다. 압권은 장자 역할(정몽구)을 하는 현대(기아)자동차다. 181조 원의 자산규모로 현대에서 파생된 여덟 개 그룹 총자산의 62%를 차지한다. 압도적인 1위로 현대중공업(58조 원), 현대(14조 원) 등이 뒤를 잇는다. 현대백화점(12조 원), KCC(8조 7천억 원), 한라(8조 5천억 원), 현대산업개발(7조 3천억 원), 현대해상화재보험(2조 7천억 원) 등도 있다. 모두 아산의 2세와 형제·가족이 그룹 수

장을 맡고 있으며 공정위 기준 계열사만 193개다(2013년)[2].

아산정신의 직접적인 체화 사례는 왕성한 활동력과 지배력을 끼친 건설, 자동차, 조선 등 3대 사업모델로 압축된다. 따라서 3대 사업 부문에 한정해 아산정신을 구성하는 세부적인 성격 핵심과 그 융합적인 상상력이 어떻게 발현·승화됐는지에 초점을 맞춰 짚어보고자 한다. 이를 창업, 확대, 그리고 사회 참여기로 나눠 아산정신의 특징 요소와 관심사의 진화 여부 등을 확인한다. 다만 다음 장에서 아산정신의 네 가지 성격 유형인 감성력, 창의력, 긍정력, 도전력과 그 총체적 결합체로서 상상력을 면밀히 분석하기에 여기에서는 업종 확장에 한정해 그 과정에서 확인되는 아산정신을 주로 살펴볼 것이다.

아산산업의 본격적인 출발점은 토목·건설이다. 이후 자동차를 위시해 조선 등으로 아산산업의 확대가 본격화된다. 아산산업의 영역 확대는 규모 경제의 실현을 가능하게 한 고도성장의 시대 상황도 한몫했지만, 무엇보다 중요한 요인은 아산의 정신세계에 고착화돼 끊임없이 발현된 기업가정신의 발로가 아닐 수 없다. 특히 자신감에서 비롯되는 도전력의 발휘가 아산산업의 확대에 기여했다. 토목에서 플랜트로 확대할 때 "토목으로 1등 할 수 있으면 플랜트도 1등 할 수 있다고 생각했었다(정주영, 1998, p.231)"는 코멘트가 이를 뒷받침한다. 즉 특정 산업에서의 성공 경험은

---

2 http://www.ceoscoredaily.com/news/article.html?no=8792(검색일: 2015년 3월 5일).

이후 아산이 다른 영역으로 관심을 확대할 때 유력한 동기부여이자 전환에너지로 작용했다.

경영 자원으로서 특징적인 아산정신은 창업 원칙이다. 창업 도전과 확대 과정에서 고집스레 지켜진 대원칙은 '자발적인 창업'이다. 남의 기업을 인수하는 것은 남의 불행을 발판 삼아 이득을 취하는 것 같아 싫었기 때문이다. "해 보고 싶으면 내가 창업하면 된다(정주영, 1998, p.250)"는 게 창업철학의 요지다. 반대로 창업 사업은 어렵다거나 이득이 많다고 넘긴 일도 없다. "하나하나 전부가 다 자식이나 마찬가지의 애착과 정성으로 키워서 성공시켰고, 실패한 것은 단 하나도 없다(정주영, 1998, pp.256-257)"고 했다. 덕분에 무無에서 유有를 창조한 기업가로 평가되는데, 여러 자료에서 확인되는 "인간 능력의 한계에 도전하는 게 기쁨이며 보람"이라는 발언[3]이 이를 증명한다. 개척자적인 풍모로 직접 기업을 일궈 냄으로써 권력 의존 혹은 인수합병의 기업 경영은 경원시[4]했다.

창업을 중시한 건 현장 공기를 우선했기 때문이다. 기업을 세울 때 땀과 열정을 쏟아냈느냐의 여부가 중요하기에 무임승차는 거부했고, 반대로 현장에서의 신용·정직·성실의 가치를 우선해

---

3 권영욱, 《결단은 칼처럼 행동은 화살처럼》, 아라크네, 개정판, 2013, pp.137-138.

4 인수 사례가 없지는 않다. 기업 인수는 1978년 인천제철과 대한알루미늄이 최초 사례다. 아산의 창업 원칙에서 벗어난 이례적인 사례로 정부의 공기업 민영화 요구방침, 아산산업과의 시너지 창출 기대, 그리고 국영기업이라는 세 가지 이유 때문이었다(정주영, 1998, p.251).

강조했다. 고도성장기 일본 기업이 현장력現場力을 강조해 권한과 책임을 위임함으로써 작업 공간에서의 효율 개선에 나섰듯 아산도 현장중심적인 경영철학을 견지했다. 헤드쿼터보다 공사 현장을 챙기는 현장주의의 아산이 답답해했던 부분도 자발적이고 적극적인 아이디어의 실현으로 현장의 비효율을 줄이기 위한 노력에 소극적이고 수동적인 현장 한계였다. 가령 믹서트럭 콘크리트 출구와 거푸집 높이가 안 맞아 일일이 퍼 넣으며 일하던 현장을 보고서는 그 한심함에 화가 나서 참을 수가 없을 정도였다[5]. 현장 창의력의 발휘 없이 고정관념의 포로가 돼 미련하게 일한다고 질타했다.

특히 창업과 확대 과정에서 아산의 경영철학에 영향을 크게 미친 건 창의력, 즉 상식과 고정관념에 맞선 거부정신이다. 고정관념에 대항한 창의적인 아이디어의 실현 사례는 셀 수 없이 많다. 아산산업이 명성을 얻는 공통 계기가 된 공기 단축의 기록 사례는 하나같이 새롭고 차별적인 창의력의 발휘 덕분이라 해도 무방하다. 아산은 고정관념의 노예가 되면 우둔해지고 교과서가 사람을 바보로 만든다(정주영, 1998, p.236)고 했을 뿐만 아니라 장애는 돌파해야지 비켜갈 궁리로 해결되지 않는다(정주영, 1998, p.237)고도 강조했다. 평소 발언에서도 아산은 창의적인 사고능력을 자주 강조했다.

---

5 정주영, 《이 땅에 태어나서》, 솔출판사, 1998, p.235. 이하 정주영(1998)의 출처는 모두 이 책임을 밝힘.

건설명가와 관련한 아산의 내면세계 구성 인자 중 돋보이는 건 도전력이다. 준비 부족의 뼈아픈 시련에서 《시경詩經》의 '不敢暴虎불감포호 不敢憑河불감빙하'의 교훈을 얻었다지만, 현대건설의 역사는 어떤 경쟁이든 무조건 덤벼들어 끝까지 용을 써 대는(정주영, 1998, p.70) 아산 특유의 도전력으로 정리된다. 불가능의 장벽을 지레짐작 세워놓고 우물쭈물하기보다 아무 데나 머리를 들이미는(정주영, 1998, p.71) 무차별적인 도전력이 현대건설을 설립 10여 년 만에 선두 그룹에 포진시키는 도약대가 됐다. 이는 이후 확장 과정에서 숱하게 붙는 '주변 반대에도 불구, 최초로~'의 문구를 안착시킨 중대한 경영 자원이 된다. 해 보지 않은 것을 두려워하고 주저하기보다 안 될 게 없다는 특유의 정신세계에 주목하지 않을 수 없다.

아산산업의 사실상의 창업 원류인 건설은 그에게 아산정신의 정합성과 효율성을 성공적으로 경험시켜 줌으로써 인생 전체에 걸쳐 각별한 애정을 쏟는 계기가 된다. 아산은 여러 직함 중 유독 '건설인'을 좋아했는데, "혼자 내심으로 나는 어디까지나 건설업을 하는 '건설인'이라는 긍지와 자부심을 잃어본 적이 없다(정주영, 1998, p.129)"고까지 했다. 건설만큼 중요하고 힘든 업종은 없기에 그만큼 자긍심과 성취감을 안겨 줬고 이게 아산산업의 성공적인 확대모델에 중추 역할을 했기 때문이다. 그룹 모태로 가장 많은 정성과 정열을 투입했던 회사(정주영, 1998, p.241)라는 회고도 있다. 창업 원류이기도 하지만 아산은 건설을 하나의 작품으로 보고, 전체 과정을 탄생시키는 데 희열마저 느꼈다. 건설이야말로 인간 자질을 갖추지 않으면 성공할 수 없다(정주영, 1998, p.129)며 대주주이면서 배당 대신 유보를 고집하기도 했다. 모험적인 정보와 노력, 용기가 필수이며 수많은 어려움과 미지수, 위험이 복병처럼 숨어있기에 이 모든 것을 극복하고 매진할 수 있는 근원적 원천 능력으로서, 오케스트라의 지휘자처럼 종합적인 감성 조합의 능력에 매료된 것이다.

확장기의 아산정신

1960년대 후반 자동차 사업으로 영역을 확대한 이래 아산산업은 본격적인 대규모 기업집단으로서의 행보를 시작한다. 당시 한국 경제는 제한적이나마 자본과 노동의 집중적인 투하를 통해 생산함수의 파이를 확대시키는 고성장 궤도에 진입한 상태로 사업기회가 증가하며 다양한 기업가정신의 발로가 요구되는 시대였다. 특히 기업가정신과 연결되는 아산 내면의 다양한 성격적 구성 인자가 본격적으로 발휘되는 때다. 참고로 자동차 산업은 진입 장벽이 높은데 아산이 자동차 산업에 뛰어든 당시는 특히 그랬다. 여타 산업과 달리 철강·기계·전기·전자·화학·섬유 등 2만개 부품을 다른 생산라인을 통해 받은 후 이를 완성하는 조립산업이라 전후방산업의 구조적인 뒷받침이 필수다. 즉 최대 자본과 최고 기술이 동원돼야 하기에 1960~1970년대 한국에서 자동차를 만든다는 건 이례적인 결단이었다. 아무리 열망과 애착이 있다 한들 '세기의 바보[6]'라는 악평을 피하진 못했다. 그럼에도 아산은 승부수를 던졌고, 주변 반대와 시행착오를 연거푸 극복해냈다.

아산은 청년 시절 자동차 수리 공장(아도서비스)을 통해 자동차와 인연을 맺었다. 오랜 꿈이던 자동차 산업에 본격적인 출사표를 던진 것은 1967년 현대자동차의 설립 허가를 받은 후부터다. 당시 삼륜차의 기아와 승용차의 신진이 선발 업체로 영업 중이었으니 성공 여부를 판단하기 힘든 후발 선택이 아닐 수 없었다. 게다가 스스로 뜻을 갖고 시작한 사업 중 자동차만큼 파란만장한 역정을 거친 것이 없다(정주영, 1998, p.156)는 기억처럼 두고두고 그를 괴롭혔다. 그럼에도 자동차는 1980년 국보위의 중화학 투자조정(8·20조치, 기업통폐합) 때 자동차와 발전 중 하나를 선택하게 하자 자동차를 고를 정도로 각별한 애착을 가진 산업이었다. 자동차를 필생의 사업으로 봤고 한국 경제의 선진화를 위해서도 자동차의 성공이 필수였기 때문(정주영, 1998, p.258)이다.

근원적인 성격 인자는 일찌감치 확인된 아산 특유의 긍정적인 도전력이다. 아산정신의 내면세계를 구성하는 성격 중 도전과 긍정의 힘이 최초로 실현된 건 1947년 자동차 수리에서 토건으로 업종 확대를 꾀한 시점이다. 우연히 목격한 건설업의 거래 규모

---

6 권영욱, 2013, pp.95-96.

를 확인한 후 주변 만류에도 불구, 과감한 개척 정신과 성공 확신으로 승부수를 띄운다. 결단은 현실 한계를 지적한 주변 반대에도 불구, "최초로 무모하다는 말을 들었다"는 회고처럼 단호하게 이뤄졌다. 이른바 긍정이 가득한 '확신(90%)+자신(10%)=도전(100%)'의 등식 완성으로 아산의 영역 확대는 본격화된다. 꿈을 잘 안 꾸는 아산이 말년에조차 자금난의 시련을 악몽처럼 꾼다는 고령교의 덫도 무한의 긍정 에너지로 극복한 사례다. 신용과 완성을 위해 천문학적인 손실을 떠안았지만 실패 원인이던 물가 폭등 대신 경솔함과 경험 부족의 탓으로 돌리며 좌절보다 희망을 품는 계기로 삼았다. 오히려 비싼 수업료로 공부한 셈 치니 상황만큼 절망스럽지 않고 담담했다(정주영, 1998, p.68)고까지 밝힌다. 실패가 긍정을 만날 때 어떤 힘을 발휘하는지 잘 보여준 사례로 이때의 적자 감수는 훗날 관급수주에 큰 힘이 됐다.

포기하지 않는 도전 정신은 포드와의 합작 제안에서도 확인된다. 거센 도전조차 현실 한계와 현실 타협 속에 무모한 실험으로 끝나는 경우가 많지만 아산은 달랐다. 도전이 실패할 수 있어도 그 속에서 희망적인 반면교사를 얻어낼 뿐 아니라 특히 스스로 도전을 포기하는 경우는 거의 없다. 그의 말처럼 이는 철칙이며 아산의 자존심이다. 1970년 도산 직전까지 갔던 현대자동차의 해외 합작 추진 당시 50대 50의 합작 비율을 두고 위기에 몰렸을 때 아산은 중도 하차 불가를 강력히 외친다. 시작하면 어렵고 힘들어도 물건으로 만들어야지 중간에 간판을 내릴 수는 없다(정주영, 1998, p.146)며 원칙 고수를 택했다. 자칫 포드의 하청업체로 전락할 수도 있는 요구 조건을 이렇듯 이겨냈다.

도전 정신은 긍정 사고와 만날 때 최대 효과를 낸다. 아산정신을 구성하는 내면 공간 중 긍정력은 위기가 늘 수밖에 없는 확장 과정에서 자주 발휘된다. 아산의 긍정적 사고의 발현이 클라이맥스에 달한 지점은 자동차와 건설을 넘어 조선으로의 영역 확대 때다. 불가능에 가까운 미션이었음에도, '할 수 있다'는 믿음이 기업 성장이라는 목표 설정과 맞물려 현실 가능의 단계로 구체화됐다. 자칫 부실기업으로의 전락 위험에도 총력 건설을 통해 악재를 희석시키는 놀라운 긍정 마인드를 실현한다. 시작한 일은 꼭 성공시켜야 한다는 못 말리는 왕고집이 있었는데 여기엔 성공에 대한 확고한 신념이 주효했다(정주영, 1998, p.183)고 했다. 되레 안 된다는 부정론이 많으면 거꾸로 해내겠다는 결심이 더 굳세어지고, 그러니 일이 되도록 더 치열하게 할 수밖에 없기 때문(정주영, 1998, p.168)이다.

그래도 중요한 것은 도전 성공률을 높여줄 원천적인 가능성인 창의력의 발휘 여부다. 창의적인 아이디어일지언정 현실 장벽의 한계 극복이 불가능하거나 코드가 어긋난 발상이라면 성공 확률은 낮아질 수밖에 없다. 아산의 차별적인 창의력이 돋보이는 것은 대부분 주도면밀한 사고의 반복과 적용 시도를 통해 그 성공 확률을 높여왔다는 점이다. 조선소 설립 구상이 대표적이다. 열망이야말로 기업인이 지닌 에너지의 원천이란 점에서 아산은

1960년대 전반에 이미 조선을 꿈꾸기 시작했다. 당장은 시기상조였지만 필연적인 시대 요구였기에 결국 실현(1972년 기공)됐다. 오랫동안 아산의 내면세계에서 정리·계획된 일이란 의미다. 조선소 건설 관련 에피소드에서 확인되듯 창의적인 아이디어의 실현 원천은 장기간 축적되고 발효된 집요한 생각, 즉 창의적인 상상력의 힘이다. 잘 때만 빼고 생각할 수 있는 시간에는 거의 생각한다(정주영, 1998, p.161)는 말처럼 끊임없이 생각을 확장시켜 커다란 일거리로 확대시키는 것이 아산의 주특기였다고 회고한다. 기업집단으로서 완성된 새로운 사업으로의 확장 경험이 축적된 노하우가 자신감으로 연결된 것은 불문가지다.

한편 경영이념으로서 아산정신은 뚜렷한 철학 기반을 갖는다. 업종끼리의 상호시너지를 발휘해 사업적 결합 효과를 극대화하는 것이 궁극적으로 아산산업뿐 아니라 한국 경제 전체에 도움이 된다는 강력한 사고 체계의 고수다. 규모의 경제를 달성하고 거래 비용을 절감하며 국가의 전체 후생을 증진시키자면 영역 확대는 불가피하다는 입장이다. 1970년대 아산산업은 자동차, 조선, 선박, 엔진, 산업플랜트, 발전설비, 해양설비, 중전기기, 중장비 등 일관제철과 유화 분야를 제외한 중공업의 핵심적인 산업 분야를 총망라한 중공업체제를 구축했다. 이는 건설, 자동차, 조선업을 모태로 하는 전형적인 관련다각화의 과정을 거치며 완성됐다. 더욱이 합작보다는 자생적이고 자주적인 개발에 역점을 두며 확대를 도모한 게 특징적이다. 이런 점에서 투자의 비효율성과 중복 과잉 투자의 문제를 조직 내부에서 해결하며 다각화의 시너지를 최대한 확보할 수 있었다.

다만 문어발 확장에 대한 외부 시선은 결코 순응적이지 않다. 그럼에도 아산은 경제발전의 불균형과 위화감 조성 탓에 우려 시선이 많은 문어발식의 영역 확장에 대해 적극적인 옹호론을 펼친다. 편중된 부가 문제일 뿐 기업은 커지면 커질수록 좋다는 것이 기본철학이다. 근거로는 세계 기업과의 규모 비교를 자주 인용한다. 세계 기업과 경쟁해 이기자면 힘이 필요하며, 그래서 규모를 키우는 것은 바람직하다는 입장이다. 따라서 경제력 집중을 문제 삼는 것은 우물 안 개구리의 논설이라는 경계론을 제시한다. 세계에서 기업이 크는 것을 걱정하고 제동을 걸려는 나라는 한국밖에 없다(정주영, 1998, p.377)고도 했다. 아산에게 기업 성장과 규모 증대는 부끄러움이 아니라 자부심의 원천이다. 요컨대 기본적으로 시장 체제에 모든 것을 맡겨야 한다는 작은 정부의 신자유주의적인 사고철학을 고수했다. 경쟁에 의한 자유로운 시장 체제를 강조하며 규제와 간섭은 불필요한 것이라는 논리를 자서전 전체에 걸쳐 수많은 페이지를 할당하며 설명한다.

안정기의 아산정신

아산산업은 초기의 중후장대에서 1980년대 이후 경박단소를 필두로 다양한 사업 전환을 시도한다. 1970년대 물가 급등과 경기 침체의 스태그플레이션의 딜레마를 해결할 수 있는 영역 확대를 고민하던 한국 경제로서는 당연한 시대 요구였다. 그렇다고 창업 원칙을 훼손할 정도로 무분별한 사업 도전은 아니었다. 다른 재벌처럼 M&A를 통한 손쉬운 영역 확대가 아니라 끊임없이 새로운 사업을 스스로 개척해온 DNA는 지켜왔다. 때문에 아산산업은 창조적 투자를 선호하는 전형적인 기업가정신의 발현(이상주, 1997, pp.311-312)[7]으로 이해된다. 현대상선의 원류인 아세아상선(1976년)도 건조 이후 오일쇼크로 해약·포기된 상선을 자금난에도 불구, 그대로 인수해 새로운 사업 기회로 삼은 사례다. 아산산업이 해운업에 진출하는 기회가 됐지만, 초기 단계 계산된 영역 확대는 아니었다.

그러나 현대전자는 좀 다르다. 에너지 절감형의 고부가가치 산업이 절실해지면서 중후장대를 대체할 성장 산업으로 아산은 전자 산업을 지명했다. 자동차, 건설, 중공업 등을 하면서 전기, 전자기술의 지속적인 성장을 목도한 결과다. 무엇보다 아산 생각에는 자동차의 전자화가 자동차 산업의 성패를 가늠할 궁극적인 핵심 요소가 될 것이 분명(정주영, 1998, p.293)했기 때문이다. 실제 1980년대 이후 전륜구동차가 일반화되면서 자동차의 전자화 추세가 대세로 정착됐다. 또 자동차의 고급화 수요는 다양한 전자적 편의 장치의 필요로 연결됐다. 보급이 시작된 퍼스널컴퓨터와

7 아산 정주영과 나 100인 문집 편찬위원회, 《아산 정주영과 나》, 아산사회복지 사업재단, 1997, pp.311-312.

함께 자동차는 최대의 반도체 수요 제품이 될 것이 확실시됐다. 따라서 아산은 내수 지향의 가전보다 수출 경쟁력이 충분한 반도체와 산업 전자를 지목, 현격한 기술 격차를 단시일에 극복하는, 즉 날아가는 비행기에 뛰어올라 같이 타는 길(정주영, 1998, p.295)을 택했다. 현대전자의 출발이다.

결국 아산산업의 확장 과정은 창업 경영자답게 아산이 지닌 자유주의적 시장경제 철학의 확인 무대라 할 수 있다. 아산은 공급이 수요를 창출하고Say's law, 그 과정이 반복되면 궁극적으로 전체 후생을 극대화할 수 있다는 아담 스미스A. Smith의 고전학파 경제철학을 믿고 따랐다. 따라서 정부의 규제·간섭을 통한 시장 개입보다는 시장경제의 자생적인 발전 과정을 중시했다. '창업 도전→중소기업→대기업→영역 확장→국가 발전→후생 증가'의 연결 고리를 실천하는 것이 기업가의 본연 임무라 강조했다. 경제성장이 야기하는 양극화와 복지 수급의 불일치, 탐욕적 시장 실패 등 신자유주의적인 부작용이 확인되지 않은 시절답게 아산의 기업관은 '기업 성장→국가 발전'이라는 강고한 경영철학으로 안착됐다. 이는 아산산업의 확대 성장을 위한 주요한 논리근거이자 철학 기반으로 자리했다.

실제 아산이 출사표를 던지고 이업종異業種에 뛰어들면서 구축한 아산산업의 커버영역은 전형적인 규모경제의 발현 시도 및 산업 간 상호 연관성의 발휘를 통한 일관 체제의 구축 과정이 낳은 결과로 해석된다. 느닷없는 문어발식 영역 확장이 없진 않지만,

적어도 아산의 전성기에 한정할 경우 전후방 효과를 비롯한 직접적인 산업 연관성이 확인되는 업종에 적극적으로 뛰어들었다. 특히 건설과 조선의 시의적절한 연관 효과는 아산산업의 중공업화에 지대한 영향을 미쳤다. 중공업을 빼고 현대의 해외 건설을 말할 수 없고, 해외 건설을 빼고 현대중공업을 말할 수 없다(정주영, 1998, p.232)는 평가가 대표적이다. 중공업과 건설의 유기적인 관계는 작게는 아산산업의 근간이 됐으며, 크게는 1970년대 이후 한국 경제의 중대한 외화 동원 루트이자 자부심의 발로가 됐다.

다만 건설, 자동차, 조선 등 핵심 영역의 안착과 연관 사업으로의 확장 시도가 일단락된 이후에는 다소 이질적인 업종으로의 진입도 활발해진다. 간척 사업이 대표적이다. 1970년대 후반 해외 건설의 퇴조 조짐이 보이자 아산은 유휴 자원이 될 수 있는 인력과 장비의 재활용을 위해 국토확장사업, 즉 간척 사업에 관심을 갖기 시작했다. 간척 사업은 사업성은 차치하고서라도 부친에 대한 애정이 발현된 것으로 '부친에게 바치는 존경의 헌납품(정주영, 1998, p.301)'으로 자칭 그 의미를 부여했다. 사업성조차 막대한 금액 소요에도 불구, 역시 채산성이 거의 없다는 게 중론이었을 정도다. 게다가 엄청난 조수 간만의 차이로 공사 난항이 확실시됐는데, 이를 극복해낸 아이디어가 고철로 쓸 배를 가라앉혀 물막이로 대체하는 이른바 '정주영공법'이다. 기업가정신과 직결된 아산의 성격적인 경영 인자가 통합적인 상상력으로 발휘된 상징 사례가 아닐 수 없다.

말년에 접어들면 아산은 적극적인 사회참여로 본인이 보유한 내면세계의 에너지를 돌리는 결정을 내린다. 여기에는 정치권력에 대한 반감이 한몫했다. 아산은 정치권력에 유독 강력한 반감을 자주 표출했다. 역대 정부가 기업을 영리 추구만 목적으로 하는 경제동물로 인식시킨 많은 책임을 지라고까지 항변한다. 정권교체 때마다 약점 은폐와 서민 위안용으로 부정 축재와 탈세 죄목을 얹어 기업인을 때리는 것이 약방의 감초처럼 벌어짐으로써 국민 인식도 그렇게 오도될 수밖에 없다고 봤다. 입맛 쓴 되풀이(기업인 때리기)가 몇 차례 있고 난 후 기업인들은 다 같이 악이 되어버렸다(정주영, 1998, p.373)고도 했다. 건전하지 못한 기업 성장과 졸부가 있을지언정 이것도 정부가 유착을 유혹하고 강요했을 걸로 판단함으로써 정치권력을 향한 불신을 강력하게 내보인다.

반면 정치권력 탓이 아닌 경제성장에 따른 불가피한 기업의 무리수와 부족함에 대해서는 관대한 입장을 보인다. 기업의 공로功勞를, 다소간의 잘못이 있었다 하더라도, 어린 나이에 가계를 짊어진 소년소녀가장처럼 대견하고 기특하게 생각해주기를 바란다(정주영, 1998, p.375)는 논리를 편다. 이는 정부 주도형이 아닌 민간 주도형의 성장모델에 대한 맹신에 가까운 믿음 때문이다. 반대로 깨끗하지 못한 정신 자세는 기업이든 국가든 흥망을 가르는 결정적인 변수로 봤다. 한국의 답답한 현실 한계가 대부분 정치권이 조장하는 익숙한 부정부패와 적당주의 탓이라고 본 까닭이다. 유도를 넘은 주도, 지시경제, 관치, 통제 등의 단어를 버려야 할 유물로 정의한 이유(정주영, 1998, p.379)다. 이를 확장해 아산은 무슨 일이든 인간은 깨끗한 마음으로 살아야 한다(정주영, 1998, p.397)고 했다. 부정직하면서 깨끗하다는 말은 성립되지 않기에 아산은 사소한 거짓말조차 허용하지 않았다.

말년에 아산이 대선 출마를 결정하는 것도 아산산업의 창업·확대·유지 과정에서 반복적으로 경험한 정치권에 대한 반발심리와 스스로 개혁할 수 있다는 자신감의 발로로 이해된다. 아산은 개인 치부와 사적 행복보다는 인류 행복, 모범 국가, 통일 지향, 정치 개혁 운운의 이상주의적 포부를 자주 밝혔는데, 그 실현무대로 권력 획득을 지명한 것이다. 김태형(2010, p.266)은 이런 아산의 이상주의적 경향을 유럽형의 복지자본주의라고 규정했다. 1990년대 시베리아 개발 때 소련 당국과 접촉할 때에도 '자본주의 vs. 계획주의'의 이분법적인 시각으로 공산권의 필패 한계를 지적(정주영, 1998, p.347)했을 정도다. 다만 논란적인 게 아산의 애국적 민족주의와 계층적 평등주의가 그의 시장 원리·중심적 사고 체계와 적잖이 충돌할 수밖에 없다는 점이다. 최근의 자본 탐욕이 야기한 양극화 등 격차 문제를 확인하고도 과연 과정의 능력·노력 차이를 인정하지 않고 결과의 불균형만 불평하는 것을 받아들일 수 없는지 의문스럽다. 이에 대한 아산의 답변은 정부도, 제3자 누구도 불균형을 해결할 수 없다(정주영, 1998, p.363)는 말에서 미루어 짐작할 수 있다.

3. 아산, 그 상상력의 공간구성을 위한 정신세계

인문학적 감성력

기업가를 넘어 아산의 사람됨을 완성한 근원적인 정신요소는 감성력이다. 일생 동안 사업가적 판단이 절실한 시점마다 목격되는 그의 문학적 감성은 일시적이고 단편적인 우연과 행운이 아니라 유년 시절부터 일찌감치 그의 내면세계 깊숙이 안착한 여러 환경조건이 무수한 화학반응 끝에 자연스레 발휘됐을 확률이 높다. 문학적 감성의 발휘란 문학 이해의 지적 기반과 함께 갈등적인 현실 이슈를 문학 세계와 연결시키는 절박한 필요가 결부될 때 비로소 효과를 내기 때문이다. 학력이 낮았음에도 유년 시절 터득한 유교 지식과 가난 탈피의 가족사적 염원이 훗날 아산의 문학적 감성에 기초한 상상력 발휘 및 실현에 상당 부분 역할을 한 셈이다. 일부 자료에서는 "찢어지게 가난한 생활 속에서도 문학을 사랑했던 문학소년[8]"으로 규정한다. 정진홍(2013)[9]은 아산을 감상적인 사람으로 기억한다. 고향 풍경, 부친 여운 등 내적인 품성에 깔린 감상적인 대화 경험도 많다. 감상적 성찰이 창조적 원류로, 그게 사업적 상상으로 이어진 것이란 해석이다. 그럼

---

8 권영욱, 2013, p.240.

9 〈이데일리〉, '정주영, 고약한 사람인 줄 알았는데 창조적 예술가더라', 정진홍 인터뷰, 2012년 3월 5일.

에도 아산은 초등졸업에 콤플렉스를 느낀 듯하다. 학력주의에서 저학력은 핸디캡과 열등감이다. 무지해서 덮어놓고 덤벼든다며 붙인 '불도저'라는 별명에 반발, 짚고 넘어가고 싶다(정주영, 1998, p.233)는 억울함을 토로할 정도다. 반면 학식이 낮다는 고백은 겸손의 표현이란 지적도 적잖다. 명목적 학식은 낮아도 경험에 의한 암묵적 학식은 매우 높았기 때문이다[10].

저학력이지만 문학을 넘은 인문학적인 아산의 지적 기반은 꽤 충분한 편이다. 이는 어릴 적 배운 교육 경험이 컸다. 초등 입학 전 할아버지 서당에서 대학, 맹자, 논어 등을 배운 건(정주영, 1998, p.23) 일생 동안 그의 사고 체계에 큰 영향을 미쳤다. 차분함이 필요한 붓글씨와 타고난 음치 실력을 빼면 월등한 실력으로 월반을 했다니 상당한 이해력으로 해석된다. 선비론도 이 과정에서의 학습 결과로 이해된다. 반인륜적인 행위와 횡행하는 지하경제의 미국과 달리 한국 기업은 선비들이 일으키고 이뤄낸 것(정주영, 1998, p.375), 즉 선비적 경쟁논리의 설파다. '선비정신+기업가정신'을 합해 선기정신의 리더십이 성공 경영의 요체라고 본 천대윤(2012, pp.162-214)은 아산의 경영이념(사업보국, 인간존중, 신용제일, 도전개척, 근검절약, 고객만족, 창의기술, 인내신념, 산업평화, 사회책임 등)이 곧 선기정신이라 평했다. 가정교육과 사업경험으로부터 유학 기반의 인문학적인 기본철학을 몸에 익힌 덕이다.

---

10 천대윤, 《창발전략경영혁신과 리더십》, 삼현출판사, 2012, p.63.

이 과정에서 평생을 지배하는 강력한 효도 및 가장의식이 체득된다. 유독 아산의 각별한 효행 사상은 인생 전체에서 확인되는데 역시 유년 시절 유교적 철학 기반의 학습과 실천 때문으로 정리된다. 김학묵(1997, p.135)은 유년 시절부터의 가정지학家庭之學과 그 수양으로 백행지원百行之源이 실천된 것으로 봤다. 가난을 벗어나려던 아산의 가출·창업은 그 의무·숙제인 효와 가장 역할을 실천할 유력 수단이었다. 반대 방향이지만 부친이 가장家長론을 내세워 그를 고향에 묶어 두려던 것도 동일맥락이다. 모친이 차별적인 치성으로 장남의 경제적 성공을 염원한 것(정주영, 1998, p.20)도 아산의 무의식에 영향을 미쳤다.

사실 아산은 태생적으로 꽤 감성적 혹은 감정적이었다. 3전 4기의 가출 과정 중 부친과 벌인 반복된 심리·논리 대결에서 아산의 감성 표출은 잘 이해된다. 부친 설득과 아들 고집이 울음과 통곡으로 확산되는 이면엔 아산가家의 유전적 감성 자원이 승계된 결과다. 부친 성향도 아산 감성에 한몫했다. 장남의 가출을 반대했지만 고지식했을 뿐 독선적이진 않았기에 부자 사이의 설득과 이해가 가능했다. '가출 반대→아들 성공→부친 축하'를 통해 갈등을 겪지만 무난히 극복해낸다. 부친에게 지지받는 건강한 부자 관계의 연출이다. 훗날 아산이 위기 때마다 무리수를 던지지만 결국 상대가 받아주고 잘 해결될 것이란, 이른바 비비기 전략도 부친과의 관계 성립 경험이 영향을 미쳤다(김태형, 2010, p.71). 불가능은 없다는 도전력도 믿어 준 가정교육의 결과 체득한 뱃심일 터다. 가난했지만 행복했다는 이율배반적인 기억과 경험은 아산의 양육 환경이 안정적이고 신뢰적이었으며 애정적이었기에 가능한 논리다. 감성이 확대되고 축적될 수밖에 없는 상황논리다.

또한 유년 시절 서당교육, 외부적인 인적 교류와 함께 아산은 자발적인 학습 수양을 보탰다. 4시면 일어나는 성실근면의 생활습관은 그의 가장 큰 자본이자 유산이었다. 아침 시간의 신문·독서 활동으로 학교에서 못 배운 정치·경제·사회·역사·철학·예술 등의 인문학적 지적 토양을 쌓아갔다. 즉 문학을 포함해 인문학적인 기반 지식이 꽤 풍부한 경영자였다. 신문 통독도 큰 힘이 됐다. 경부고속도로 건설 때 대통령이 묻자 "신문대학을 나왔다"고 말하며 '생각하는 불도저'로 한계를 극복했다. 인생 전체를 관통하는 통찰력과 순발력은 평소 매진해온 인문학적인 감성의 기초가 없다면 발휘되기 힘든 소양이다. '눌변의 열변'이라 평가받는 연설에 많은 이가 공감하는 것도 같은 이유다.

아산의 많은 일화는 그가 균형적이고 상생적인 사회 조화를 가르치는 인문학적인 논리 맥락을 실천하고 있음을 증명한다. 먼저 자기통제를 솔선했다. 아산은 근검절약을 생활화했다. 아침은 김치와 국 한 대접 이상의 반찬을 허용하지 않았고, 월급 절반은 저축했으며, 구두 등 생필품은 예외 없이 아껴 썼다. 열심히 일하며 절약만 해도 작은 부자는 된다(정주영, 1998, p.404)는 지론 덕분이다. 스스로 부자이기도 거부했다. 거부가 된 후에도 중산층(정주영, 1998, p.361)이라고 하며 잘 누리고 사는 것보단 어떤 영향을 끼치고 사는 게 중요한지(정주영, 1998, p.362)를 설파했다. 상하 관계도 인격이 아닌 일하기 위한 편리한 질서 체계로 규정했다. 창업 이후 재산이 아니라 일이 좋아 했을 뿐(정주영, 1998, p.363)이란 발언도 그렇다. 중요한 것은 자조自助론이다. 열심히 살면 누구든 존경심을 표했다. 새벽 4시 남대문 리어카 부부를 보고 삶이란 엄숙한 선서와도 같다며 그들에게 마음에서 우러나는 존경과 유대를 느꼈다는 소회까지 있다[11].

그러고도 신용을 위해서는 손실을 불사했다. 경영 과정에서 이익보다 신뢰·가치를 중시하는 결단을 여러 번 내린다. 가령 경부고속도로 건설 때 아산은 이익과 신용 중 하나를 택하라면 언제나 신용(정주영, 1998 ,p.124)이라고 했다. 기업의 사회적 책임CSR을 위한 결단도 남달랐다. 맹목적인 성장일변도에서 비켜서 사업 외부적인 가치창조에도 공을 들였다. 요절한 아우의 학문적 완성과 언론인의 지적 심화를 위해 만든 신영연구기금이 출발점이다. 아산이 부의 과시를 경계하며 스스로 공수래공수거의 인생철학을 견지한 결과다[12]. 일부 주주의 이익 독점을 위한 현대건설 기업공개를 거부하고 사회적 이윤 환원을 위해 지분의 절반을 내놓은 아산사회복지 사업재단도 그렇다. 병고와 가난의 연결 고리를 끊

---

11 권영욱, 2013, p.235.

12 아산 정주영과 나 100인 문집 편찬위원회, 《아산 정주영과 나》, 아산사회복지 사업재단, 1997, p.60.

고자 의료사업과 복지 사업에 중점을 둔 아산만의 CSR 표현방식이었다.

무엇보다 아산의 인문학적 철학가치가 제대로 확인되는 대목은 평등 의식에 근거한 인본주의적 사고 체계다. 아산은 한국 민족을 가장 우수한 인적 자원으로 평했다. 한국 기업의 성과는 창업자의 불굴의 의지와 부지런한 근로자의 에너지가 집결돼 맺어진, 오직 사람의 힘만으로 만들어진 것(정주영, 1998, p.359)이라 강조했다. 또 아산은 본인을 부유한 노동자(정주영, 1998, p.312)라 했다. 스스로 노동자로 사회에 나왔기에 그들과 함께 하려는 일화를 많이 만들어냈다. 근로자에게 점심 제공을 최초로 한 것도 아산이다. 반면 일의 분야가 다르고 직급의 차이는 있을지언정 인간 차별을 조장하는 우월·권위 의식은 극도로 혐오했다. 차별 행위는 돼먹지 않은 오만(정주영, 1998, p.313)이다. 파업 투쟁 때도 노동을 매도하거나 일방적 양보를 강요하지 않았다. 물론 본인의 회고와 달리 노사 관계를 둘러싼 재평가는 필요하다. 현대의 노사분쟁이 갖는 역사성과 상징성, 그리고 후폭풍이 상당했기 때문이다. 노사분쟁은 결과적으로 인본주의 아산철학을 훼손할 수밖에 없으며, 실제 그도 배신감을 토로(정주영, 1998, p.315)한 바 있다. 줄 만큼 줬다는 아산과 그래도 부족하고 차별받는다는 노조 시각이 평행선을 달린 것은 어쩔 수 없는 사실로 확인된다.

아산은 인간중심적인 사고 체계를 견지했다. 인본이 중심일 수밖에 없는 인문학적 소양 학습과 그 실천을 위해 폭넓은 인간 교류를 유지했고, 곁을 중시하는 경영철학을 강조해왔다. 아산은 모든 것의 주체는 인간이어야 하며, 인간의, 인간에 의한, 인간을 위한 세상을 꿈꿔야 하는 이유도 그 주인공이 사람이기 때문이라고 봤다(김윤영, pp.56-62)[13]. 입신양명의 부자가 아닌 평범한 아버지의 모습으로 자주 목격되는 것도 이런 이유다. 즉 한솥밥을 먹는 한 가족이란 말을 빌려 평등 의식을 실천했다. 신입 사원들과 씨름 대회를 갖고 막걸리를 먹는 행사를 중시한 것도 같은 맥락이다. 육남 이녀의 장남이자 장손답게 직원을 동생처럼 책임지고 보살필 대상으로 규정한 것이다(홍하상, pp.120-121)[14]. 물론 외부적 발신 표현은 달랐다. 호랑이라는 별명처럼 직원들과 격의는 없되 지독하고 치밀하게 현장을 통제했다. "성격이 좋아도 회사가 망하면 다 소용없다"는 말처럼 잘 먹이고 잘 살게 할 의무가 중요할 뿐 굳이 '성격 좋은 사장님'으로 불리는 데는 반대했다(박시온, p.30)[15].

---

13 김윤영, 《성공을 넘어》, 미래출판기획, 2008, pp.56-62.

14 홍하상, 《정주영 경영정신》, 바다출판사, 2006, pp.120-121.

15 박시온, 《정주영처럼》, FKI미디어, 2012, p.30.

차별적인 창의력

아산정신의 원천으로서 인문학적 감성력은 아산 특유의 차별적인 창의력과 만나 성공적인 기획 작품으로 자주 연결된다. 창의력의 발휘는 아산산업의 중대한 성장 자원이다. 작은 자동차 수리에서 시작해 다국적기업의 아산산업을 완성한 성장 과정은 차별적인 창의력의 발휘 역사라 해도 과언이 아니다. 단순한 문어발식 영역 확장이 아니라 산업연관적 시너지와 규모경제가 확인될 수 있는 전후방 연계 산업에 긍정적인 도전 의식으로 출사표를 던짐으로써 아산산업의 근간을 구축했다. 특히 창의력은 실패한 벤처처럼 전혀 관계없는 부문에의 무모한 접근이 아니라 산업 모체가 되는 건설·자동차·조선 등을 일관 시스템으로 묶어 연관 효과를 키워냈다는 점에 의의가 있다.

아산의 창의력은 세간에서 말하는 학력과 무관하다. 저학력에도 불구, 아산산업을 일군 데 크나큰 기여를 한 것은 학력과 무관한 창의력의 발현 덕분이다. 학력적인 상식에 함몰된 간단한 중도 포기보다 무계획적이고 무모할지언정 학식은 없지만 더 열심히 생각하는 머리와 치밀한 계산 능력, 적극적인 모험심과 용기, 신념(정주영, 1998, p.233)이 창의력 발현 배경이다. 하고자 하면 무한한 잠재력과 창의성이 발휘되는 까닭이다. 때문에 고정관념의 노예라면 적응력이 뛰어날 수 없다고 했다. 교과서적인 사고방식에는 함정이 있는데 그 고정관념에 갇히면 유능해도 위기나 난관 때 무너지기 때문이다(김윤영, pp.208-209). 노신영(1997, p.148)[16]은 아산의 기발한 착상 사례를 '길은 찾으면 있는 법'이란 말로 정리했다. '위기→기회'의 전환 사례는 대부분 일반인이 생각조차 할 수 없는 대담하고 모험적이며 기상천외한 공법의 적용 과정이기 때문이다. 최성상(1997, pp.179-180)은 유능한 기업가가 한 나라의 경제를 발전시킨다는 말로 아산의 파격적인 창의력을 호평했다.

창의력이 독특하고 차별적인 아이디어로 연결되려면 인문학적 감성은 물론 아산이 말하는 '불치하문不恥下問'의 학습 열의(정주영, 1998, p.73)가 필수다. 차별적인 창의력을 배양하는데 중요한 것이 끊임없는 배움과 새로운 지식·경험에 대한 갈구인 것이다. 아산은 어리거나 지위가 낮아도 부끄러워하지 않고 배우고 익힌 것으로 유명하다. 공기 단축을 비롯해 실제 단계에서 창의력을 생산하려는 일상적인 고민과 독려도 아산의 트레이드마크다. 공사 현장에 최대한 많은 직원을 투입시켜 직원들의 실무교육장으로 활용하는 이중 효과도 노렸다. 학습 갈망이 창의 발현의 무기가 된 셈이다. 동일 비용·동일 효용일 경우 건설·조선업 등에서는 공기 단축이 특히 절대선이다. 그래서 축적된 내적 자원의 재조합과 외부 자원의 적극 활용을 실행해왔다. 반면 간단한 개선 방법이 있는데도 예전의 방식으로 시간과 돈을 낭비하는 경우(정

16 아산 정주영과 나 100인 문집 편찬위원회, 《아산 정주영과 나》, 아산사회복지 사업재단, 1997, p.148.

주영, 1998, p.234)를 경계했다. 지금에야 당연시되지만 3교대 8시간 근무로 노동시간의 빈틈을 없앤 아이디어는 독창적이고 비상한 창의력이 아니면 힘든 일로 평가된다(곽종원, 1997, p.23). 덕분에 아산산업의 아이콘은 '불가능→가능'으로 치환된다.

아산의 차별적인 창의력이 발휘된 대표적 사례는 1975년부터 본격화된 중동 진출이다. 부족한 경험과 능력에도 불구, 적극적인 창의력을 동원하고 지지 않는 정신력으로 노력하면 반드시 성공할 수 있는 결정적인 기회라는 확신(정주영, 1998, p.208)이 아산에겐 있었다. 다만 당시 상황에서 중동 진출의 외부 확신은 크지 않았다. 아산스타일에 익숙한 동생(정인영)마저 한사코 반대했다. 이를 극복해낸 아산정신의 성격공간이 적극적인 창의력이다. 시장 개척의 한계만큼 차별적인 창의력의 발휘로 유한 자원을 극대화·재조합하는 아이디어를 떠올린 것이다. 자체 한계와 중상모략까지 팽배했지만 아산은 내부 자원을 초월하는 외부 자원의 합류 카드(김영덕 박사 영입)로 돌파구를 만들어낸 것이다. 막막하고 캄캄한 사업(정주영, 1988, p.224)이었지만 결국 보기 좋게 성공해냈다.

아산산업의 창업과 확장, 유지 과정에서 무수한 한계와 위기가 목격되지만, 대부분은 아산의 독특하고 차별적인 창의력의 발휘로 극복된다. 이른바 '정주영공법'은 이런 차별적인 창의력의 발휘가 클라이맥스에 달한 아이디어였다. 노후 대형 유조선으로 엄청난 수압을 막아 둑을 완성한 사건인데, 창의력의 발로가 기상천외한 발상을 현실화시켜 단숨에 간척을 완료했다. 이후 정주영 공법은 인간의 창의적인 노력 앞에 거대한 자연의 힘마저 굴복한 것[17]이란 분석과 함께 완벽한 성공작이란 호평으로 세계에 소개됐다. 아산의 창의력은 왕왕 상상초월이다. 축적경험에서 확인된 공법은 물론 전문가조차 가장 효율적이라고 인정한 상식적인 공정마저 거부하는 담대함을 보인다. 그는 위험 회피의 안전 지향성을 비효율의 개혁 대상으로 인식했다. 혼연일체로 심혈을 기울이면 안 될 까닭이 없다는 확고한 신념(정주영, 1988, p.230)이 기존 한계를 극복하고 새로운 부가가치를 창출해냈다.

아산이 만들어낸 '빈대론'과 '돼지몰이론'은 하면 된다는 긍정론과 맞물려 독특한 창의력의 발현 결과로 해석된다. 빈대를 피하고자 상다리를 물그릇에 담그기까지 했지만 결국 천장에서 뛰어내리는 것에 아연실색, 빈대의 창의적인 전략 수정을 배웠다(빈대론). 돼지몰이는 앞에서 귀를 당기는 게 아니고 뒤에서 꼬리를 당기는 것임을 강조한 것도 일반적인 상식을 초월한 차별적인 아산만의 창의력이 아닐 수 없다(돼지몰이론). 이렇듯 국내 최초 해외 건설 진출 사례인 태국고속도로(1965년), 세계고속도로 건설 사상 최단기간 완공 사례인 경부고속도로(1968년), 거북선 지폐와 미포만 백사장 사진만으로 유조선을 수주해 조선소 건설과 동시에 배를 진수시킨 선박 신화(1973년), 고유 모델 포니로 자동

---

17 권영욱, 2013, p.129.

차 생산 개시(1976년), 20세기 최대의 역사로 불리는 주베일 항만 공사(1976년) 등 창업과 확장 과정에서 '최초' 타이틀이 붙은 근본적인 이유가 바로 아산의 창조적 창의력 덕분이다[18].

창의력은 번쩍하는 아이디어처럼 느닷없이 생기기도 하지만 장기간 축적·숙성시키며 효과를 극대화할 때 기발함의 여운이 오래 남는 법이다. 아산의 소떼방북은 그 대표적인 사례로 발표 당시에는 놀랄만한 발상이란 평가를 받았지만, 실은 오랫동안 준비해온 창의적인 기획 작품일 확률이 적잖다. 대북 사업이 허용되자 아산은 서산농장에서 기나긴 장고에 들어가는데 이때 소떼 방북의 아이디어가 발표됐다. "(북한과)자본주의적 상거래는 없다", "살상의 사업이란 없다"는 평소 발언에서 500마리 소떼방북(2회에 걸쳐 총 1,001마리)의 기획력이 자연스레 도출된 것을 확인할 수 있다. 요컨대 소떼방북만큼 평소 지론에 충실한 사업모델을 떠올리기 힘들만큼 딱 맞아떨어진 퍼포먼스였다. "이날을 위해 지금까지 준비해왔다"는 증언이 이를 뒷받침한다(권영욱, 2013, p.227).

무제한의 긍정력

긍정적인 사고 체계는 특히 비즈니스업계에서 중요한 경영철

18 현대엘리베이터, 《동행, 30년 미래를 향한 동행》, 현대엘리베이터 30년사(1984~2014), pp.13-14.

학이자 실천논리로 거론된다. 불가능을 가능으로 치환시키는 긍정적인 심리발현이 의사결정의 수립과 실천에 영향을 미치기 때문이다. 아산은 낙천적이고 긍정적인 인물이다. 불행하다 여긴 적은 결코 없다는 발언은 곳곳에서 확인된다. 생활이 어렵고 갈등도 많았지만 위기는 극복하는 맛에, 기쁨은 즐기는 마음으로 살아왔다고 했다. 곤경은 극복할 수 있다는 신념과 밝은 내일에 대한 낙관적 확신이 있었기에 오늘의 아산산업이 탄생했다는 긍정적인 평가가 대체적이다(권영욱, 2013, p.249). 피곤하면 잘 자서 좋고, 배고프면 밥맛이 좋으며, 땡볕에서 일하면 그늘의 바람이 천국 같은 행복감을 안겨준다 했으니 아산의 무제한의 긍정력은 확실히 일반인과 구별되는 독특한 성격 요소가 아닐 수 없다.

인생의 90%를 행복한 마음으로 활기차게 잘 살아왔으며 여기에는 긍정적인 사고가 절대적으로 중요했다(정주영, 1998, pp.410-411)는 발언에서 아산이 판단하는 행복 원천은 긍정적인 사고, 즉 긍정력으로 요약된다. 이는 아산 생애의 전반에 걸친 학습과 경험으로 다져졌다. 갈등 천지인 경영 환경에서 봉착할 수밖에 없는 불평과 불만은 유년 시절부터 학습되고 훈련된 낙관론과 긍정론으로 대처했다. 가출 결정도 본인이 가계를 책임질 수 있다는 강렬한 믿음과 욕구 때문이었지 불행 탓은 아니라 했다(정주영, 1998, p.409). 선택을 후회하거나 처한 상황에 불평을 품거나 좌절 혹은 실망하기보다는 작은 것에 만족하고 새로운 도전에서 행복과 즐거움을 추구하는 등 천성이 낙관적이었다. 노력하면 좋아질 것이라는 것은 희망이 아닌 몸에 익은 확신에 가까웠다.

반면 아산은 결정론을 경계했다. 운과 사주팔자는 거부하며, 음지와 양지처럼 모든 일에 좋은 면과 나쁜 면이 공존하고 또 변한다고 봤다. 아산에 따르면 운은 결국 때(타이밍)이고, 때는 운영 여하에 따라 통제되며, 그 통제 근거가 성실과 근면이라 했다. '긍정+성실=성공'의 등식인 셈이다. 확대하면 아산이 말하는 행복론은 건강, 겸손, 공부, 의지의 네 가지로 구성되는데(정주영, 1998, p.415), 그 기저에 흐르는 심리 요소가 기어이 해내면 반드시 된다는 긍정적인 사고 체계라 할 수 있다. 긍정이 구체화되는 데 힘을 실어 준 것은 역시 상상력이다. 여러 성공 일화에서 반복적으로 확인되는 코페르니쿠스적인 사고 전환은 긍정론을 바탕으로 둔 상상력의 현실체화 덕분에 가능했다. 사전에 불가능 혹은 위험이라는 자기 합리화로 불가론을 뒷받침하기보다 일반적인 고정관념에 도전해 상식적으로 납득하기 힘든 일조차 긍정적인 의식 심화로 해결해갔다. 고정관념 대신 가능성을 떠올리고 자유롭게 상상하면 불가능도 가능으로 구체화되기 때문이다.

아산의 무제한의 긍정력은 거센 고정관념과 주변 반대를 넘어서며 보다 확고한 자신만의 심리기제로 안착했다. 가령 "이거 해보자"의 제안은 늘 "그건 불가능하다"의 답변으로 되돌아왔다. 아산산업의 성장 역사는 이 제안과 답변의 반복임과 동시에 그 극복 과정의 경로라 해석할 수 있다. 숱한 반대와 위기를 아산은 "이봐, 해봤어"의 짧은 말로 하면 된다는 식의 무제한의 긍정론으로 정리시켜버렸다. 된다는 확신 90%와 반드시 되게 할 수 있다는 10%의 자신감 외에 안 될 수도 있다는 불안감은 단 1%도 갖지 않았다(권영욱, 2013, p.180)며 되레 주변 근심과 역경을 해소시켜주는 리더 자질까지 선뵀다. 전형적인 낙관론자가 아닐 수 없다. 절망적 위기 상태에 봉착하게 마련인 기업가로는 드물게 불안과 좌절보다 확신과 희망을 품었는데, 이원홍(1997, pp.321-322)에 따르면 '아산은 역경에 걱정을 못 느끼고 언행에 불안의 티가 없으며 이처럼 자신에 찬 사람은 드물다'고 회고했다. 그러면서 불가능은 없다는 나폴레옹, 요지부동의 태산으로 아산을 비유했다.

거대 장치 위주의 아산산업은 늘 사고와 실패 위기에 직면할 수밖에 없다. 담대한 판단과 긍정의 자세 없이는 좀체 버티기 힘든 산업이다. 실제 적잖은 인명·재산 피해 등 불가피한 일이 많았다. 이때 아산은 긍정의 힘을 시행착오로 깨우쳤다. 천성으로 물려받은 낙관론과 교육·학습으로 익힌 긍정론도 적잖지만 아산에게 하면 된다는 정신을 확신시켜준 것은 실패 경험에서 확인한 반면교사의 결과라 할 수 있다. 가령 고령교, 태국고속도로 건설 등은 사업 진행 과정에서 다양한 중도 포기 권유와 유혹에 휩싸였다. 이때 아산은 거액 손실에도 불구, 신뢰와 명성을 위해 사업을 끝까지 완료시켰다. 실패를 또 다른 성공의 희망 씨앗으로 활용하려는 긍정적인 내적 인자의 발현이다. 아산은 손실 대신 얻는 게 있으면 그것은 손실이 아니라 번 것이며, 어느 때는 돈으로 본 손실보다 돈 아닌 것으로 얻는 것이 더 큰 벌이(정주영, 1998, p.101)라 했다. 아산은 값비싼 희생 속에서 특유의 긍정DNA를 발휘해 위기를 기회로 삼는 노련함을 발휘했다. 결국 아산에게 실수는 있어도 포기는 없었다. 그의 실패학에서 실수는 시행착오이며 훈련 과정일 뿐이다. 아산은 어떤 실수보다 치명적인 실수가 포기(정주영, 1998, p.188)라고 평가했다.

아산의 긍정마인드는 사회활동에서도 확인할 수 있다. 가령 1981년 올림픽 유치 추진위원장으로 임명됐을 때 아산 특유의 낙관적인 긍정력이 십분 발휘됐다. 대통령 지시에도 불구, 부총리 등 내각 반대를 비롯해 실패 때의 천문학적인 비용 부담 등이 불가능을 떠올리게 했지만, 아산은 생각이 달랐다. 모든 게 계획 여하에 달렸듯 망하게 계획하면 망하지만 형편에 맞추면 적자 없이 얼마든 치러낼 것(정주영, 1998, p.272)이라 봤다. 이후 아산의 파격적인 아이디어가 반영된 기존 자원의 재결합 및 인식 전환으로 예산 절감과 유치 확률을 높이는 데 기여했다. 기반 공사야 어차피 할 일이니 경비에서 빼고, 경기장 등은 기존 시설의 개·보수와 민간 자원 활용으로 극복해냈다. 기세가 기울대로 기운 현지 유치전에서 각종의 고초와 실망감, 견제가 있었지만, 결과는 뒤집어졌다. 종국에는 아산의 발로 뛰는 실천이 겸비된 긍정적인 에너지가 불가능의 기적을 낳았다.

무차별적 도전력

경영학자 피터 드러커P.F. Drucker는 새롭고 이질적인 것에서 유용한 가치를 창출해 내고 변화에 대응하며 도전해 이를 기회로 삼는 이를 기업가로, 또 그 정신세계를 구성하는 기업가정신을 과학도 예술도 아닌 실천이라고 설파했다[19]. 이런 점에서 실천은 아산정신의 중요한 키워드이자 대표적인 경영 능력 중 하나다. 김태형(2010, p.62)[20]은 아산의 실천과 관련해 평범한 이들이 보기에는 무모한 도전과 모험을 거듭했던 경제계의 기인奇人으로 평가했다. 창업은 물론 각종의 의사결정을 볼 때 총알이 빗발치는 선봉에서 두려움 없이 진격한 돌격병 역할을 맡았다고까지 했다. 물론 준비되지 않은 도전과 지속되지 않는 실천은 득 될 게 없다. 아산정신의 내면세계를 "이봐, 해봤어"의 체험주의적인 도전력으로 융화시킨 근본적인 성공 인자는 최선을 다하는 의지 발현과 직결된다. 아산 인생에 걸쳐 어릴 적부터 반복된 특유의 개척 정신이 성공적인 결과로 연결되도록 뒷받침한 행동 강령이 최선주의임은 불문가지다. 더 하려야 더 할 게 없는, 마지막의 마지막까지 다하는 최선(정주영, 1998, p.35)의 노력을 쏟아 부으며 살아왔기 때문이다.

---

19 유연호 교수 '내 아이디어로 창업하기'의 블로그 중 '기업가정신의 정의(2010.6.27)' 부문 참조. http://blog.naver.com/gatesceo?Redirect=Log&logNo=150088946190(검색일: 2014년 8월 5일).

20 김태형, 《기업가의 탄생》, 위즈덤하우스, 2010, p.62.

"이봐, 해봤어"는 "생각날 때 행동해"와 함께 아산의 도전적인 기업가정신을 보여주는 단적인 코멘트다. 여기에는 능력에 한계를 짓지 않는 불굴의 실천 정신이 담긴다. 실천적 도전력이야말로 학력이 짧고 무일푼의 가출 소년을 세계적인 기업집단의 총수로 만들어줬다. 아산의 도전력은 일찌감치 확인된다. 농부로 키우려던 부친 의지와 달리 네 차례나 반복된 가출 단행이 그렇다. 특히 3전 4기의 가출 성공은 부친 집념을 넘어선 장남 집념을 뜻한다. 이는 포기와 좌절, 현실 타협적인 인생 항로 대신 스스로 역경에 맞서 뜻이 실현될 때까지 끊임없이 도전하는 아산정신의 원류적인 경험을 구성했다.

아산의 도전 사례는 많다. 가출 이후 막노동을 할 때부터 몸에 밴 도전 정신은 유감없이 발휘된다. 이른바 빈대론이다. 밤이면 노동자 합숙소를 괴롭히던 빈대들의 생존 전략에서 사람도 최선을 다해야 원하는 것을 얻는다는 경험 법칙의 체득 결과다. 사람을 물고자 본능적으로 기발한 접근 루트를 채택한 빈대들에게서 무슨 일이든 절대 중도 포기 없이 죽을힘만 다하면 이루지 못할 일이 없다는 인생철학을 배웠다(정주영, 1998, pp.41-42)고 했다. 허허벌판의 항공 사진과 500원 지폐 한 장으로 선박을 수주한 사례도 비슷하다. 배짱과 뚝심의 원동력은 도전력이 기저에 깔린다. 간척 사업, 중동 진출, 자동차 진출 등 아산산업의 전반에 걸쳐 끊임없이 혁신하고 실패를 두려워하지 않는 도전 정신은 녹아 있다.

도전력은 그 자체로 완성되지 않는다. 도전이 성공하자면 그 과정에 없어서는 안 될 수많은 주변 장치가 필수다. 준비되지 않아 성공 확률이 낮은, 즉 무모한 도전은 아산에게 없다. 역으로 아산의 도전력이 빛을 발하는 것은 성공 확률을 높이는 특유의 부차적인 노력 투입이 수반된 결과다. 가령 주베일산업항 건설 때의 수송 계획은 남들 눈에는 무모해도 아산만큼은 성공확신이 컸다. 그러니 남들 눈에 비치는 막무가내의 도박(정주영, 1988, p.228)도 단행됐다. 실패 벌충의 보험 가입보다 컴퓨터 프로그램 개발로 실패 보전의 대안 카드를 마련한 게 대표적이다. 무모한 도전과 필연적인 실패로 폄하하는 세간 평가를 내부 자원의 재활용과 재조합을 통해 극복하려 한 아산만의 현실 감각을 반영한 에피소드가 아닐 수 없다. 더불어 도전력의 선순환에 기여한 것은 아산 인생 전체를 관통하는 항상적인 근면정신이다. 적당주의와의 타협불가적인 행동원칙은 그의 도전 정신이 열매를 맺는데 결정적인 에너지로 작용했다. 아산은 게으름에 선천적인 혐오감을 가졌고, 헛된 낭비로 연결되는 적당주의를 멍청한 짓(정주영, 1998, pp.77-80)으로 규정했다.

또 하나의 도전 성공의 키워드는 타이밍이다. 미뤄진 도전은 의미가 평가절하 된다. 절체절명의 타이밍에 최선의 노력으로 최대한 집중할 때 도전은 성공하고, 기여 자원의 존재 의미도 높아진다. 아산의 도전 역사에 연기와 지체는 없다. 모든 일은 최대한 빠른 시간 안에 총력을 기울여 집중력 있게 처리하는 것이 그 결과도 좋다(정주영, 1998, p.81)는 발언을 그는 늘 실천해왔다. 아산산업의 확대 과정에서 예측을 깬 공기 단축 기록이 대거 쏟아진 이유다. 도전을 통한 발전, 비록 실패한들 시행착오에서 배우는 통 큰 철학도 한몫했다. 아산에 따르면 세상일에는 공짜로 얻어지는 성과란 절대 없으며 보다 큰 발전을 희망한 모험에는 또 그만큼 대가도 필요(정주영, 1998, p.102)한 법이었다. 직원이던 권기태(1997, p.46)는 위기 봉착의 공사 현장에서 신입 엔지니어의 이론 제안을 과감하게 받아들이는 과단성과 모험 정신을 흉내가 불가능한 아산만의 도전력으로 봤다.

현장주의도 도전력의 표현철학이다. 부딪혀 배우고 강인해지는 경험을 아산은 저력으로 봤는데, '대학大學'의 '치지재격물致知在格物'이 그 상징 문구로 거론된다. 건설, 조선, 자동차 등 아산의 도전 역사는 하나같이 직접 부딪혀 현장 체험에서 가치를 제대로 배우고 익히는 과정의 반복이었다. 현장주의를 강조한 이유는 타이밍을 놓치지 않기 위함이다. 즉각적 문제해결을 통해 비용 절감·효율 개선·협력 증진의 경영시스템을 완성한 현장력現場力은 일본만의 전유물은 아니었다. 아산은 한정된 시간 자원의 즉시 활용을 위한 신속한 계획·도전·실행을 통해 아산산업의 선순환을 완성했다. 한정 시간의 낭비 억제·유효 활용으로 집중적인 자원 투하를 지휘한 셈이다. 스스로를 시간 자본의 요리사로 비유한 아산은 늘 남보다 빨리 뛰어들고 마무리함으로써 남이 우물쭈물하는 시간을 아쉬워했다(정주영, 1998, p.199). 때문에 아산은 나이 대신 시간만 존재했던 일생이었다고도 했다.

모험 정신에 기초한 무차별적인 도전력은 아산산업 곳곳에 배여 있다. 안주하지 않고 변화의 중심에서 먼저 생각하고 단호히 정했으며, 이후에는 뒤돌아보지 않고 신속하게 움직일 수 있었던 것은 아산 특유의 도전력이 아니면 불가능한 일이다. 특히 사업 결정 때마다 봉착했던 주변 반대를 넘어 이를 탁월한 경영선택으로 증명하는 과정에서 도전력은 주효했다. 위험 부담을 회피하지 않는 모험이야말로 기업을 발전시키는 원동력이란 철학(권영욱, 2013, p.187)으로 가능하면 금액이 큰 것, 이익이 큰 것을 좇는 사업스타일을 구사했다. 위험을 즐기는 정면승부의 해결 방식의 선호다.

물론 아산의 도전력을 둘러싼 신중론도 있다. 무모함이라는 단어 없이 설명하기 힘든 비정상적인 사업 진행이 다수 목격돼서다. 과도한 상상력 탓인지 비즈니스세계에선 이해되지 못할 일이 많았는데 결과적으로 성공해서 그렇지 실패했다면 상당한 충격을 야기했을 수도 있기 때문이다. 반대로 통례이자 상식을 뛰어넘은 아산의 특수 사례가 일반화되기에는 여러모로 한계가 많다. 조선소 건설 일화는 그 상징 사례다. 거대 장벽을 돌파해온 것은 그 실력 인정의 공감 형성일 수 있지만, 우연에 가까운 행운일 확률도 배제할 수는 없다. 파격적인 계약에 부합하는 파격적인 제안과 철두철미한 사전 조사 등 현실적인 실력 검증의 객관 지표도 있었지만, 그럼에도 무리한 승부수였다는 평가가 사라지는 건 아니다. 결과적으로 세계조선사의 대기록[21]으로 남았을 뿐이다.

그럼에도 불구, 아산이 축적·발현시킨 무차별적인 도전력은 아산산업의 성공 신화에 결정적인 역할을 한 건 부인하기 힘들다. 요컨대 도전은 포기의 반대말이다. 이런 점에서 아산에게 포기란 없으며 동시에 기적도 없다. 김영덕(1997, p.86)은 종교에는 기적이 있어도 기업에는 기적이 없다는 아산의 말을 빌려 사람의 피와 결실, 불굴의 의지와 신념이 관건일 뿐이라 했다. 실패는 없다는 긍정력과 맞물려 하면 될 수밖에 없다는 도전력의 강조다. 송기철(1997, p.224)은 이를 'Can Do'의 기업가정신으로 정리했다. 불가결의 기업 요소인 자본, 인력, 관리, 기술, 시설 등이 완벽하지 않은 상황에서 성공적인 결과 도출이 가능했던 게 불굴의 도전 의식이라는 의미다. 객기라 폄하하던 세간 인식이 바뀌는 것도 그 도전이 낳은 필연적인 성공 결과물 덕분이다.

4. 아산정신과 상상력의 공간구성

기업가의 성격을 분리·분석해 그 경영적인 성공 요소를 구별하는 과정은 어려운 작업이다. 정신세계를 구성하는 다양한 성격 요

21 1972년 3월 조선소 기공식 이후 1974년 6월 1단계 준공을 했는데, 이는 2년 3개월 만의 역작으로 최단기 조선소 건설 및 유조선 2척 건조기록으로 남았다. 이후 확장공사로 1975년 최대 선 건조능력을 갖춘 세계최대의 조선소로 이름을 남기게 됐다(정주영, 1998, p.184).

소가 의사결정 과정에서 성공적인 경영 자원으로 투영된다지만, 그것들이 분리된 형태로 개별적인 인과·상관관계를 갖는다기보다 복합적인 상호 연결성을 갖는다는 게 더 타당하기 때문이다. 따라서 다소 인위적이긴 해도 파편화된 개별 성격으로 분리·추출한 후 각각의 성격 요소가 기업가적 의사결정에 영향을 미쳤음을 확인하고, 그 총체적이고 종합적인 정신세계로 이들 개별 요소를 호출한 후 상위 단계의 완성적인 구조물로 재구성해볼 필요가 있다. 결국 아산의 정신세계는 '상상력의 공간구성'으로 정리된다. 인문학적 감성력, 차별적 창의력, 무한적 긍정력, 그리고 무차별적 도전력 등 4대 하위 성격이 긴밀하게 연계되고, 선순환적인 순환관계를 형성함으로써 그 종합적인 발현 메커니즘으로 '상상력의 공간구성'이 실현된 것이다. 즉 아산의 경우 4대 성격 요소와 상상력을 합쳐 다섯 가지 리더십의 세부항목으로 완성된다(그림 1 참고).

예술은 상상이다. 이런 점에서 아산의 예술가적 기질은 상상력의 실천 과정에서 유감없이 발휘된다. 조경희(1997, p.407)는 아산을 기업예술가로 봤다. 예술가의 눈에도 상당 수준의 예술 기질을 지녔고, 무에서 유를 창조해낸 과정은 힘과 끼, 그리고 열정이 없으면 불가능했을 것으로 평했다. 예술가적 기질답게 고집도 셌다. 가령 관官에 맞선 부담스런 사건이 잦았다. 소양강댐, 부산항만 건설 등 스스로 옳다면 세류에 맞서며 마찰을 불사했다(정주영, 1998, pp.103-115). 많은 예술가가 공통적으로 지닌 칭찬이나

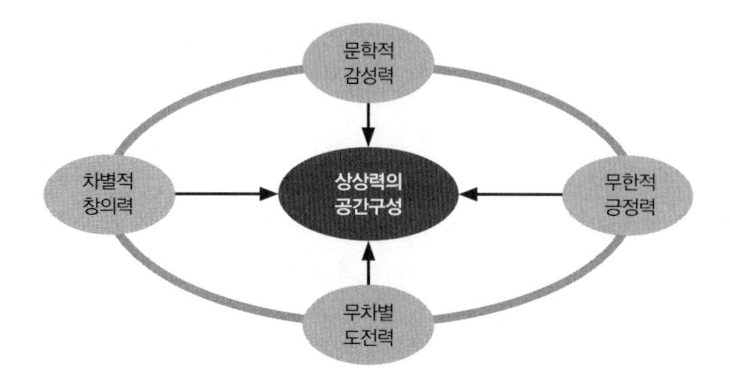

그림 1 아산정신과 상상력의 공간구성

격려에 인색한 것(정주영, 1998, p.141)도 닮았다. 여느 예술가처럼 감정 기복이 많았다는 점도 아산의 상상력이 좋았음을 뜻한다. 노래를 부르거나 춤을 추는 건 물론 감정 통제에 약해 상대를 무안하게 만든 일화도 많다. 반면 드물지만 욕구 절제와 상대 배려의 에피소드[22]도 있다.

정신세계 공간구성의 주역 격인 상상력의 뿌리는 호기심이다. 김태형(2010, p.75)은 소년 아산을 호기심이 많은 인물로 규정한다. 신문·소설을 실제 사실로 받아들일 만큼 어수룩하고 순진했으며, 고향 밖의 넓은 세상을 읽자 막연하되 강렬한 믿음을 갖고 가출했다고 봤다. 가출은 행복한 미래를 향한 즐거운 상상의 모

22 올림픽 유치 선정 발표 때 자리를 박차 뛰며 기뻐하던 다른 멤버와 달리 조용히 앉아 있었던 것은 경쟁국인 일본의 실망과 관계를 염두에 뒀기 때문으로 해석된다(홍하상, 2006, p.245). 찰나의 순간에 일본과의 관계를 고려해 본능을 자제하는 순발력이 발휘된 것은 길고 넓게 보는 관계성을 강조하는 숙련의 체득 결과로 이해된다.

험이었지 우울한 과거로부터의 힘겨운 도피가 아니었다. 특히 신문을 바깥세상과 단절된 농촌에서 갖는 유일한 숨구멍(정주영, 1998, p.25)으로 여기며, 연재소설에서 희망과 꿈을 가졌다[23]고 회고한다. 호기심을 풀자면 외부 노출이 필수다. 외향적인 성격 완성은 이곳저곳 관심을 갖고 자극을 추구하는 호기심 때문이다. 개방·낙천적이니 외부 접촉을 꺼릴 이유는 없다. 더욱이 감성이 풍부하면 수줍고 내향적인데, 아산은 되레 언어와 감정 표현이 풍부하고 거침이 없다. 안영배(2001, p.379)는 아산에게 사람을 울고 웃기는 재주가 있다 했다. 터놓고 얘기할 친구를 사귀는데 관심을 가졌는데, 특히 문인, 화가, 연기인 등 문학 계열 그룹과의 친교가 두터우며 친구가 많았다. 김태형(2010, pp.85-86)은 폭넓은 인간 교류가 아산의 외향성과 상상력의 발휘에 연결됐을 것으로 봤다.

인간관계는 호기심을 풀고 상상력을 돋우며 아산산업의 성장 기반이 됐다. 특히 예술인과의 교류를 즐겼다[24]. 예술인 등 일가를 이룬 이들에게 배우고자 했고, 이 과정에서 상상력의 힘을 길러냈다[25]. 문학적 지식도 상당해 웬만한 소설은 줄거리를 다 꿰고

---

23 심훈의 《상록수》와 이광수의 《흙》은 농촌계몽 소설의 전형으로 거론된다. 농촌 출신의 주인공 허숭이 어렵게 변호사가 되지만 향락 추구의 도회 생활에 실망을 느끼고 고향에 내려가 농촌개혁을 주도한다는 소설이다. 아산도 주인공에 감동해 막노동일지언정 변호사가 되고 싶다는 꿈을 꿨으며, 실제 보통고시까지 응시한 바 있다.

24 '문인과 기업인과의 대화(1983년)', '한국여류문학인회 산업시찰(1975년)' 등 일일이 거론할 수 없을 만큼 빈도가 잦다. 친한 문인들과는 비공식적으로 모이기도 했다. 활동지원금과 공사완공 때 초청행사도 상당했다. 다만 대통령 선거 출마를 계기로 문인들의 창당 참여 독려 과정에서 갈등도 있었던 것으로 전해진다.

25 정주영 경영정신 요약본. www.bookcosmos.com, p.14. 원전은 홍하상, 《정주영의 경영정신》, 바다출판사.

몇몇 시는 통째 암송했다고 한다. 구상(1997, pp.27-28)은 아산에게서 조선소 건설 일화인 거북선 얘기를 듣고 그의 역사적 지식과 문학적 시심이 응용됐을 것으로 봤다. 스스로 기업인이 아니라면 작가가 됐을 것이라고 할 만큼 문인과 문학에 대한 존경과 동경이 컸다. 아산은 유년 시절 이광수의 《흙》과 박화성의 《백화》를 읽고 꼭 작가가 되려 했다는 회고했다[26]. 문학과의 폭넓은 간접 경험은 대화 소재의 풍부함으로 이어진다. 신락균(1997, pp.238-239)은 아산의 선입견이 깨진 이유로 자유로운 대화 주제와 영화·드라마·문학 등에 대한 열정적인 대화 주도를 꼽았다. 등장인물의 심리 상태나 인간 내면의 깊은 의식 세계를 사실적이고 설득적으로 소화함으로써 이해력과 통찰력을 확인했다고 했다.

상상력이 성공하자면 통찰력과 직관력이 필수일 수밖에 없다. 정확한 정보 입력이 전제돼야 상상했던 기대결과를 도모할 수 있다는 점에서 아산은 복잡하고 어려운 사안에 대해 핵심을 간파하는 두뇌 회전과 직관력이 매우 뛰어났다고 분석된다(김태형, 2010, p.87). 아산산업에서 목격되는 놀랄만한 의사결정은 풍부한 상상력과 함께 현실 상황을 상상무대로 연결시키는 직관적인 아이디어에서 비롯된다. 건설과 조선을 본질적으로 동일하게 본 것[27]이나 거북선 일화, 빈대론 등은 외부 현상에서 필요한 것을 연결시

---

26 중앙선데이, '정규웅의 문단 뒤안길 1970년대 〈31〉 정주영과 문인들', 2009.9.13 및 권영욱, 《결단은 칼처럼 행동은 화살처럼》, 아라크네, 개정판, 2013, p.286.

27 조형호 외, 《가슴을 뛰게 하는 비즈니스 명장면 23》, 명진출판, 2008, 제1장 제1절.

켜 찾아내는 천부적인 능력 발휘가 아닐 수 없다. 그 연결 회로를 움직이는 핵심 전력이 상상력이다. 상상력은 끊임없는 사고 연장의 반복 과정에서 극대화된다. 최종환(1997, p.446)은 아산산업의 성장 비결로 남다른 집념과 함께 작은 지식도 많은 생각을 통해 활용해 엄청난 일을 해낸 것으로 평했다. 외부 악재를 내부 자원으로 풀려는 습관적인 상상시도의 선순환 결과다.

아산산업을 둘러싼 기적, 행운 등의 일부 묘사는 그가 구체화시킨 상상력의 공간구성을 이해하지 못한 결과로 해석된다. 아산에게 기적은 원천적으로 존재하지 않는다. 권영욱(2013, p.142)은 종교 기적은 있어도 경제 기적은 없다는 말에 주목한다. 경제학적 이론과 순리로 볼 때 불가능한 성과이기에 기적이라 칭하지만, 아산의 정신세계와 학습 경험을 확인하면 얼마든 획득할 수 있는 성과라고 본다. 학문·이론적으로 측정할 수 없다고 기적이라 하면 곤란하며, 되레 기적을 완성해낸 무형의 정신세계를 추출해내는 게 더 적절하다. 결국 감성, 창의, 긍정, 도전의 4대 성격 인자와 그 결합 구조의 추진 주체인 상상력의 발휘가 불가능을 가능으로 진화시켰다. 한편 아산이 남다른 상상력을 가졌다는 것은 적절한 유머 감각도 뒷받침한다. 아산의 상황별 유머야말로 끊임없는 자기학습과 지적단련으로 가능해졌다. 김옥렬(1997, pp.90-91)은 영국 차관 도입 과정에서 경제학 박사 학위 운운한 에피소드를 언급하며, 유머와 재치가 불가능을 성사시켰다고 봤다. 생각하는 사람과 공부하는 사람이야말로 꼭 성공한다는 지론과 책을 읽다 자기 뜻과 일치하는 문장을 발견하면 희열과 행복을 느낀다(정주영, 1998, p.417)는 공부론도 상상력의 토대가 됐다.

창조적인 상상력이 유감없이 발휘된 사례가 소떼방북이다. 성공한 기업인답게 포괄적이고 광범위한 아산산업의 유명 제품을 제외하고 누구도 상상하기 힘든 소 떼를 몰고 간 것은 아산만의 면모와 철학이 반영된 상상력의 발휘 결과다. 외신의 찬사가 이를 뒷받침한다. 83세의 노구에 특유의 상상력이 발휘된 일종의 기획품인 소떼방북은 예술계에 상당한 충격을 안긴 전위예술이자 퍼포먼스로 평가된다. 김윤영(2008, pp.27-31)은 소떼방북보다 더 우리의 가슴을 뜨겁게 울린 퍼포먼스는 없을 것이라며 개인의 고향 방문을 화해와 평화 기원의 행위 예술로 승화시킨 것에 주목했다. 또 박시온(2012, p.127)은 한 마리의 황소 추가와 상당수의 임신한 암소를 섞어 보낸 것은 그가 기획 의도를 감춘 작은 비밀로 봤다. 은폐 장치로 설득력을 극대화하려는 창발적인 상상력의 반영 대목이다.

상상력의 공간구성이 절정에 달은 사건이 대선 출마다. 확고한 자신감의 아산에게 도전하지 못할 과제란 없었으며, 대선 출마는 따라서 필연적이었다. 한 가정을 일으키는 데에는 평생이 걸리지만 한 나라를 일으키는 데는 5년이면 된다는 정치 출사표(권영욱, 2013, p.208)는 기업 경영의 경험을 국가 경영의 실험으로 확대해 보려는 아산의 도전적인 상상력이 발휘된 결과다. 평범한 인물이라면 불가능했을 기업 경영과 국가 경영의 동일시는 아산이 보유한 4대 키워드만 발휘되면 얼마든 가능할 것이라는 범접하지 못할 그만의 상상력 발휘를 뜻한다. 다만 정치 참여 실험은 성공하지 못하고, 때문에 부정적인 평가와 폄하 속에 씁쓸한 인생 말년을 보냈지만, 그럼에도 정치 참여라는 놀랄만한 카드 선택은 국가 경영의 상상력을 현실에 실천해본 중대한 의사결정으로 이해된다. 비록 실패했지만 국가 경영의 상상력을 펼쳐본 것에 대해 아산 역시 후회는 없다고 밝혔다. 아산은 '나는 실패한 것이 없다. 뽑히지 못했을 뿐(권영욱, 2013, p.217)'이라고 총평했다.

5. 결론－한국 사회와 아산정신의 재조명

2013년 출범한 박근혜 정부가 내놓은 우선적인 국정의 운영 전략이자 실행 의제는 '창조경제'로 요약된다. 창조경제란 "기존의 자본중심, 기술중심, 영업중심, 노동중심의 경제 틀에서 벗어나 아이디어나 창조적 마인드를 기반으로 하는 새로운 경제 패러다임"으로 소개[28]된다. 개인·기업·정부가 상상력과 창의성을 발휘해 자산을 구축하고 이를 통해 시장창출과 기존 산업 강화를 추진함으로써 결과적으로 일자리를 창출해 내는 생태계를 조성

28 미래창조과학부 홈페이지(www.msip.go.kr/web/msipContents/contents.do?mId=ODA=, 검색일: 2015년 03월 10일).

하겠다는 의미다. 사람을 핵심으로 두는 창조경제의 취지와 방향은 현재 상황에서 짐작하건대 상당한 필요성과 합리성을 겸비한 정책 의제다. 한국 사회가 중대한 고빗사위에 진입했다는 취지에 전적으로 공감하며 그 현실 한계를 극복할 수 있는 지속가능한 미래 제안을 위한 새로운 방향 제시와 접근 전략은 필수불가결하기 때문이다.

역사는 과거 경로에서 현재 문제의 해결 궤도를 찾는데 일정 부분 힌트를 제공해 준다. 본고가 성공적인 리더십으로서 아산정신을 지목, 그로부터 감성력, 창의력, 긍정력, 도전력, 그리고 그 융합 장치로서 상상력의 공간구성을 시도한 이유가 여기에 있다. 인구 변화·성장 한계·재정 압박 등 중층적인 복합 위기를 극복하는 유력한 해결 출구를 아산정신의 얼, 요컨대 총체적 상상력의 공간구성에서 찾을 수 있다고 봤기 때문이다. 아산산업의 완성 과정과 아산 생애의 전체 궤도에서 일관적이고 장기적으로 확인되는 성공적인 리더십으로의 그의 정신세계와 성격 인자를 현재 상황에 맞게 재검토·재구성하는 것만으로 미로에 갇힌 고질적인 한국병을 치유할 중요한 첫발이 될 수 있기 때문이다. 비록 기업 단위와 국가 단위, 성장 환경의 극적 변화 등 고려해야 할 상황 논리가 적잖지만, 그럼에도 성공 조직의 리더십으로서 아산정신이 갖는 의미와 가치, 그리고 효용이 훼손될 까닭은 없다.

그간의 경험 방식과 전통 방법으로 미래의 불확실성에 맞설 수는 없다. 기존 맥락에서 벗어난 혁신적 사고 체계가 요구되며, 그 본질은 새로운 것을 만들어 내는 상상력으로 정리된다. 더 이상 노동·자본 등의 폭발적인 요소 투입으로 성장을 추동하는 성장 모형은 유지되기 힘들다. 기대할 수 있는 것은 생산 요소의 효율 증진으로 획득되는 총요소생산성TFP의 향상이다. 후발 이익이 전제된 추격형이 끝난 한국 경제는 이제 선행 경험조차 없는 선도형의 경로 진입이 불가피하며, 이때 기대 효과를 극대화하는 유력 방법이 다양하게 학습·경험된 개별적인 내적 성격으로부터 지지받고 지원받는 종합적인 상상력을 지닌 리더십의 확보다. 감성력, 창의력, 긍정력, 도전력의 정신 발휘와 그 활용·결합 과정에서 추가적인 부가가치를 창출시키는 상상력이 전제된 리더십이라면 한계 돌파도 가능하다. 물론 시행착오는 자연스런 통과의례로 거부할 이유도 여유도 없다. 기존 제도와 관행, 상식을 깨는 상상력의 발휘야말로 창조경제가 전제한 창의와 융합의 새로운 시대정신을 가능하게 한다.

'기업가'라는 개념정의를 최초로 시도한 이는 경제학자 슘페터J.A. Schumpeter[29]다. 그는 창조적 파괴Creative Destruction라는 개념을 설명하는 과정에서 기업가정신의 핵심으로 '새로운 경제적 가치를 창출해내는 것'이라고 논했다. 이를 완성하는 세부요소는 대기업, 기업가정신, 혁신, 창조적 파괴, 기업전략 등[30]을 꼽는다. 즉 혁신적

29 정진영, '기업가정신', 칼럼 한마당–장진영, 한겨레신문, 2014.7.25. 슘페터는 기업가를 현재에 만족하지 않고 실패위험을 무릅쓰는 사람이며 소유와 관리주체가 아니라 미래에 도전하는 창조적 파괴를 통해 끊임없이 새로운 변화를 모색하는 혁신가라고 규정했다.

아이디어와 그 실현을 통한 창조적 파괴가 기업가정신의 핵심이다. 한국으로 눈을 돌린다면 시행착오와 위험 감수로 요약되는 기업가정신의 대표적인 상징 인물은 단연 아산으로 정리된다. 일례로 "이봐, 해봤어"는 리더십으로서 아산정신의 DNA가 제대로 반영된 결정적인 상징 문구다. 한국 경제의 성장 신화를 써내려온 주력 인물답게 그의 리더십은 범위와 깊이를 초월하는 상상력의 집성체로서 아산산업에 반영됐다.

앞서 아산정신을 구성하는 내면적 성공 요소로서 추출한 키워드는 슘페터가 말하는 성공 조직을 이끄는 종합적인 리더십과 상당부분 일치한다. 감성력, 창의력, 긍정력, 도전력, 그리고 그 융합체로서 상상력 등은 폭넓은 아산산업을 통해 실현·검증받으며 서로 융합·연결되는 형태로 종합적인 시너지를 확장시켜왔다. 내면세계의 세부 성격이 서로 상호작용으로 의미 발현을 시도할 때 그 확장적인 연결 고리이자 외연적인 승수 장치가 바로 아산정신의 얼로 요약된다. 특히 중요한 것이 상상력임은 불문가지다. 결국 개별성격의 존재 의미를 부각시키고 연결 가치를 추출하는 포괄적인 거대 개념이 상상력인데, 이는 지금처럼 갇히고 답답한 폐색 상황을 해결할 유력한 해법이 아닐 수 없다. 아산은 의사결정 때마다 개별적인 정신세계의 적절한 공간구성을 주도하며 이를 성공적으로 조합시켰고, 이것이 결국 아산산업의 오늘

30 최병일 외, 《기업가정신》, 한국경제연구원, 2013, pp.16-17.

을 만든 뛰어난 리더십으로 나타났다.

한국 사회는 현재 중대한 분기점에 서있다. 압축적인 고도성장이 끝나면서 다음 단계로의 연착륙이 심각히 우려되고 있다. 고용 격차와 인구 악재, 그리고 재정 부담까지 동시다발적인 거대 장벽에 봉착한 셈이다. 활로를 모색 중이지만 상황과 묘책은 부정적이다. 구체성을 결여했다고 지적받는 창조경영이지만, 적어도 그 고민 배경과 지향 방향까지 백안시할 필요는 없다. 그만큼 절박하고 간절한 장기·지속적인 생존 카드의 확보가 시급하다. 관건은 구체성을 기획·설계·작동시켜 미래모델로 키워내는 다각적인 동력 확보와 지속적인 실현 의지다. 결정적인 것은 리더십의 발현이다. 국가건 기업이건 집단적인 폐색閉塞현상을 해소할 뚜렷한 청사진을 내걸고, 이를 적극적으로 실현해내는 리더정신의 모색과 실천이 요구된다. 또 리더라면 상황 변화에 조응하되 항간과는 구분되는 이異차원적인 차별성이 필수 덕목이다. 현재 상황의 위급함을 감안할수록 더더욱 그렇다.

아산은 의심의 여지없이 한국에서 가장 존경받는 창업경영인 중 한 명이다. 지금은 해당 업종에서 한국의 대표기업으로 성장한 건설·자동차·조선 등을 통해 한국 경제의 기적모델을 주도했으며, 동시에 다양한 산업·고용 유발 효과로 국민 경제에 적잖이 기여했다. 특히 성공 창업과 확장·유지 과정을 통해 발휘된 특유의 리더십은 성장 분기점에 선 후속 세대뿐 아니라 국가 미래의 활로 개척에 힌트와 시사를 제공한다. 그 내면세계에 안착한 아산리더십을 성격 유형별로 세분화해 각각을 벤치마킹하는 것도 중요하며, 이런 내적 인자의 배양·훈련을 통해 상상력이 발휘된 결과적인 연결 성과를 도출해 내는 것도 의미가 크다. 이는 지금의 한국 사회에 꼭 필요한 작업이다. 아산의 내재적 정신세계에 프로그래밍이 돼 있는 경영 인자는 물론 그 총체적 결합무대인 상상력의 공간구성을 통해 리더십을 필두로 하는 한국 사회의 지속가능하고 건강한 미래모델을 수립할 수 있기 때문이다.

자기구현의 인간학

– 아산의 인성

박태원(울산대학교)

학력

한양대학교 법학과 졸업, 고려대학교 대학원 석사 및 박사 학위 취득.

경력

제2회 가산학술상(1990), 제2회 원효학술상(2011), 제1회 대정학술상(2013) 수상, 현 울산대학교 철학과 교수.

저서 및 논문

《원효사상연구》(UUP, 2011), 《원효, 하나로 만나는 길을 열다》(한길사, 2012), 《원효의 십문화쟁론 - 번역과 해설 그리고 화쟁의 철학》(세창출판사, 2013), 《원효의 금강삼매경론 읽기 - 선의 철학, 철학의 선 -》(세창미디어, 2014).

1. 왜 아산의 인성을 주목하는가?

선행하는 아산 관련 도서와 논문들은 아산 이해의 일정한 경향과 유형을 확인시켜 준다. 아산 생전과 사후 10여 년 동안 진행된 아산 관련 글들은 모두 아산의 탁월한 리더십에 집중적 관심을 보여준다. 아산의 입지전적 생애와 기업가로서의 성취도 그 의미가 결국은 리더십에 모아지고 있고, 경영과 경제적 족적 역시 리더십의 연장선에서 탐구되고 있다. 아산이 동시대 한국인들에게 각인시킨 가장 강력한 인상은 '비범한 리더십'이었던 셈이다[1].

리더십은 분명 인간적 능력이자 면모이다. 아산에 향하는 시선

---

1 아산리더십 연구원이 발간한 '아산 관련 도서 목록집'(2013)을 보면, 아산 관련 글은 1979년의 《정주영, 그 야망의 세계》(이원수) 이후 2012년까지 156종(저서 9권 포함)에 이르고 있다. 아산에 관한 이들 저작물들은 아산 읽기의 일정한 경향과 유형을 확인시켜 준다. 아산 생전과 사후 10여 년 동안 진행된 아산 관련 글들을 유형화시켜 보면 크게 네 가지 유형으로 분류될 수 있다. ①생애와 기업 활동 ②경영/경제 활동 자료 및 연구 ③인간적 면모와 리더십 및 행적 ④사회적 기여가 그것이다. 이것을 각각 전기형(傳記形), 경제형(經濟形), 인간형(人間形), 사회복지형(社會福祉形)이라 부르는 동시에 전기형/경제형/인간형/사회복지형이 종합된 형태를 복합형(複合形)이라 칭하여 '아산 관련 도서 목록집' 내용에 따라 분류한 후, 그 내용을 정리해 보면 다음과 같다. 생애와 기업 활동의 소개와 평가에 집중하는 '전기형'이 23종, 경영/경제 활동의 자료 및 그에 관한 연구인 '경제형'은 14종(그 중 6종은 현대계열 기업사 자료집), 인간적 면모와 리더십 및 행적의 소개와 평가에 집중하는 '인간형'은 49종, 사회적 기여와 관련된 '사회복지형'은 11종(단순 회고 2종, 아산의 개회사 9종), 전기형/경제형/인간형/사회복지형이 종합되어 있는 '복합형'은 8종, 전기형과 인간형이 결합되어 있는 '전기형/인간형'은 37종, 경제형과 인간형이 결합되어 있는 '경제형/인간형'은 4종, 인간형과 사회복지형이 결합된 인간형/사회복지형은 1종이다. 이 중 만화가 21종인데, 전기형이 5종, 전기형/인간형이 7종, 복합형이 6종(이 가운데 4종은 시리즈물)이다. 아산 관련 글들의 유형별 분류에서 주목되는 현상은 인간형과 전기형이 큰 비중을 차지하고 있다는 점이다. 특히 인간형의 비중은 압도적이다. 인간형은 단일 유형만 해도 51종에 이르고, 전기형과 결합된 유형은 37종, 기타 유형과 결합된 것은 4종이다. 아산 관련 총 156종의 글 가운데 저서를 제외한 147종의 62%를 넘는 92종이 '인간적 면모와 리더십 및 행적'에 주목하고 있는 것이다. 아산에 관한 시선이 그의 탁월한 리더십과 비범한 인간적 면모에 집중되어 왔다는 것을 확인시켜 준다. 2012년까지 학술지에 실린 아산관련 논문 및 학위논문에서도 유사한 경향이 확인된다. 학술논문에서도 아산의 리더십을 연구하는 인간형이 가장 큰 비중을 차지하는데, 인간형이 11종, 인간/경제형이 6종으로서 전체의 51% 이상에 해당한다. 경제형이 그 다음으로 큰 비중을 차지하는데, 경제형이 6종, 결합형이 8종으로서 전체의 42%를 차지한다. 총괄하면, 아산 관련 간행도서에서는 인간형과 전기형이 지배적 경향이고, 학술논문에서는 인간형과 경제형이 대다수를 차지하고 있다. 대중적 글에서는 아산의 비범한 리더십과 입지전적 생애 및 기업가로서의 탁월한 성취에 관심이 집중되고 있고, 학문적 글에서는 리더십과 경제 행위의 분석과 평가에 초점이 맞추어지고 있다. 그리고 대중적 관심과 학문적 관심이 공통적으로 향하는 곳은 아산의 리더십이다.

이 압도적으로 그의 리더십에 쏠려 있다는 것은, 아산 개인의 인간적 능력과 면모가 그만큼 비범하고도 강렬했다는 것을 의미한다. 아산의 리더십은 아산 읽기의 핵심부를 차지해 왔고, 앞으로도 그 지위를 유지할 것으로 전망된다. 아산의 리더십에 대한 선행하는 탐구들은 대부분 경제·경영학적 시선에서 진행되어 왔다. 그러나 리더십의 시장적 읽기로는 아산 리더십의 면모가 온전히 포착되기 어렵다. 리더십은 일반적으로 인성적인 내면 조건들을 원천으로 삼는다는 점을 고려하면, 아산의 리더십도 그의 인성과 밀접한 인과관계가 있다고 보는 것이 합리적일 것이다.

종래의 아산 읽기에서 가장 취약한 부분은 인문학적 읽기인데, 인문학적 아산 읽기는 아산 리더십의 탐구에 새로운 전망을 제공할 수 있다. 아산의 탁월한 성취가 그의 비범한 리더십에 의거하고 있고, 그 리더십의 원천에 인성적 면모가 자리하고 있다고 본다면, 인문학적 아산 읽기의 시선은 아산의 인성으로 향할 수밖에 없다. 이 글은 아산 족적의 의미와 가치를 그의 인성적 면모를 통해 읽어보려는 시도이다.

2. 아산의 인성과 자기구현

아산의 시대와 인성

아산이 몸담은 시대는 한국 문명사의 독특한 전환기였다. 전前근대와 근대로 구획될 수 있는 문명사적 전환의 시대가 아산이 헤쳐 간 무대였다. 이 시대의 전환은 거의 모든 분야에서 패러다임 수준의 변화가 진행된 변혁의 세월이었다.

장구한 농경제 사회로부터 기업이 축이 되는 상공업 사회로의 전환, 한민족이 최초로 경험한 전면적이고도 철저한 식민 강점 시대와 그 종언, 왕정에서 민주로의 전환, 사회 운영 체계에 관한 상이한 관점들의 이념적 대립, 냉전의 세기를 최후까지 대리하면서 이념 갈등을 고통의 민족 상흔으로 새긴 이념 실험의 무대, 그 과정에서 고착·강화된 외세 의존성, 계몽과 진보의 이름으로 전개된 '문화 정체성 해체와 재구성의 갈등과 혼란', 경이로운 압축 근대화, 개발 독재와 산업화 열정의 결합, 산업화 세력과 민주화 세력의 갈등, 정경유착, 성장과 분배의 갈등, 기업국가와 노사문제, 지구적 규모의 국제 간 교역과 경제의 대외 의존도 심화. 이 모든 격동과 전환이 압축적으로 펼쳐진 시대가 아산이 대면한 세월이었다.

거의 모든 유형의 관행들이 퇴색하고 재구성되는 격렬한 부정이 불안 속에 전개되었고, 동시에 새로운 질서를 모색하는 의욕이 희망의 설렘 속에 꿈틀거렸다. 한국인들이 최초로 경험하는 문명 차원의 전환 시대였다. 아산의 일생을 담아낸 시대는 이 전환기적 조건들이 압축적으로 얽혀 격동적으로 변화하였고, 이러한 상황은 유례를 찾기 어려운 특별한 것들이었다.

해체와 수립의 격동이 동시적으로 진행되는 시대 속을 걸어가는 사람의 행보는 그의 인성 면모가 방향 결정의 핵심 조건이 된다. 과거 질서에 안주하려는 수구형 행보, 어찌해야 할지 몰라 우왕좌왕하는 방황형 행보, 구질서의 변화와 해체 앞에 무기력한 비관·체념형 행보, 변화에 적극적으로 대응하며 대안을 찾고 새로운 질서 수립에 주역이 되는 진보형 행보 등의 차이는, 개인의 인성적 면모에 따라 결정된다. 전환 시대를 헤쳐 간 아산의 행보는 진보형으로 분류될 수 있는데, 특히 경제 범주와 관련하여 가히 독보적 모습을 보여준다. 전환 시대에 대한 아산의 대응 방식은 그의 인성적 면모와 직접적 인과관계가 있다. 아산의 행보를 그의 인성을 통해 읽어보려는 시도는 이 지점에서 출발한다.

인성과 인간학

동북아시아 지적知的 전통에서의 인성人性은 '태생적으로 갖추어진 인간의 품성적 면모나 경향성 및 가능성'을 지칭한다. '인성'을 어떻게 보느냐에 따라 삶의 목적과 의미, 인간에 대한 보편적 관점과 그에 상응하는 세계관이 결정된다. 특히 세계관은 사회의 운영 원리와 방식을 결정하는 문제와 직결된다. 인성을 보는 시선에 따라 인생관과 세계관, 인간관계와 세계관계의 방식과 내용이 달라지는 것이다. 결국 인성은 개별적 삶의 목적과 의미, 사회적 삶의 구성 원리와 운영 방식을 결정하는 인간학 수립의 조건이었다.

인성에 관한 관점들을 인성론人性論이라 부른다. 명시적이든 묵시적이든 간에, 인류는 지속적으로 인성론적 견해를 축적해 왔다. 특히 동아시아의 사상 전통은 인성론에 대한 강렬하고도 지속적인 관심과 탐구의 역사를 안고 있다. 동아시아 정신적 전통의 세 축〔三敎〕이라 할 유교·불교·도가 사상은 하나같이 인성에 관한 나름의 관점을 세우고 있다. 동아시아 사상 전통의 인성론적 탐구는, '불변의 내용을 지닌 본질적 본성'을 겨냥하는 것이 아니다. 성악설의 성性은 '타고난 지배적인 경향성'을, 불교·유교·도가에서의 인성人性은 '잠재되어 있는 긍정적 가능성의 면모'를 지칭한다. 그리고 양자 모두 그 품성을 '가변적'인 것으로 본다. 성악설은 '타고난 이기적 성향에 압도적으로 지배받고 있는 현실'을 주목하지만 그 이기심의 제어 가능성을 전제하고 있고, 성선설은 '아직 충분히 드러나지 못하고 있는 긍정적 잠재력'을 주목하는 동시에 그 긍정적 면모의 내용을 형성해 가며 현실에서 발현시켜 가는 가변적 구현 가능성을 전제로 한다. 동아시아 전통에서의 '인성'은, '동일한 내용으로 확정·규정된 불변의 실체적 본성'을 지칭하는 것이 아니라, 무실체의 '가변적 면모'를 의미하는 것이다. 그리고 인성을 '가변적 가능성이나 잠재력'으로 본다는 점에서, 교육의 역할이 요청되고 수양적 실천의 필요성이 강조된다.

인성에 관한 관점은 크게 긍정과 부정의 두 시선으로 나뉜다. 이 두 시선을 우리는 통상 각각 성선설性善說과 성악설性惡說이라 부르곤 한다. 유교의 성선설이나 불교의 불성설佛性說, 노장 사상의 성인聖人이나 진인眞人의 이상은, 기본적으로 인성에 대한 근원적 긍정의 시선을 깔고 있다. 반면 중국의 법가法家 사상은 전형적인 성악적 시선이다. 홉스(Thomas Hobbes, 1588~1679) 역시 성악적 인간관을 이론적으로 수립하고 그에 의거하여 사회 운영 원리와 방식을 제안하고 있다.

성악설은 인간의 본성을 위험한 배타적 이기성에서 찾는다. 그리하여 개인과 사회의 안전 및 평화를 위해 인간들은 위험한 이기심을 합리적으로 조정하는 계약을 맺고 그 계약을 강제하기 위한 법을 마련해야 한다는 것이 홉스 같은 성악적 인성론자들의 제안이다. 그들은, 양심과 같은 개인의 도덕적 능력에 의거하여 개인과 사회의 안전과 평화가 구현될 수 있을 것이라는 생각을 공허한 환상일 뿐이라고 일축한다. 그들은, 사회 구성원들의 이기심이 서로 충돌하여 모두가 손해 보는 상황을 피할 수 있을 정도의 이기심 조절 규칙을 만들고, 그 규칙을 예외 없이 지키게 하는 법적 강제를 실행하는 것이야말로 안전과 평화의 길이라고 믿는다. 그들에게 이성理性이란 계산 능력이며, 이 도구적 이성에 의

거하여 이기심을 제어하고 조절할 수 있는 장치를 마련하여 성공적으로 가동하는 것이 그들의 해법이다.

근대 이후 서구를 비롯한 대부분의 국가들이 채택한 법치국가와 그 운영 원리는 기본적으로 성악적 인간관에 의거하고 있다. 근대국가가 요구하는 '시민'의 자격은, 성악적 인간관과 상벌의 원리에 의해 마련된, 법이라는 이기심 제어 방식을 성실히 준수할 수 있는 능력이다. '시민으로서의 인격의 조건'은 타자의 행복과 불행을 공감하는 능력이나 이기심의 자발적 제어, 자발적 협동과 배려 및 헌신의 능력이 아니다. '시민 인격교육'이 관심 갖는 것은 윤리적 능력이 아니라 '반칙하지 않고 법을 준수하는 준법 능력'이다.

이에 비해 성선적 인간관은 현실의 이기심 범람을 인정하면서도, 아직 충분히 계발되지 않은, 그러나 분명 존재하는, 인간의 긍정적 면모를 주목한다. 이 긍정적 면모는, 비록 아직은 거칠고 강렬한 배타적 이기심과 폭력성을 제어할 정도의 힘은 없지만, 계발하여 힘을 실어주기만 한다면, 배타적 이기심과 폭력성을 제어하고 자발적이며 순수한 우애와 이타심을 발휘할 수 있는 잠재적 가능성이다. 인간들이 각자 이 잠재적 가능성을 계발하여 충분히 발휘할 수 있게 되면, 그러한 인간들로 이루어진 사회에서는 안전과 평화가 근원적이고도 이상적으로 구현될 것이라 전망할 수 있다. 위험한 배타적 이기심과 폭력성의 자율적 극복이 성선적 인간관이 추구하는 해법이다.

성선적 인간관은 아직 구현되지 않은 잠재적 가능성을 주목하기 때문에, 그 잠재적 가능성을 현실에 구현할 수 있는 방법론 확보에 전력을 기울인다. 성선적 인간관을 주류 전통으로 간수해온 동양 문화권에서, 풍요로운 인성 교육론과 수행(수양)론이 발달되어 축적된 것은 이러한 배경에서이다. 그들에게 교육의 목표는, '이기심의 합리적 계산과 타율적 제어 방식을 준수하는 인격 형성'이 아니라, '인간 내면에 잠재된 긍정 면모의 계발과 구현'이 된다.

성선·성악으로 대별되는 전통적 인성론과는 그 맥락을 달리하는 또 하나의 인간관이 있다. 생물학적 인간관이 그것이다. 이 인간관은, 생명체 일반의 불변의 본성은 생존과 번식의 욕구이며, 인간 본성 역시 이 두 욕구로 채워져 있다고 본다. 그리하여 생물학적 인간관은, 인간의 사고와 욕망, 행위, 문화와 문명의 모든 것을 생존과 번식 본능으로 환원시켜 일관되게 해석한다. 만약 인간 본성을 생존과 번식 본능으로 환원시켜 파악하는 생물학적 인간관을 지지한다면, 인생의 목표, 성공과 행복의 기준, 인간관계의 방식, 사회 운영의 원리 등은 생물학적 생존과 번식을 위한 손익계산을 중심으로 결정하게 된다. 생물학적 인성론을 채택한다면, 배타적 경쟁이나 공생적 협동, 이기심과 이타심의 문제는, 윤리적 품성의 문제가 아니라 생존과 번식의 손익 여하에 따른 전략적 선택의 문제가 된다.

인성을 어떻게 볼 것인가의 문제는 이처럼 인생의 목표, 인간

관계와 사회 구성 및 그 운영 문제와 맞물려 있다. 어떤 인성관의 인간학을 수립하느냐에 따라 그 기획은 달라진다. 아산의 행보를 인성의 맥락에서 읽고자 할 때 유효한 인성관은 성선설이 적절해 보인다. 인간 내면의 가능성과 잠재력에 대한 근원적 긍정, 자기 변화의 가능성에 대한 제한 없는 신뢰, 잠재력을 극대화시켜 인성의 긍정 면모를 구현해 가는 불굴의 의지와 노력은 성선적 인성관의 선택이다. 그리고 아산의 행보를 관통하는 것도 끝 모를 자기 긍정과 신뢰, 변화와 성취를 향한 강한 의지와 불굴의 노력이다. 아산은 동아시아의 주류 전통인 성선적 인간학을 시장 속에서 구현해 낸 모범적 사례로 보인다.

아산 인성의 구성 요소들

인간은 백지상태로 태어나지 않는다. 백지의 도화지에 후천적 환경과 경험으로 그림을 그려 가는 것이 인간의 형성이라는 주장은 무지이거나 의도적 왜곡이다. 종種의 생물학적 진화 과정이 고스란히 유전자에 새겨져 전승되듯이, 진화의 문화적·정신적 과정도 그 내용이 유전된다고 보는 것이 타당할 것이다. 가시적 물리 현상에 의해 그 인과관계가 설명되는 생물학적 유전과는 달리, 비非가시적인 문화·정신적 유전의 매개물과 방식은 인과관계의 검증이 쉽지 않다는 차이가 있을 뿐이다. 비록 그 인과관계를 해명하고 검증하는 것이 어렵기는 하지만, 인간은 태어날 때부터 이미 특정한 정신적 면모를 경향성으로 지니고 있는 것으로 보인다. 뇌 과학은 그런 태생적 특성을 뇌 구성의 물질적 특성으로 환원시켜 설명하려들겠지만, 유물론적 환원주의로는 해명이 되지 않는 많은 문제들이 여전히 남는다. 또한 타고난 정신적 특징들이 이후의 삶을 결정한다고 주장하는 것도 유전자 결정론보다 더 불합리해 보인다. 그러나 이미 생래적生來的인 어떤 내용들을 무시하고 후천적 조건들에 의해서만 삶의 구성을 설명하려는 것도 그만큼이나 비합리적이다.

문제 상황에 대응하는 사유와 정서의 고유 방식을 인성이라 부른다면, 인성은 선천적인 것과 후천적인 것을 모두 고려해야 합리적이다. 실존 인성은, 생래적인 면모와 후천적 조건들에 의해 구성된 면모가 융합되어 형성된, '사유와 정서의 반복적 고유성'이다. 아산의 족적을 인성 맥락에서 읽을 때에도 이러한 의미의 인성을 전제로 한다.

아산의 인성에도 선천적 면모와 후천적 형성이 결합되어 있다. 그는 이러한 인성을 시장에서의 기업적 성취 과정에 고스란히 반영시키고 있다. 타고난 인성 면모가 기업가의 행보에 결정적 역할을 하고, 그렇게 성취된 산물이 다시 생래적 인성 면모를 더욱 발전시켜 가는, 선천과 후천의 상호 인과적 형성이 그의 행보에서 목격된다. 그런데 아산의 경우, 태생적 인성 면모가 삶의 구성에 미치는 긍정적 인과관계가 특히 현저하며 그 의미 또한 각별해 보인다. 아산의 삶을 구성해 가는 인성 면모는 크게 네 가지가 주목된다. '긍정 인성', '관계 인성과 공감 인성', '진보 인성', '능동 인성'이 그것이다.

긍정 인성

선천적이건 후천적이건 간에, 긍정 인성과 그 계발에 대한 관심이 동아시아 전통에서는 장구하게 지속되어 온 데 비해, 서구 전통에서는 부각된 지 얼마 되지 않는다. 그리스 문화와 오리엔트 문화가 융합된 헬레니즘Hellenism 문화 전통에서는 정의감, 용기와 같은 내면적 덕성을 주목하여 그 덕성의 계발과 실천을 위한 수양이 중시되었었다. 그러나 인간의 원죄를 주장하며 신에 의한 심판과 구원을 천명하는 유대교와 기독교의 헤브라이즘Hebraism 종교 전통이 서구 문화의 주류를 장악하면서부터는 내재적 덕성의 긍정과 계발에 대한 관심은 퇴색해 버린 것으로 보인다.

원죄 관념은 인성에 대한 강한 부정과 혐오의 시선이다. 따라서 성악적 인성관의 종교적 표현으로 볼 수 있다. 성악의 인간관은 법에 의한 이기심의 타율적 강제를 통해 이기심의 합리화를 추구한다. 사법 권력을 설정한 후, 법의 심판에 의해 준법 행위에게는 이익을 위법 행위에게는 불이익을 주는 타율적 장치를 마련하여, 이기심의 이익 계산에 따른 이기심의 제어를 구현하려는 것이다. 이른바 당근과 채찍 전략이다. 원죄와 신의 판결을 묶은 유일 절대신 종교의 구원 방식도 구조적 유사성을 보여준다. 영원한 천국의 행복과 영원한 지옥의 고통을 각각 당근과 채찍으로 삼아, 원죄의 악성을 타율적으로 제어한다.

성악적 인간관의 종교적 유형이라 할 헤브라이즘의 인간관이 주도하게 된 이후의 서구 전통은, 인간의 긍정 인성에 대한 시선을 근원적 수준에서 철회한 것으로 보인다. 서구의 근대 심리학만 하더라도 정신의 병리 현상이라는 부정적 심리에 주목하는 것이 주류 전통이었다. 서양 심리학에서 긍정 정서를 주목하여 연구 대상으로 삼게 된 것은 최근의 일이다.

부정 정서와 특정 행동의 관계에만 집중하는 전통 심리학의 경향을 반성하고, 긍정 정서와 행동의 상관성 및 의미를 탐구하려는 새로운 심리학이 긍정심리학이다. 예컨대 바브라 프레드릭슨Barbara Fredrikson은 부정적 정서와 마찬가지로 긍정적 정서도 독특한 행동 경향과 연결되어 있을 것이라는 생각으로 연구하여, 긍정 정서가 사고-행동의 레퍼토리를 넓혀 준다는 사실을 발견한다. 그는 행복하지 않은 사람보다도 행복한 사람이 인지적 작업을 수행할 때 더 기민하고 정확하며 창조적이라는 사실, 또 긍정적 정서를 가지고 있는 사람은 부정적 정서를 가지고 있는 사람보다 더 넓은 범위의 경험 영역을 소화·흡수한다는 사실, 긍정적 정서를 가지게 되면 개인주의적 자기-정의를 확장시켜 공동체의 요소들을 포함하는 더욱 관계적인 자기-정의를 내리는 경향을 지니게 된다는 사실 등을 발견했다. 이러한 관점의 연장에서 셀리그만Seligman은 부정적 정서와 긍정적 정서가 상이한 진화적인 목적을 가지고 있다고 보았다. 그는 부정적 정서가 적자생존의 제로섬 게임과 결합되어 있는 반면, 긍정적 정서는 비非제로섬 또는 긍정-섬 게임positive-sum game과 연관되어 있다고 생각한다. 그에 의하면, 행복의 전망을 높여 주는 미래에 대한 긍정적인 정서는 낙관주의, 희망, 믿음이다. 또한 개인은 그의 대표 강점들을 발휘할 때 최대의 만족을 얻는데, 자신의 약점을 극복하기 위해서 고군분투할 때보다는 자신의 강점을 이용할 때 더 큰 진전을 이룰 수 있을 것이며, 그 대표 강점을 다른 사람에게 이로움을 줄 목적으로 이용할 때 행복감이 높아진다[2].

긍정 심리학의 시선으로 볼 때 아산의 삶은 흡사 긍정 심리학의 교본과도 같다. 아산의 경우가 더욱 돋보이는 것은 그의 긍정 인성이 세계적 규모의 시장 경쟁에서 탁월한 성취의 심리적 원천으로 작용하고 있다는 점이다. 아산은 긍정 심리학의 관점을 시장에서의 성취로써 고스란히 증언하고 있다.

> "어떤 환경, 어떤 위치에서 무슨 일을 하든지 기능공이든, 중급 기술자든 고급 기술자든, 구멍가게 배달꾼이든, 학생이든, 관리든, 자기에게 주어진 임무를 주위의 기대에 어긋나지 않게 전심전력으로 완수하면서 긍정적으로 사고하고, 향상된 미래를 꿈꾸기에 항상 일이 즐거운 사람이라고 생각한다. 어린 시절부터 나는 어떤 처지에서도

---

2 긍정심리학에 관한 논의에 대해서는 크리스토퍼 거머(Christopher K. Germer) · 로날드 시걸(Ronald D. Siegel) · 폴 풀턴(Paul R. Fulton)의 편저인 《Mindfulness and Psychotherapy》(The Guilford Press, 2005)를 김재성이 번역한 《마음챙김과 심리치료》(도서출판 무수, 2009)를 참조(pp.431–462).

불행하다고 생각해 본 적이 없다. 항상 그때그때 나름대로 만족하고 행복을 느끼며 살았다. (…) 나는 궂은일이면 극복하는 즐거움으로, 좋은 일은 좋은 대로 즐기는 마음으로 살아오고 있다. 나는 젊을 때부터 새벽 일찍 일어난다. 그날 할 일에 대한 기대와 흥분 때문에 마음이 설레 늦도록 자리에 누워 있을 수가 없기 때문이다. (…) 부정적인 사람은 좋은 것도 행복한 것도 없다. 봄은 나른해서 싫고 여름은 더워서 싫고 가을을 쓸쓸해 싫고 겨울은 추워서 싫다는 식이다. (…) 사물을 보는 관점, 사고의 방향, 마음 자세에 따라 인간은 각기 차이가 난다. 긍정적인 사고가 절대적으로 중요하다. 긍정적인 사고를 해야 불행하지 않고 발전할 수 있다. 나는 젊은 시절에 노동자 가설 합숙소에서 고된 노동으로 지내기도 했었고, 중소기업 때는 부도를 막으려고 밤낮 없이 일수, 월수를 구하러 뛰어다녔지만 누구를 원망한 적도 부러워한 적도 나를 불행하게 생각한 적도 없었다. 인간은 누구나 자기 문제를 스스로 해결할 수 있는 능력을 갖고 있다. 노력 여하에 달려 있는 것이다. 부정적이고 비관적인 사고는 성장과 발전을 가로막는다. 부정적인 사고는 스스로의 문제를 충분히 해결할 수 있는 능력을 발휘하는 대신 세상에 대한 불평과 원망, 증오로 시간과 정력을 낭비하기 때문에 당연히 좌절과 실패, 절망이라는 보상을 받게 마련이다. (…) 긍정적인 사고를 가지면 어떤 일이라도 해결해 낼 수 있다고 나는 생각한다. 긍정적인 사고는 일을 성공시키는 방향으로만 생각하게 하고 성공할 수 있는 길을 찾기 위해서만 연구, 노력하게 만들기 때문이다. 부정적인 사람들이 불가능하다고 외면할 때 긍정적인 사고의 사람들은 그것을 가능하게 하는 길과 방법을 찾아 노력한다. 인류의 모든 발전은 긍정적인 사고를 가진 사람들의 주도하에 이루어졌다. 울산조선소도 '가능하다'에서부터 출발해서 현실로 만든 것이다. (…) 모든 것이 가능하다고 생각하지 않는 사람에게 가능한 일은 한 가지도 없다. 가능하다고 생각하고 가능하게 할 목표를 향해서 가능하도록 노력하는 사람만이 가능하게 만드는 것이다. 국가도 마찬가지이다. 가능하다고 생각하는 국민만이 국가를 부흥시킬 수도 중흥시킬 수도 있다. 이것은 엄숙한 진실이고 인류 발전의 철칙이다. 울산조선소는 이 철칙의 상징이자 표본으로 서 있다. (…) 가능성에 대한 의심, 중도에서의 좌절, 독약과도 같은 부정적인 회의만 없다면 누구든지 무슨 일이든 뜻을 이룰 수 있다. 그러나 노력이 따라야 한다. 어려운 일에 부딪쳐도 열심히 생각하면 '빈대가 천정에서 사람의 배 위로 떨어져서 욕망을 해결하는 식'으로 길이 나온다. 긍정적인 사고를 가지면 그야말로 하늘이 무너져도 솟아날 구멍이 있고, 무엇이든 이룰 수 있다."[3]

"언제나 그랬듯이 스스로 포기하지 않는 이상 방법은 있게 마련이라는 자신감과 낙관적인 사고방식의 또 하나의 승리였다."[4]

3 정주영, 《시련은 있어도 실패는 없다》, 제삼기획, 1991, pp.326-331.

4 3)의 책, p.124.

아산의 이러한 긍정심리는 상당 부분 타고난 것으로 보인다. "어린 시절부터 나는 어떤 처지에서도 불행하다고 생각해 본 적이 없다"거나 "나는 궂은일이면 극복하는 즐거움으로, 좋은 일은 좋은 대로 즐기는 마음으로 살아오고 있다. 나는 젊을 때부터 새벽 일찍 일어난다. 그날 할 일에 대한 기대와 흥분 때문에 마음이 설레 늦도록 자리에 누워 있을 수가 없기 때문이다"라는 말은 분명 비범한 긍정의 낙관 정서인데, 아산이 처했던 경제적 빈곤과 고난 상황을 고려하면 선천적 자질이라고밖에 달리 설명하기 어렵다.

긍정 사고의 문제해결 능력에 대한 아산의 확신은 인간의 능력에 대한 무한한 신뢰에 기초하고 있다. 그런 점에서 아산의 인간관은 헤브라이즘 종교 전통의 성악적 시선과는 대조되는 성선적 시선에 닿아 있고, 그러한 아산의 인간관은 동아시아 사상 전통의 계승으로 볼 수 있다. 아산이 유년기에 유교 경전을 학습했고, 그 고전 소양을 평생의 지적 기반으로 삼았다는 점은, 아산의 인간관과 긍정 정서의 문화적 배경을 추정케 한다.

> "서당 3년에 《소학小學》, 《대학大學》, 《자치통감資治通鑑》, 《오언시五言詩》, 《칠언시七言詩》를 다 익힌 나에게 보통학교 공부는 배울 것이 별로 없어서 학교에 있는 시간이 나한테는 실컷 노는 천국이었다. 그럼에도 습자習字와 창가唱歌만 낙제점이고 전 과목이 만점이어서 줄곧 상위권을 고수했지만 아버님 어머님은 학교 마칠 때까지 내 성적을 궁금해

하신 적이 한 번도 없었다. 여섯 살부터 아홉 살까지 계속한 한문 공부는 종아리를 맞아가면서 괴롭게 배웠지만, 그 한문이 일생을 살아가는 데 있어서 내 지식 밑천의 큰 부분이 되었다."[5]

긍정적 사고는 인간의 위대한 잠재 능력을 끌어내는 통로인 반면, 부정적 사고는 그 잠재 능력을 막아 버린다는 것이 아산 긍정 사고론의 핵심이다. 긍정 사고는 해결 방안을 찾는 노력을 발생시키는 조건이고, 인간은 그러한 노력으로 어떤 문제든 해결할 수 있다는 것이 아산의 확신이다.

긍정적 사고와 성공의 인과 구조로 볼 때, 선천적 긍정 인성은 노력과 성공을 통해 재강화된다. 긍정 사고로 문제해결 의지를 일으키고, 근면과 성실로써 노력하여 성공을 경험하게 되면 자신감이 생긴다. 그리고 이 자신감이 선천적 긍정 정서를 더욱 강화한다. 긍정 정서와 긍정 사고가 성공이라는 경험적 근거를 확보함으로써 재강화되는 것이다. 이렇게 더욱 강화된 긍정 정서와 사고는 자신이 지닌 잠재 능력을 더욱 신뢰하게 하고, 그 결과 더 강력한 문제해결 의지와 노력을 일으키게 하여 성공 가능성을 더욱 높인다. 긍정적 사고와 그로 인한 성공은 이러한 선순환 인과를 통해 가중적으로 확장되어 간다. 긍정 사고에 대한 아산의 신념 구조를 도식화하면 다음과 같이 된다.

---

5 3)의 책, p.22.

【성공형 인간】

긍정적 사고 → 무한한 자기 능력 신뢰 → 잠재력 촉발 → 문제해결 의지 → 근면·성실한 노력 → 문제해결/성공 → 자신감 → 긍정적 사고의 재강화 → 문제해결 의지의 재강화 → 노력의 재강화 → 문제해결/성공의 재확대

【실패형 인간】

부정적 사고 → 자기 능력 불신 → 해결 의지 포기 → 불평/원망/증오 → 체념/좌절/절망 → 실패

아산은 긍정 사고와 성공의 이러한 선순환 인과를 극적인 성취 경험들로써 증언하고 있다. 긍정 사고와 성공의 선순환 인과 범주에 들어온 사람은 모든 문제 상황을 학습과 향상의 기회로 삼는다.

"그러나 나는 이 두 공사를 우리 현대 사원들의 실무 교육장으로 최대한 활용해서 가능한 한 많은 사원들에게 현장을 거치게 했다. (…) '불치하문不恥下問'이라 했다. '나보다 어려도, 사회적 지위가 아래라 해도 내가 모르는 것을 물러 가르침을 받는 것은 부끄러움이 아니다'는 《논어論語》의 가르침처럼, 이 두 공사를 해나가는 동안 우리는 진지한 자세로 미국인 기술자들에게서 많은 것을 배웠다. '50년대 말부터 '60년대에 이르는 동안 미군 공사가 주축이었던 시기에 우리

뿐만 아니라 모든 건설업체들이 함께 시련을 겪었다. 그러나 그것을 계기로 모든 설계가 미국식 시방示方에 의해 작성되었고, 미국 사람의 엄격한 품질 관리에서도 배운 것이 많았다."[6]

긍정 사고의 문제해결 능력을 경험을 통해 직접 검증하여 확신하게 된 아산은, 농경 사회의 통념을 지배했던 숙명주의적 운수론도 능동적 기회론으로 재해석할 수 있었다. 그에게 '운'이란, 좋은 것이든 나쁜 것이든 모두 '좋아질 수 있는 기회'에 불과했다. 중요한 것은 '할 수 있다'는 의지로 열심히 노력하는 일이다. 긍정 사고로 노력하는 사람에게 좋은 운은 도약의 기회이고 나쁜 운은 도약을 예비하는 기회다.

"나는 스스로 운이 나쁘다고 생각하지 않는 한 나쁜 운이란 없다고 생각한다. 물론 운 비슷한 것이 있기는 하다. 순탄할 때가 있는가 하면 힘들게 뚫고 나가야 할 때도 있다. (…) 운은 무엇인가. 운이란 별 것 아닌 '때'를 말한다. 좋아질 수 있는 기회 즉, 좋은 때가 왔을 때 그걸 놓치지 않고 꽉 붙잡아 제대로 쓰면 성큼 발전하고, 나쁜 때에 부딪쳐도 죽을힘을 다해 열심히 생각하고 노력하고 뛰면 오히려 좋은 때로 뒤집을 수가 있다. 타고난 때에 따라 사람의 인생이 결정지어진다는 것은 우스운 이야기이다. 사주가 우리의 일생을 결정짓는

6 3)의 책, pp.93-94.

것이 아니라 자신이 살아가면서 이런저런 때에 어떻게 대처하느냐에 성공과 실패가 판가름 나는 것이다. 모든 일에 항상 열심히 노력하는 이는 좋은 때를 결코 놓치지 않아 도약의 뜀틀로 쓴다. 또한 나쁜 때도 때가 나쁘다고 기죽는 대신 눈에 불을 켜고 최선을 다해 수습하고 비켜가고 뛰어넘어, 다음 단계의 도약을 준비한다. 운 타령을 잘하는 게으른 사람은 좋은 때가 와도 게으름과 불성실로 어영부영하다 그냥 놓쳐버리고, 평생 좋은 때가 없는 불운의 연속 속에 불행하게 산다. 나는 지금도 어려운 일에 부딪치면 빈대의 노력을 상기한다. 대단치도 않은 난관에 실망하고 위축되어 체념하려는 사람을 보면 나도 모르게 '빈대만도 못한 사람'이라고 생각한다."[7]

아산의 긍정적 사고의 배경에는, 인간 의지의 무한가능성에 대한 신뢰와 함께, 민족 저력에 대한 긍정적 확신이 자리 잡고 있다는 점도 눈길을 끈다. 긍정적 사고로써 문제해결의 의지를 펼쳐가는 과정은 단독 작업이 아니라 동시대 한국인들과 함께 하는 공동 작업이다. 그 공동의 문제해결 과정에서 아산은 자신의 성취를 가능케 해주는 한국인들의 능력에 대해 깊은 인상을 받았던 것으로 보인다.

"내가 믿는 것은 하고자 하는 의지가 가져오는 무한한 가능성과 우

---

7 3)의 책, pp.69-70.

리 민족이 가진 무한한 저력뿐이었다."[8]

"우리가 경제발전을 이룬 비결은 바로 세계에서 가장 우수하고 근면한 민족인 우리 국민, 즉 사람에게 있다고. (…) 나는 외국에 나갈 때마다 우리 한국인만큼 우수하고 근면한 민족은 없다는 확인을 거듭한다. (…) 그렇지 않다면 대부분 소학교, 기껏해야 중학교 정도 나온 창업주들에 의해 한국의 많은 기업들이 세계무대에까지 나가 겨루고 뛰면서 오늘날 이토록 국가 경제발전에 이바지하고 있는 성과에 대한 설명이 안 된다. 우리는 우수한 인적 자원만으로 여기, 이만큼까지 왔다. (…) 이 인적 자원의 위력은 여타 물적 자원과 비교될 수가 없다. 때문에 나는 경제란 돈이 아니라 진취적인 생명력에 한 민족의 정기를 불어 넣어서 만드는 것이라고 확신한다. 국가의 부존자원은 유한한 것이지만 인간의 창의와 노력은 무한하다. (…) 그런 의미에서 우리의 경제발전은 대단히 뜻 있고 가치 있는 것이다."[9]

"나는 우리 한국인에 대해 큰 자부심을 갖고 있는 사람이다. 과거, 현재로 보나 역사, 문화로 보나 아시아에서 우리 민족 이상으로 훌륭한 민족은 없다. 세계 어느 민족보다도 우리는 성실하고 어질고

---

8 3)의 책, p.166.

9 3)의 책, pp.249–251.

착하고 그러면서 우수하다."[10]

"미국의 한 사회학자가 극동에서 민주주의를 할 수 있는 자질을 가진 민족은 우리 한민족뿐이라고 했다. 중국, 일본 국민에 비해 우리 민족은 솔직하고 개방적이며 보다 창의적, 진취적이라고 했다."[11]

관계 인성과 공감 인성

자아관을 기준으로 근대 이전과 이후의 변화를 주목할 때, '관계적 자아'로부터 '개인적 자아'로의 전환은 매우 중요한 차이로 부각된다. 근대 이전 농경 사회에서는 지연地緣과 혈연血緣이 자아 정의定義의 기반이었다. 토지를 생존의 직접적 기반으로 의지해야 했던 사람들은 토지와 자아의 관계 속에서 자아를 정의해야 했고, 비유동적인 농경에서 자신을 보호하기 위해서는 공동 협업의 혈연·지연 관계 속에서 자아를 확인해야 했다. 국가 역시 지연과 혈연의 연장이고 확대였다. 가족 단위를 기반으로 한 혈연과 지연의 국가적 규모가 관계 자아 범주의 최대치였다.

범주의 편차는 다양할지라도 농경 사회의 자아 경험과 정의는 공동체적 관계가 초점이었다. 자아는 곧 가족이었고 문중이었으며 마을이었고 국가였다. 소속을 바꾸기가 어려운 관계망 속에서

10 3)의 책, p.282.

11 3)의 책, p.290.

는 가족과 문중이 잘되어야 내가 잘되고, 고향과 국가의 안위가 자신의 생존에 직결되었다. 자아와 일체로 간주된 공동체의 이익을 위해서는 기꺼이 자기 이익을 유보하거나 희생하는 것도 그래서 수월했다. 자아 정의의 대상과 영역이 넓은 만큼 자아감과 행복감의 기반도 확장되어 있었다. 자아를 정의하는 관계의 넓이만큼 큰 자아를 경험하였다. 그러나 이러한 관계 자아의 공동체 의식은 집단 이익의 횡포도 용이하게 만들었다. 집단 이익을 빙자해 구성원 각자의 이익을 부당하게 박탈하거나 억압하는 것이 쉽게 정당화되었다. 집단주의와 전체주의적 폭력은 공동체의 명분 아래 합리화되곤 하였다.

문명의 기초가 농경에서 상공업으로 전환되는 것을 근대의 기준으로 삼는다면, 근대의 전개는 자아 정의의 조건을 획기적으로 바꾸어 버렸다. 토지와 혈연에 의존케 하여 비유동적이던 농경의 삶은 상공업으로 인해 유동적이 된다. 토지에 의존하지 않아도 생존이 가능해졌고, 혈연을 떠나서도 생활 세계가 성립될 수 있게 되었다. 누구든지 노력과 능력에 의해 어느 곳에서나 원하는 직업을 선택할 수 있게 되었으며, 혈연·지연과 무관한 사람들과 더불어 생활 세계를 구성할 수 있게 되었다. 그리고 낯선 곳에서 낯선 사람들과 구성한 생활 세계의 중심지는 도시가 되었다.

지연과 혈연 중심의 공동체 관계에서 보호받던 사람들은 새로운 보호막이 필요하게 된다. '개인(Individual, 불변의 본질을 지닌 더 이상 분할할 수 없는 독자적 개체)'이 그 대안이었다. 불가침의 권리를 불변의 본질로 지닌 독자적 개체인 '개인' 개념이 자아 보호의 장치로 선택된다. 이 전략은 사실 언어적이다. '개인'은 개념적 존재이지 실재가 아니다. 불변의 본질을 지닌 독자적 실체로서의 개인은 개념적 설정이고 허구일 뿐 세계에 존재하지 않는다. 그러나 비록 개념에 불과하지만 '개인'은 근대의 자아를 정의하고 보호하는 데 유효한 허구였다.

'개인'은 '독자적 본질을 소유한 단독자'다. 자기 존재의 근거를 자기 안에서 자족적으로 가지는 독자적 개체다. 변하지 않는 독자적 본질을 소유한 자이기에 침해받을 수 없는 권익 주장의 근거일 수 있다. 따라서 근대의 '개인'은 강력한 자기 권익 주장의 원천으로 작용할 수 있었다. 사실적 근거가 없는 개념에 불과한 '불변·독자의 실체/본질'을 근대적 주체에 결합시켜, 근대 도시의 낯선 곳, 낯선 사람들 속에서 자아를 보호하고 전체주의의 집단적 억압과 폭력에서 구출해 내려는 기획이 '개인'이라는 새로운 자아 정의로 등장한 것이다.

비록 '개인'에 해당하는 불변의 본질이나 실체가 실제로 있는 것은 아니지만, '개인'과 '개인주의'는 허구의 유용성을 활용하여 의미 있는 성과를 확보한 측면이 있다. 그러나 개인은 '배타적 자폐성'을 그 운명으로 지닌다. 자기 존재의 독자성을 설정하는 개인은 근본적으로 '관계 단절적'이기에, 개인주의는 타인들과의 공감 능력이 막히기 쉽다. 개인이라는 개념 자체가 관계와 무관한 '닫힌 실체'이기 때문에, 개인은 언제라도 타자를 향한 관심을 거두고 배타적이거나 자폐적일 수 있다. 폐쇄적 자기중심성과 배타성이 개인이라는 개념 자체에 의해 어쩔 수 없이 수반된다.

개인·개인주의는 인간을 집단주의적 폭력에서 구해낼 수 있는 언어적 기초를 확보하는 동시에, 관계에 막히고 자기에 갇혀 버렸다. 따라서 근대 이후의 과제는 '개인적 자아'를 '닫힌 고립적 자아'에서 '열린 관계적 자아'로 재정의再定義하는 것이다. 이 새로운 자아 정의는 관계적 자아이면서도 전체주의나 집단주의의 자아 희생을 요구하지 않고 관계의 상호 이익을 추구할 수 있는 호혜적 관계 자아를 겨냥한다. '격리된 본질 자아'를 해체하는 동시에, 변화하는 관계적 자아의 고유성ever-changing correlate identity을 수립하고, 그러한 관계적 자아의 상호 의존과 상호 작용으로 건강한 생태사회를 형성하며, 그 속에서 권익, 민주, 정의, 자유, 평화의 가치를 구현해 가는 것. 이것이 근대 이후가 요구하는 새로운 자아 정의이다.

아산은 전前근대의 농경 사회에서 태어나 직접 농경에 참가했다. 그리고 20세를 전후로 근대의 상공업에 투신한다. 아산의 내면에는 근대 이전의 농경 사회와 근대의 상공업 사회 경험이 모두 각인되어 있는 것이다. 아산이 근대 이전의 농경과 근대의 상공업을 모두 겪었다는 것은, 그의 자아 정의가 근대 이전의 관계적 자아와 근대의 개인적 자아를 포괄하고 있을 것이라는 추정을 가능케 한다.

"6남 1녀의 장남이셨던 나의 아버님은 동네에서도 으뜸으로 소문난 부지런한 농사꾼이셨다. 조부님은 마을에 서당을 열었던 훈장님이셨는데 농사도 살림도 도통 모르시는 분으로, 아버님의 여섯 동생이 모두 내 아버님 책임이었다. 여섯 동생을 차례로 모두 혼례 시켜 땅이라도 몇 뙈기 얹어 분가시켜야 하는 무거운 짐을 진 아버님의 그 평생 부지런함은 이루 말로 다 할 수가 없다. 그런가 하면 길쌈하시고 누에 쳐 명주 짜고 삼을 삼고 밤새도록 짠 베로 식구들 옷을 해결하고, 혼수 장만까지 하셨던 내 어머님의 근면도 아버님 못지않으셨다. 나는 6남 2녀의 장남으로, 아버님처럼 동생 일곱이 내 책임이었다. 나의 노동은 열 살 무렵부터 시작되었다. 아버님께서는 당신이 하신 것처럼 동생들을 책임지고 혼인시켜 분가시키려면 열심히 일하지 않으면 안 된다며, 어려서부터 새벽 4시께면 나를 깨워 시오리나 떨어져 있는 농토로 데리고 나가셨다. 농토에 도착하면 동녘 하늘이 부옇게 밝아왔다. 하루 종일 허리를 못 펴고 일을 하노라면, 어린 소견에도 이렇게 힘든 것에 비해 소득은 보잘 것 없는 농사일만 하며 일생을 보내야 하는가 한심하고 지겹고 끔찍한 생각이 들곤 했었다."[12]

"그 고되고 힘든 노동과 노력으로 한 평 한 평 땅을 일구어내시던 아버님의 '한'이 후일 서산 간척 사업의 직접적인 동기가 되지만, 당시

12 3)의 책, p.19.

의 나는 몸으로는 힘껏 아버님을 도우면서도 머리로는 끊임없이 딴 생각을 했었다. 노력과 시간과 흘리는 땀에 비해 농사는 성과가 너무 적었다. 차라리 공사판에 나가서 노동으로 돈을 벌어다, 개간할 필요 없이 어엿한 농토를 사는 편이 훨씬 낫지 않을까 싶었다. (…) 그 시대의 농민생활은 실로 비참한 지경이었다. (…) 죽어라 일해도 콩죽을 면할 길이 없는 배고픈 농촌생활이 좌우간 나는 진절머리가 나게 싫고 지겨웠다."[13]

'너는 선조 대대로부터 이어 내려오는 우리 가문의 장손이다. 형제가 아무리 많아도 장손이 가문의 기둥인데 기둥이 빠져나가면 우리 집안은 쓰러지고 만다. 어떤 일이 있어도 너만은 진실한 농부로 고향을 지켜야 할 책임이 있다. 네 아우들이 집을 나왔다면 이렇게 찾으러 나서지도 않았다.' (…) 조상 대대로 이어 내려오는 가문이라는 따분한 생각과 농민의 굴레를 벗어던지고 망하든 흥하든 보다 광활하고 새로운 세계에로의 모험과 도전을 펼쳐보겠다는데 왜 안 된다는 건가."[14]

"이래서 집을 떠난 지 십여 일 만에 나의 두 번째 고향 탈출은 실패로 끝났고 조언구도 물론 나와 함께 고향으로 잡혀 들어왔다. (…)

13 3)의 책, p.26.

14 3)의 책, p.36.

집을 뛰쳐나오기 세 번째, 그해 가출로는 두 번째였다."[15]

대가족 혈연관계와 자아를 동일시하던 부모, 그리고 그 부모의 관계 자아를 계승하는 아산의 모습은, 전형적인 농경 사회의 관계적 자아 정의이다. 그러나 아산의 농경적 자아 전승에는 연속과 불연속이 공존한다. 부모가 그랬던 것처럼 아산도 일곱 동생의 삶을 자기 삶의 책임으로 생각하는데, 이는 농경 자아의 연속적 계승이다. 그러나 농경 근면의 소모성과 빈곤의 악순환에 대한 아산의 회의는, 막 펼쳐진 근대의 상공업 생존 지형을 만나면서 농경 탈출로 이어지는데, 이는 토지의 예속에서 벗어나려는 근대 개인적 자아의 불연속적 선택이다. 아산의 삶에 중첩되어 있는 이러한 자아 전승의 연속과 불연속은, 아산의 인성 안에 근대 이전의 농경적 관계 자아와 근대의 개인 자아의 두 면모가 모두 새겨져 있다는 것을 의미한다.

아산의 자아 정의에 전前근대의 관계 자아와 근대의 개인 자아가 중첩되어 있다는 것은 그 의미가 단순하지 않다. 전前근대와 근대가 교체되고 중첩되는 전환기 시대를 겪는 사람들의 자아 선택은 과거 유형에 대한 태도에 따라 크게 세 가지가 있을 수 있다. 첫째는 '과거 안주형'이고, 둘째는 '과거 단절형'이며, 셋째는 '종합형'이다.

---

15 3)의 책, p.47, 49.

'과거 안주형'은 전환기의 새로운 시대 조건이 요구하는 새로운 자아 정의의 필요성을 외면하는 유형인데, 원인에 따라 다시 두 가지로 구분된다. 하나는 '무지형'인데, 변화된 시대 조건을 읽지 못하는 무지의 둔감이 원인이 되어 과거의 자아 정의에 안주하는 경우다. 다른 하나는 '집착형'인데, 시대 변화를 인지하면서도 그 새로운 조건에 반발하고 거부하여 과거의 자아 정의를 고집하는 경우다.

'과거 단절형'은 과거의 자아 정의를 포기하고 전환 시대의 변화에 상응하는 새로운 자아 정의로 옮겨 타는 것인데, 수동형과 능동형으로 구분할 수 있다. 수동형은 자아 정의의 전환과 차이에 대한 인식이나 가치판단 없이 그저 시대의 경향과 추세에 수동적으로 응하면서, 새로운 시대 조건의 압박에 따라 과거와 단절하고 새로운 자아 정의에 승선하는 경우다. 이에 비해 능동형은 전환과 차이에 대한 나름의 인식과 판단에 따라 능동적으로 과거와 결별하고 새로운 자아 정의를 선택하는 경우다.

'종합형'은 과거와 현재가 중첩되고 공존하는 것인데, 역시 수동형과 능동형으로 구분된다. 전환 시대란 퇴장하는 과거와 등장하는 현재가 겹쳐 있는 시기다. 과거는 활력을 잃고 어쩔 수 없이 퇴색해 가지만 여전히 현실에 관여하며, 새로운 현재는 비록 시대의 대세로 활력을 얻어가지만 아직 주인 자리는 차지하지 못하고 있다. 한 집에 두 주인이 공존하는 형국이다. 구질서와 신질서의 이 중첩을 수동적으로 수용하여 농경적 관계 자아와 근대 상공업적 개인 자아가 한 인격 안에 공존하는 것이 수동적 종합형이다. 이 수동적 종합은 상이한 두 자아 정의가 병립하다가 필요에 따라 수동적으로 어느 한 유형이 선택된다. 그러나 이 선택은 상호 갈등과 충돌의 가능성을 수반한다. 불화를 잉태한 두 자아 정의의 불안한 동거라 할 수 있다. 이에 비해 능동형은 상이한 두 자아 정의를 능동적으로 결합시켜 통섭通攝시키는 유형이다. 자신의 가치관과 세계관에 따라 능동적으로 두 자아 정의를 결합시켜 서로 통섭시킨다. 이 통섭 종합형은 필요에 따라 어느 한 자아 정의를 능동적으로 선택하기도 하고 융합된 방식을 새롭게 구성해 내기도 한다. 그래서 이 능동적 종합형의 자아 정의는 탄력적이며 풍요롭다.

아산의 자아 정의는 능동 종합형에 가까워 보인다. 장남의 책임을 환기시키며 농경 승계의 토지 정착을 호소하는 아버지의 뜻을 끝내 외면하고 가출하는 아산의 자아는 근대적 개인 자아의 전형이다. 개인의 노력과 능력으로 이익에 승부를 거는 근대 상공업 시장을 헤쳐 나가는 아산의 자아는 분명 농경 공동체 사회의 관계 자아를 탈출하고 있다. 그러나 아산은 그의 시장 행위 속에 다시 관계 자아를 새겨 넣고 있다. 아산은 농경적 관계 자아의 탈출과 시장적 관계 자아의 수립을 능동적으로 선택하고 있다.

"나와 같이 일하고 있는 직원들이 지금 16만 명쯤 된다. 우리 식의 사고방식으로 내가 그 많은 사람들을 벌어 먹여 살리고 있다는 듣기 좋으라고 말하는 이도 있지만, 나는 그 말에 동의하지 않을 뿐더러 오히려 반대로 그들이 나를 호강시키고 있는 것인지도 모른다는 생각을 한다. 사람은 피차 도와가면서 사는 것이지 어떤 사람이 어떤 사람을 먹여 살린다는 생각은 옳지 못하다. 그런가 하면 흔히들 '내가 데리고 있는 사람'이라는 표현을 쓰는데 그것은 객기이며 오만이다. 같은 직장에서 '누가 누구를 키웠다'는 말도 나는 싫다. 직장이란 필요에 의해서 서로 돕는 곳이며 서로의 향상을 도모하는 곳이다. 어쭙잖은 생색은 자기 본위의 낡은 사고방식이다."[16]

관계 자아와 개인 자아는 공감력에서 그 차이가 뚜렷해진다. 자아 정의의 범주가 다르기 때문이다. 공감은 타자의 경험에 침투하고 연루되는 정서적 능력이다. 타인의 행복과 불행, 기쁨과 고통 등 타인의 감정과 경험에 교감할 수 있는 '열린 반응'이다.[17] 따라서 자아감을 형성하는 관계의 범주가 클수록 그 관계에서의 공감은 활성화된다. 대가족 관계 속에서 자아를 확인하고 정의하는 사람은 가족 구성원들의 행복과 불행을 공감하고 자신의 것처럼 경험하는 정서가 발달한다. 관계 자아는 자아를 정의하는 관계 범주의 구성원들에 대한 공감이 열려 활발하게 작동한다. 이

---

16 3)의 책, p.254.

17 데이비드 흄(David Hume)은 공감을 철학의 주제로서 주목하는데, 그에 의하면 인간의 본성에는 타자의 감정을 수용할 수 있는 공감 능력이 있으며 이 공감은 직접적으로 발생하는 것이 아니라 상상력을 매개로 한다. 그리고 타인의 감정을 상상할 수 있는 이유는 인간들 사이의 유사성 때문이라고 한다. *A treatise of Human nature*(L.A. Selby-Bigge, ed. Oxford: Clarendon Press, 1978), p.316, p.427.

에 비해 개인 자아의 경우는 자아감을 형성하는 범주가 자기 개인에 머무르기 때문에 타자와의 관계적 교감 능력이 약하다. 자기 이외의 타자에 대해 폐쇄적이기 때문에 타인의 감정과 경험에 무관심하며, 그 결과 공감 능력이 막힌다. 근대 이후의 개인 자아는 근대 이전의 관계 자아에 비해 공감의 정서가 퇴색한다.

아산은 근대 상공업 시장에서 성공하였으면서도 관계 자아의 공감 정서를 유지하고 있다. 그리하여 아산은 농경 사회의 관계 자아를 근대 시장에 접목하고 있다. 그의 기업관은 관계 자아의 공감과 시장에서의 경제 행위가 어떻게 결합할 수 있는가를 보여주는 주목할 만한 사례로 보인다.

> "한 부부가 그날 팔 물건을 손수레에 받아 앞에서는 끌고 뒤에서는 밀며 시장 골목을 나서는 모습들이 차창을 통해서 희뿌연 안개나 여명 속에 안쓰럽게 보이기도 했다. 그런 광경을 볼 때마다 나는 뭉클해지고는 했다. 이름도 얼굴도 모르는 그들에게 설명할 길 없는 존경과 유대감을 느꼈다."[18]

> "나는 기회와 시간이 허락하는 한 수많은 기능공들과 어울려 허물없이 팔씨름도 하고 술잔도 나누곤 했다. 도시락을 못 싸오는 기능공들이 안쓰러워 점심 제공을 맨 처음 시작한 것도 우리 '현대'이다.

18 3)의 책, p.126.

새벽의 남대문 시장에서 리어카를 끌고 가는 낯모르는 이들에게서 느끼는 그 한없는 연대감과 애정을, 나는 내 일에 참가한 기능공들에게서도 언제나 공통되게 느낀다. 나는 그들의 어려움을 알고 이해하며 그들의 단순함과 우직함을 좋아하고, 또 그 순수함을 신뢰한다. 그런 그들과 나 사이에 격의감이 가로놓이는 것을 나는 원치 않는다. "중역용 엘리베이터를 한 대 놓으시죠." 언젠가 누가 그런 말을 한 적이 있었다. 안됐지만 나는 즉석에서 면박을 주었다. 도대체 그런 것이 왜 필요한가? 엘리베이터는 기다리면 탈 차례가 오는 것이다. 젊은 사원이 차례를 양보해서 먼저 탈 수 있으면 그게 바로 중역용 엘리베이터이고 회장용 엘리베이터이다. 현대는 나와 기능공들, 그리고 모든 임직원들이 함께 이룬 것이다. 함께 이루어 만들었으니 근본적으로 우리는 다 같은 동지라야 하며, 인간적인 차등감을 느끼게 하는 우매한 행동을 해서는 안 된다는 것이 나의 생각이다."[19]

진보 인성 – 집착하지 않기

특정 질서나 신념에 대한 지지 여부를 기준으로 삼지 않고, 변화에 대응하는 정신적 태도에 따라 보수와 진보라는 말을 채택해 보자. 그럴 때 특정 질서에 안주하여 변화에 소극적인 태도는 보수, 기존 질서에 안주하지 않고 새로운 실험과 구성에 끌려 변화

---

19 3)의 책, pp.163-164.

에 적극적인 태도는 진보라 부를 수 있다. 변화에 소극적이라는 말은 특정 질서에 안주 내지 집착한다는 의미이고, 변화에 적극적이라는 말은 어떤 질서에도 갇히지 않으려고 하는 무집착의 태도를 취한다는 뜻이다. 따라서 단순히 신질서를 지지한다는 것만으로는 진보라하기 어렵다. 그 새로운 질서에 안주하고 갇혀 버린다면, 그러한 정신적 태도는 진보가 아니라 보수에 해당한다.

이러한 의미의 진보 정신은 지성의 역사에서 비판적 성찰로 표현되기도 한다. 모든 질서나 통념 내지 신념을 무흠결 내지 완결된 것으로 간주하지 않고 은폐된 불합리를 들추어내어 보완이나 수정, 해체와 재구성을 시도하는 비판적 성찰은, 안주하기를 거부하는 무집착 정신의 지적 표현이다. 인류의 모든 향상은 이러한 비판 정신 때문에 가능했다는 점에서 진보 정신은 모든 향상의 정신적 원천이다.

아산의 행보에서는 일관된 무집착의 진보 정신이 읽힌다. 아산의 기념비적인 도전과 성취는 사실상 멈추지 않는 진보 정신의 산물이라 할 수 있다. 아산은 무집착의 진보 정신을 근대 상공업 시장의 경제 행위에 반영시켜 탁월한 경제적 성취를 이룩한다. 일종의 시장형 진보 정신의 성공 모델이 아산의 행적이다. 아산은 진보 정신을 인성 수준에서 소유한 인물로 보인다. 그리고 그의 출중한 진보 인성은 상당 부분 선천적 자질로 보이는데, 그는 자신의 진보 정신을 '고정관념 벗어나기'로 표현한다.

"고정관념의 노예가 되어 있으면 적응력이 뛰어날 수가 없다. 교과서적인 사고방식도 함정이다. 뛰어난 인간은 함정을 슬기롭게 지나간다. (…) 《논어論語》의 학정편學政篇에 '군자불기君子不器'라는 말이 있다. '군자란 한 그릇에만 머물러서는 안 되고 어떤 그릇도 되어야 한다'는 뜻으로 알고 있다 . (…) 나는 이것을 이 시대를 사는 우리들이 가져야 할 적응력으로 바꿔 풀이한다. 고정관념의 노예가 되어 있으면 적응력이 뛰어날 수가 없다. 교과서적인 사고방식도 함정이다. (…) 나는 그런 상식과 통념을 무시하고 해냈다. 상식과 통념에 멈칫거릴 생각은 처음부터 아예 없었을 뿐만 아니라 그럴 여유도 없었다. 조선소 건설과 선박 건조를 동시에 진행시켰다. 만약 내가 그러지 않았다면 틀림없이 현대는 참담한 실패의 고배를 들이켜야 했을 것이다. (…) 안이한 관념 역시 고정관념 못지않게 나쁜 것이다."[20]

"'고정관념이 사람을 멍청이로 만든다'는 내가 우리 간부들에게 즐겨하는 말이다. 모두가 하나같이 믹서트럭은 완제품이라는 고정관념에 결박당해서 믹서트럭 개조 같은 것은 상상도 못하고 빈대 머리만큼도 못 되어 우둔한 작업을 하고 있었던 것이다. 믹서트럭을 개조하자 당장 하루 2백 개였던 스타비트 생산량이 3백50개로 올라갔다."[21]

---

20 3)의 책, pp.322-325.

21 3)의 책, p.167.

《논어論語》의 '군자불기君子不器'를 문제해결의 유연한 적응력으로 풀고 있는 대목은 흥미롭다. 공자의 '군자불기'가 윤리적·정치적 행위와 관련된 사실판단이나 가치평가의 유연성 문제와 연관되어 있다면, 아산은 '불기不器'의 통찰을 시장에서의 문제해결에 유용한 사고의 유연성으로 소화하고 있다. 그래서 아산에게는 '불기'의 능력이, 상공업 시장의 문제를 성공적으로 해결하기 위해 고정관념에서 벗어나 생각할 수 있는 능력으로 재해석된다.

능동 인성

문제 상황에 대한 대응이 타자 의존적이지 않고 자기 준거적인 태도를 '능동적'이라 부른다면, 아산의 행적에서는 능동성이 뚜렷하다. 능동적이기 위해 반드시 필요한 세 가지 심리적, 정서적 조건들이 있다. 자긍심, 자존감, 자신감이 그것이다. 이 세 가지 조건들의 원천은 자기 긍정의 자긍심이다. 문제를 대하는 긍정 사고는 문제해결을 낙관하는 자신감과 자존감의 원천이다. 따라서 출중한 긍정 인성을 지닌 아산은 문제에 대한 대응이나 해결 방식이 선명하게 능동적이다. 아산은 그 능동성을 시장 행위에 반영시켜 탁월한 성취를 이룩한다. 거의 백지상태에서 출발한 근대화 후진국의 기업을 한 생애 안에 세계적 규모의 선진기업으로 발전시킨 원천에는 그의 강력한 능동 인성이 활발하게 작동하고 있다.

"4·19로 새 정부가 들어서자 부정 축재다, 정경 유착이다로 또 곤욕을 치러야 했다. (…) 어떤 기업이든 자력으로 발전한 것이 아니라 권력과 결탁해서 성장했다는 평가는 원치 않을 것이다. (…) 나는 자력으로 컸다는 평가를 받고 싶었다. '정권과 결탁' 운운하는 사회와 여론의 오해가 싫었다. 게다가 해외 진출을 하지 않으면 우리의 건설기업은 조만간 벽에 부딪칠 것이라는 예견이 있었다."[22]

"주은래 4원칙 중에 한국에 투자한 기업은 일체 중국 대륙에 발을 들여놓을 수 없다는 금지 조항이 있었는데, 중국 대륙 진출을 목표로 하고 있던 미쓰비시가 동경에서 회의를 열기로 날짜까지 잡아놓고 유산시킨 것이다. (…) 지금 생각하면 그때 우리가 일본 통상성의 결론에 따라 일을 서둘렀으면 우리의 건조 능력은 5만 톤 이하로 묶일 뻔했고, 주은래 4원칙이 없었다면 미쓰비시와의 합작으로 한국 조선공업이 우리만의 것으로 독자성을 띤 채 발전할 수 있는 기회를 놓쳤을 것이다. (…) 방침을 수정했다. 장기 저리 차관 도입으로 독자적인 건설, 독자적인 운영을 한다는 결심으로 차관과 기술 도입선을 유럽 쪽에서 구해 보기로 했다."[23]

"우리는 어떤 외부 세력이나 변화가 개인을 향상시키거나 어떤 가

22 3)의 책, p.99.

23 3)의 책, pp.116-117.

족, 또는 어떤 기업을 발전시켜 준다는 생각을 해서는 안 된다. 국가에 어떤 변화가 있더라도 내가 성장하는 것은 오로지 나 자신의 노력에 의지하지 않고는 안 된다. 이것은 나의 경험이다."[24]

아산 인성의 자기구현 양상

근대 상공업 시장에서 걸출한 족적을 남긴 아산의 행보는 그의 인성과 직접적 인과관계가 있다. 아산은 그의 긍정 인성, 관계·공감 인성, 진보 인성, 능동 인성을 시장 속의 자기구현과 결합시키고 있다. 아산 인성의 자기구현 양상은 특히 세 가지 측면에서 뚜렷하다. '욕망'과 '행복' 그리고 '창의성'이 그것이다.

욕망

모든 욕망은 결핍을 조건으로 발생한다. 신체적이든 정신적이든, 해소를 요구하는 갈증이나 결핍을 느끼지 못하면 욕망도 생겨나지 않는다. 생물학적 관점으로 본다면, 생존 및 번식과 관련된 갈증을 채우려는 충동이 욕망의 실상이다. 그 어떤 신체적·정신적·문화적 욕망도, 그 어떤 행동과 선택도, 모두 생존과 번식의 갈증을 채우려는 욕망으로 환원시켜 설명한다. 자기동일성의 보존 충동에서 발생하는 갈증과 결핍을 해소하려는 것이 생물 욕

---

24 3)의 책, p.261.

망의 보편 속성이라는 것이다.

모든 욕망이 자아 보존을 위한 생존과 번식의 필요에 연루되어 있다는 것은 부인하기 어렵다. 그러나 인간의 욕망을 생물 일반의 욕망으로 환원시켜버리는 방식에 의해 인간 생명체의 고유적 욕망마저 해명되었다고 보기는 어렵다. 인간 욕망의 다양성과 다층성은 생존과 번식 욕구만으로 설명하기 어려운 면모가 많다. 가치 욕구를 구현하기 위해 독신을 선택함으로써 번식 욕구를 자발적으로 포기하는 면모를 보여주기도 하는 것이 인간이다.

인간의 욕망을 '생존 욕망'과 '구현 욕구'로 구분해 보는 것은 인간 욕망의 다양성을 이해하는 데 유용할 것이다. 생존 욕망은 생물학적 본능과 직결되는 것으로서 자기 보존의 욕망이며, 본능에 가깝다는 점에서 1차적이다. 이에 비해 구현 욕구는 생물학적 자기 보전보다는 정신적·문화적 자기 성취를 향한 욕망이며, 본능 범주 이외의 것들을 향해 있다는 점에서 2차적이다. 1차적 생존 욕망은 그 충족 여하에 따라 생존 여부가 결정된다는 점에서 필수적이다. 생존 욕망은 본능적이고 필수적이라는 점에서 그 충족에 따른 만족감도 강렬하다. 생존이 해결되었다는 안도감은 그 어떤 욕망 충족보다도 선명하다. 이에 비해 2차적 구현 욕구는 그 충족 여부가 생존에 직결되지는 않는다는 점에서 선택적이다. 따라서 충족에 따른 만족감도 생존 욕망의 경우에 비해 그 선명도가 떨어진다.

이처럼 생존 욕망은 직접적이고 필수적인데 비해, 구현 욕구는 간접적이고 선택적이다. 그러나 생존 욕망은 생물학적 일반성을 지니는 것인데 비해, 구현 욕구는 인간적 고유성을 반영하는 인간 특유의 욕망 방식이다. 따라서 인간의 고유성을 구현해 가는 '인간다운 욕망 방식과 구현'을 중시한다면, 단지 생물학적 생존을 유지하기 위한 자기 보존의 본능적 욕망을 넘어서는 욕구의 추구가 요청된다. 자기 보존의 생물학적 본능 범주와 차별화되는 자기구현의 욕구를 계발하고 충족시켜야 한다. 1차적 본능 범주와 구별되는 이 구현 욕구는 인간의 고유성인 정신·문화적 면모를 반영하는 것일 수밖에 없다. 그리고 그런 점에서 질적 만족감과 지속성은 탁월할 수 있다.

인성론의 맥락에서 보자면, 성악적 인간관은 생존 욕망을 주목하는 반면 성선적 인간관은 구현 욕구에 비중을 두는 입장이라고 하겠다. 인간이 보여주는 생물학적 생존 욕망의 이기성과 배타성을 인성의 본질로 간주하는 것이 성악적 시선이고, 생존 욕망의 배타적 이기성을 넘어설 수 있는 정신적·문화적 역량을 인간 고유의 능력으로 긍정하여 극대화시키려는 것이 성선적 시선이기 때문이다.

아산이 보여주는 욕망 설정과 성취의 행보는 그의 인성적 면모와 밀접한 인과관계가 있는 것으로 보인다. 그리고 아산의 긍정 인성, 관계·공감 인성, 진보 인성은 생존 욕망보다는 구현 욕구와 연관되어 있다. 아산 특유의 긍정 사유는 욕망 성취의 자신감과 결합된다.

"나는 무슨 일을 시작하든 '된다는 확신 90퍼센트'와 '반드시 되게 할 수 있다는 자신감 100퍼센트' 외에 안 될 수도 있다는 불안은 단 1퍼센트도 갖지 않는다."[25]

"이것은 시련이지 실패가 아니다. 내가 실패라고 생각하지 않는 한 이것은 실패가 아니다. 나는 생명이 있는 한 실패는 없다고 생각한다. 내가 살아 있고 건강한 한, 나한테 시련은 있을지언정 실패는 없다. 낙관하자. 긍정적으로 생각하자."[26]

"국제 건설업계에서 20세기 최대의 역사役事로 불렀던 사우디아라비아의 주베일 산업항 공사는 몇 세기에 한 번 있을 법한 일감이었다. (…) 그해 우리나라 예산의 50퍼센트에 해당하는 액수였으니 그 공사 규모를 짐작할 수 있을 것이다. (…) '75년 가을, 사우디 왕국은 야심에 찬 건설계획을 제시한 후 영국 용역회사가 제작한 설계도의 검토를 시작했다. (…) 우리는 불모의 땅 울산 미포만에 세계 최대의 단일 조선소를 만들었다. 우리한테는 그 경험과 활력이 있다. (…) 난감했지만 언제나 그렇듯 난감할수록 해볼 만한 일이라는 투지가 솟았다."[27]

---

25 3)의 책, p.73.

26 3)의 책, pp.87-88.

27 3)의 책, pp.139-142.

인간의 모든 욕망은 무한 증식을 추구한다고 할 정도로 비대하다. 생존 욕망이든 구현 욕구든 간에 인간은 욕망 추구에서 자족적인 태도를 취하기가 어렵다. 인간 욕망의 이 비자족성은 빛과 그림자의 양면을 지닌다. 수준 높은 문화와 풍요로운 문명의 동력이기도 하지만, 자기 파멸과 생태 파괴의 원천이기도 하다. 욕망의 비자족성이 펼치는 밑 모를 갈증을 어떤 내용으로 채워 가느냐에 따라 희망과 절망의 길이 갈린다.

희망의 길이든 절망의 길이든 간에, 욕망의 끝없는 갈증과 무한 증식은 인간에게 실패와 좌절의 상처를 깊게 새긴다. 비교 우위를 통해 자아를 확인하려는 인간 특유의 강한 자아의식은, 생존 욕망마저 생물학적 일반 욕망의 수준에 머물지 못하게 만든다. 생존의 실제 필요와 무관하게 소유하고 소비하려는 것이 인간이다. 그리고 유한한 소유물과 무한한 소유욕의 간극은 고스란히 욕망의 상처로 남는다. 욕망의 상처에 대한 집단 기억의 역사는 개인 기억에 전승되기에, 인간은 욕망의 증식성에 끌려가면서도 욕망 충족의 가능성에 대해서는 내심 주눅 들어있다. 특히 욕망의 증폭성이 제도적으로 보호받는 시장에서의 인간은, 욕망에 들떠 있는 동시에 자신이 없다. 그래서 근대 상공업 시장 속의 인간은 전반적으로 이중적 태도가 심화된다. 욕망 추구의 자격과 방식이 개방된 시장 속에서 욕망의 증식에 한껏 선동되어 있는 동시에, 실패와 좌절의 누적으로 인해 욕망 성취의 수준과 가능성에 대해서는 위축되어 있다. 이런 점에서 아산이 보여주는 욕망 성취의 자신감과 의욕은 예외적이다. 그리고 그 예외성은 아산 특유의 긍정 인성과 연관되어 있다.

아산의 욕망은 끝없이 새로움을 향하고 있고, 그는 그 새로움을 위해 모험을 불사한다. 그리고 그 변화와 모험은 공적公的 가치를 지향해 가는 진화라는 점에서 가히 '진보적'이다.

> "매일이 새로워야 한다. 어제와 같은 오늘, 오늘과 같은 내일을 사는 것은 사는 것이 아니라 죽은 것이다. 오늘은 어제보다 한 걸음 더 발전해야 하고 내일은 오늘보다 또 한 테두리 커지고 새로워져야 한다. 이것이 가치 있는 삶이며 이것만이 인류 사회를 성숙, 발전시킬 수 있다. 나의 철저한 현장 독려는 우리 직원들과 나, 사회와 우리 국가가 함께 나날이 새로워지기 위한 채찍이다."[28]

> "나는 '60년대 초부터 우리 현대의 전환점을 해외 진출에 걸었다. 나는 항상 긴장 속에서 모험을 감행하면서 일했다고 생각한다. 기업 확대의 노른자위는 기술 혁신에 있고 그것을 위한 모험을 나는 불사했다. 모험은 거대한 조직에 활력을 넣어준다. 그것이 현대라는 조직을 움직이는 '조화의 핵'이 되어왔다."[29]

---

28 3)의 책, p.98.

29 3)의 책, p.100.

"나는 우리의 경제가 선진 수준에 도달하려면 세계 시장에 뛰어들어 부(富)를 가진 나라와의 거래로 부를 끌어들여야지, 좁디좁은 이 나라 안에서 우리 가난한 사람들끼리의 거래로는 다람쥐 쳇바퀴 돌기로 가난의 악순환에서 벗어날 수 없다는 신념을 가진 사람이다. '75년을 나는 중동 진출의 해로 삼았다. 천재일우千載一遇의 기회를 놓칠 수 없었다. 부족한 경험과 능력은 그때까지 그래 왔듯이 적극적인 창의력 동원과 불퇴전不退戰의 정신력, 불면불휴의 노력으로 극복하면 반드시 성공한다는 확신이 있었다. 회사 안에서는 해외건설 담당 부사장이었던 아우 인영을 비롯해서 나의 중동 진출 결심을 너무 큰, 회사를 망하게 만드는 욕심이 아니냐고 근심하는 반대파도 꽤 있었다. 그러나 안전선을 쳐둔다고 해서 항상 안전한 것은 아니며, 기업에 있어서 제자리걸음이란 후퇴와 마찬가지이다. 방어가 공격보다 반드시 더 쉬우리라는 법도 없고 공격이 방어보다 반드시 더 어렵다는 법도 없다."[30]

인간 욕망의 비자족성은 언제나 새로운 것을 추구하는 것으로 나타난다. 양적으로는 더 많은 것, 질적으로는 다른 것을 향한다. 근대 시장 속에서는 상품의 소유와 소비의 문제로 표현되고, 개인은 비교 우위를 염두에 두고 소유와 소비의 새로움을 추구한다. 근대 개인의 이러한 욕망 추구는 사적 가치의 충족을 그 속성

---

30 3)의 책, p.133.

으로 삼는다. 그리고 이미 충분히 확보한 사적 성취물을 위협하는 모험은 가급적 피한다. 그런 점에서 아산의 욕망은 대조적이다. 아산은 욕망의 비자족성을 기업 공동체의 이익과 사회 및 국가 이익의 확대 욕망으로 진화시켜 간다. 아산은 변화를 추구하는 진보 인성을 시장 욕망의 비자족성에 투영시키면서도, 근대 개인의 사적 욕망에 갇히지 않고 공동체적 공적 욕망으로 시선을 확대해 가고 있다. 과거에 안주하기를 거부하는 그의 진보 인성은 근대 시장 속에서 기술혁신, 시장 개척을 위한 모험, 공적 가치의 지향으로 작용하고 있는 것이다.

욕망 추구의 신분과 기회가 개방되고 보호받는 근대의 개인이 상공업 시장에서 추구하는 방식이라는 점에서, 아산의 욕망은 근대 유형이다. 그런데 통상의 근대적 시장 욕망이 개인의 권익 극대화를 목표로 삼는데 비해, 아산의 시장 욕망은 일찌감치 공동체 이익으로 시선을 돌리고 있다는 점에서 이색적이다. 아산의 시선이 향한 공동체 이익 범주의 기초 단위는 기업이다. 그리고 기업 공동체의 이익을 곧바로 국가 이익에 결합시키고 있다. 근대 이전 농경제 사회에서 공동체 이익의 기초단위가 혈연 범주였던 것에 비해, 시장 속의 공동체 이익의 기초 범주는 기업이다. 아산의 욕망은 근대 시장 속의 개인 유형에서 출발했지만, 욕망의 추구 방식과 내용은 비근대적 공동체 유형이다. 아산은 농경제 사회에서 형성된 관계 인성을 근대 상공업 시장의 욕망 추구에 접목시킨 것으로 보인다. 아산의 욕망은 그의 인성과 연관되어 있으며, 비근대적 관계 인성과 근대적 개인 욕망이 결합되어 아산 특유의 욕망 방식을 형성하고 있다.

"첫째, 조선은 리스크가 큰 업종이긴 하나 많은 이들에게 직장을 제공할 수 있고 많은 연관 산업을 일으킬 수 있는 종합 기계공업이기 때문에 국민 경제적 입장에서 꼭 필요했다."[31]

"77년 7월, 나는 현대건설 주식 1천억 원의 반인 5백억 원을 출연해서 아산사회복지 사업재단을 설립했다. (…) 나는 현대건설을 공개할 경우, 현대건설의 주식을 살 사람들이 어떤 사람들인가를 생각해 보았다. (…) 모든 것의 주체는 사람이다. (…) 나는 사람을 크게 괴롭히는 것으로 병고와 가난 두 가지를 꼽는다. 이 두 가지 고통은 서로 맞물려 돌아가는 상관관계에 있다. (…) 건강하고 유능한 수많은 이들의 힘으로 성장한 현대의 재산을 가난하고 고통 받는 이들을 위해 가치 있게 쓰자는 것은 나의 숙원이었다. (…) 일부 재벌들이 소위 복지재단이라고 설립해 놓고 유명무실한 간판만 달고 있거나, 아니면 다른 수단의 절세 등으로 영리 추구를 하는 것을 더러 보아왔기 때문에 나는 아산재단 설립을 발표하면서 우선 향후 3년 이내에 전국의 의료 취약 지역인 정읍, 보성, 인제, 보령, 영덕 등 5개 지역에 현대식 종합병원을 건립, 의료 시혜 사업을 해나겠다고 못박아

31 3)의 책, pp.114-115.

밝혔다. 그러나 국민들은 아산재단 설립을 그저 정부의 기업 공개 방침을 피하기 위한 하나의 편법으로밖에 생각하지 않았을지도 모른다. 나는 정성스러운 마음으로 묵묵히 나의 올바른 뜻을 펼쳐나갔다. (…) 현대건설이 재무 구조가 좋은 것은 대주주가 창사 이래 배당을 일체 받지 않고 전부 사내 유보로 돌렸기 때문이다. 이 견실한 재무 구조를 바탕으로 어려운 사람들에게 최대의 도움을 줄 수 있는 우리나라 최대의 사회사업 지원 재단으로 아산재단을 만드는 것이 나의 이상이다. (…) 그래서 미국의 포드재단이나 록펠러재단에 버금가는 세계 최고의 효율성 높은 재단, 최대의 재정력이 있는 재단으로 만들어 가장 어려운 사람들에게 힘을 내도록 도움을 주는 것이 나의 목표이다. 나는 그것이 현대를 있게 한 이 사회에의 보답이요, 또한 한 인간으로 태어나 최선을 다해 일하고 뛰고 발전한 나 개인의 생이 느낄 수 있는 최대의 보람이라고 생각한다."[32]

긍정과 진보 및 관계의 인성은 아산의 욕망을 근대 시장 속에서 실패를 두려워하지 않는 자신감, 끝없는 혁신과 과감한 모험, 기업과 국가 공동체의 이익 지향으로 채우고 있다. 그를 통해 아산의 욕망은 시장 속에서의 개인 생존 욕망을 넘어 공동체적 구현 욕구로 발전해 간다. 아산의 가치 구현 욕구가 인성과 시장의 결합에 의해 발현되고 있다는 점은 각별한 의미를 지닌다.

---

32 3)의 책, pp.175-177.

행복

아산은 스스로 행복한 사람이라 자부한다. 그의 행복 경험을 탁월한 경제적 성취의 소산으로 간주하는 것은 피상적 속단일 수 있다. 아산의 행복을 근대 시장에서의 소유 경쟁에서 성공한 사람이 누리는 소유 성취감과 우월감으로 치부해 버리는 것은 부적절해 보인다. 아산의 행복 경험은 그의 인성과 불가분의 관계가 있다. 그의 긍정·관계·진보 인성은 행복의 원천이다. 잘 사는 인생well-being에 대한 아산의 자족감과 자부심은 긍정·진보·관계 인성의 연장선에 있다.

자기 긍정은 행복 경험의 중요한 조건이다. 특히 인간의 자의식은 모든 경험의 색깔을 결정하는 궁극 요소이다. 자신을 재귀적으로 확인하려는 자의식이야말로 행, 불행 경험의 원천이다. 따라서 자기를 긍정적으로 확인하는 것은 행복의 핵심 조건이다. 그리고 자기 긍정의 일반적 계기는 경쟁에서의 승리이다. 신분과 권력을 다투는 경쟁이든 경제 이익 경쟁이든 간에, 경쟁적 삶의 모든 국면에서 승리는 자기 긍정의 강력한 계기가 된다. 행복과 불행의 경험은 전반적으로 경쟁의 결과와 직결되어 있는 것이다. 따라서 경쟁은 행복을 위해 통과해야 하는 고난의 과정이다. 성인이 되기 위해 치러야 하는 성인식의 고통과도 같다. 근대 시장에서의 개인은 특히 경제 이익 경쟁의 승리를 행복의 주요 조건으로 간주한다. 경제력이 신분과 권력의 지위마저 결정하기 때문이다. 그리하여 시장 경쟁의 승리를 통해 확보한 경제 소유물의 양과 비교 우위의 확인이 시장 자아의 긍정 조건으로 작용한다. 이런 점에서 아산의 경우는 독특하다. 아산은 경쟁의 결과물이 아닌 경쟁 자체에서 행복을 경험한다.

> "나라는 사람은 해외 시장에서 이해를 걸고 국제 경쟁을 통해서 입찰 경쟁을 벌일 때 행복을 느낀다. (…) 치열한 투쟁 속에서 나는 내심 행복을 느낄 때가 많았다."[33]

경쟁 자체에서 행복을 경험하게 하는 것은 자신감이다. 문제를 잘 풀 능력을 갖춘 학생은 시험 자체에서 행복을 경험한다. 경쟁 자체에서 행복을 경험하는 아산의 심리는 그가 지닌 남다른 자신감을 전제로 할 때 이해된다. 그런데 아산의 자신감은 상당 부분 선천적 자질로 보인다. 충분한 준비도 그의 자신감의 간과할 수 없는 원인이겠지만, 입찰 경쟁은 준비만으로 승리를 낙관할 수 없는 측면이 강하다는 점에서, 입찰 경쟁 속에서 행복을 느끼는 아산의 자신감에는 '준비의 자신감'과 더불어 타고난 '존재의 자신감' 같은 것이 강하게 작동하고 있다. 그리고 이 선천적인 존재의 자신감은 그의 긍정 인성에 기반을 둔 것으로 보인다.

경쟁 승리의 성취물을 사적 소유로 귀속시킴으로써 보존과 비교 우위의 자아를 확인하고 그를 통해 행복을 경험하는 것이 시

33 3)의 책, pp. 332-333.

장 개인의 통상적 모습이다. 그런데 근대 시장 경쟁에서 승리의 정점을 차지한 아산의 행복 경험은 그 조건을 달리한다. 그는 관계의 그물망에 얼마나 좋은 영향을 미칠 수 있는가를 중시한다. 관계 이익에 대한 기여를 '잘 살고 있다는 경험'의 발생 조건으로 삼고 있다.

> "특별한 것은 하나도 없다. 사람은 의식주를 얼마나 잘 갖추고 누리고 사느냐가 문제가 아니라 얼마나 많은 사람에게 얼마나 좋은 영향을 얼마만큼 미치면서 사느냐가 중요하다고 나는 생각한다."[34]

관계 이익에 대한 기여를 중시하는 아산의 시선은 기업과 재산에 대해서도 그대로 작용된다. 기업은 기업 공동체이고, 기업의 재산은 공동체 구성원의 몫이며, 기업가는 수탁 관리인에 불과하다는 아산의 기업관은, 그의 관계 인성의 연장선에 있다.

> "남들은 나더러 부자라고 부러워하기도 하고 질투하기도 하지만, 실상 나 자신은 부자라는 감각을 느끼지 못하며 산다. (…) 내 호주머니에 들어 있는 돈만이 내 돈이고 집으로 타가는 생활비만이 내 돈이라고 생각하며, 돈이란 자신의 의식주를 해결하는 그 이상의 것은

---

34 3)의 책, p. 254.

자기 소유가 아니라고 생각한다."[35]

"기업은 규모가 작을 때는 개인의 것이지만 규모가 커지면 종업원 공동의 것이요, 나아가 사회, 국가의 것이라고 생각해야 한다. 내 경우, 옛날 쌀가게를 했을 무렵까지는 그것이 나 개인의 재산이었다. 경영자는 국가, 사회로부터 기업을 수탁해서 관리하는 청지기일 뿐이다."[36]

"돈만을 최대의 관심사로 두고 돈만을 따르는 인생처럼 피곤하고 불행한 인생이 또 있을까. (…) 돈만이, 개인의 축재가 목적인 사업가는 아마 울화병으로 지레 자기 수명을 줄일 것이다. (…) 기업이 일단 커지면 그것은 저절로 공익성을 띠게 되고 또 띠어야 하며, 아울러 기업 자체가 공공사업이 되기 때문에 기업의 손해는 국가의 손해라고 생각한다. 따라서 일이 잘 풀려나가지 않을 때도 손해 때문에 초조해 하기 보다는 어떻게 하면 국가를 위해, 회사를 위해 최선인가를 떠올리게 된다."[37]

사적 소유의 극대화보다 공익에 대한 기여를 중시하는 아산의 시선은 분명 관계의 세계관을 반영하고 있다. 그리고 관계의 세

---

35 3)의 책, p.255.

36 3)의 책, p.261.

37 3)의 책, p.344.

계관과 맞물려 있는 아산의 관계 인성은 근대의 개인주의 세계관에 상응하는 개인 인성과는 다르다. 아산은 개인주의 세계관과 개인 인성을 요구하는 근대의 시장 속에서, 비근대적인 관계의 세계관과 그에 상응하는 관계 인성으로 기업적 성취에 성공한다. 기업 성취의 사회적 환원에 관한 아산의 결단은 그러한 관계의 세계관과 관계 인성의 시장적 표현이었던 것으로 보인다. 그리고 아산은 그러한 시장에서의 관계 행위를 통해 인생의 보람을 누린다. 아산은 근대 시장에서의 성취를 관계로 회향하고 있다. 그의 행복 경험과 관계 인성이 만나는 지점이다.

"77년 7월, 나는 현대건설 주식 1천억 원의 반인 5백억 원을 출연해서 아산사회복지 사업재단을 설립했다. (…) 나는 현대건설을 공개할 경우, 현대건설의 주식을 살 사람들이 어떤 사람들인가를 생각해 보았다. (…) 모든 것의 주체는 사람이다. (…) 나는 사람을 크게 괴롭히는 것으로 병고와 가난 두 가지를 꼽는다. 이 두 가지 고통은 서로 맞물려 돌아가는 상관관계에 있다. (…) 건강하고 유능한 수많은 이들의 힘으로 성장한 현대의 재산을 가난하고 고통 받는 이들을 위해 가치 있게 쓰자는 것은 나의 숙원이었다. (…) 일부 재벌들이 소위 복지재단이라고 설립해 놓고 유명무실한 간판만 달고 있거나, 아니면 다른 수단의 절세 등으로 영리 추구를 하는 것을 더러 보아왔기 때문에 나는 아산재단 설립을 발표하면서 우선 향후 3년 이내에 전국의 의료 취약 지역인 정읍, 보성, 인제, 보령, 영덕 등 5개 지역에 현대식 종합병원을 건립, 의료 시혜 사업을 해나겠다고 못박아 밝혔다. 그러나 국민들은 아산재단 설립을 그저 정부의 기업 공개 방침을 피하기 위한 하나의 편법으로밖에 생각하지 않았을지도 모른다. 나는 정성스러운 마음으로 묵묵히 나의 올바른 뜻을 펼쳐나갔다. (…) 현대건설이 재무 구조가 좋은 것은 대주주가 창사 이래 배당을 일체 받지 않고 전부 사내 유보로 돌렸기 때문이다. 이 견실한 재무 구조를 바탕으로 어려운 사람들에게 최대의 도움을 줄 수 있는 우리나라 최대의 사회사업 지원 재단으로 아산재단을 만드는 것이 나의 이상이다. (…) 그래서 미국의 포드재단이나 록펠러재단에 버금가는 세계 최고의 효율성 높은 재단, 최대의 재정력이 있는 재단으로 만들어 가장 어려운 사람들에게 힘을 내도록 도움을 주는 것이 나의 목표이다. 나는 그것이 현대를 있게 한 이 사회에의 보답이요, 또한 한 인간으로 태어나 최선을 다해 일하고 뛰고 발전한 나 개인의 생이 느낄 수 있는 최대의 보람이라고 생각한다."[38]

근대의 개인Individual은 그 관심과 시선이 근본적으로 자기에 갇혀있다. 자기는 본질적으로 타인과 무관한 독자적 존재라고 간주하는 실체·본질주의적 세계관을 토대로 삼기 때문이다. 그리하여 개인은 타자의 이익과 행복과 불행 경험에 대해 존재 차원에서 무관심하다. 개인이 타자에 관심을 갖는 것은 오직 자기 이익의

---

38 3)의 책, pp.175-177.

유·불리와 관련해서이다. 자기 이익에 기여할 때는 타자에 대해 호감과 관심을 보이지만, 자기 이익과 무관하거나 손해라고 생각하면 타자에 대한 시선은 언제든지 무관심과 적대감으로 변한다. 사적 이익의 배타적 극대화가 개인의 유일한 관심사다.

근대의 개인은 실체·본질의 세계관으로 인해 타자에 대한 공감적 이해에 취약하다. 타인을 제대로 이해하려면 타인의 입장과 행복과 불행에 교감할 수 있는 공감의 감수성이 필요하다. 그리고 이 공감력은 존재를 격리된 독자적 개체가 아닌 상호의존의 관계로 파악하는 세계관을 요청한다. 근대의 개인주의가 설정하는 '독자적 본질을 지닌 개인'은 관계의 세계를 포착하기 어렵기 때문에 공감 능력이 마비된다. 타인을 공감으로 이해하는 능력이 쇠약해진 격리된 자아들이 배타적 이익의 극대화에 몰두하는 공간이 근대의 시장이며, 근대국가는 이 공간을 합법적으로 보호하고 관리해 간다.

아산은 근대의 시장에서 성공하지만 근대 시장의 요청인 개인 인성이 아니라 관계 인성을 보여준다. 그리하여 아산은 타인 긍정과 공감적 이해에서 행복을 경험한다.

> "행복한 삶을 위한 두 번째 조건으로는 다른 사람에 대한 이해의 폭을 넓혀 항상 투명하고 겸손하고 순수한 마음가짐으로 살라는 권유를 하고 싶다. (…) 더 나을 수도, 뒤떨어질 수도 있다는 것을 순수하게 받아들이지 못하고 항상 더 낫기만 해야 하는 오만한 사람들은

자기보다 나은 사람을 항상 질투, 투기하므로 불행 속에 빠져 산다. 한걸음 앞서 마음을 담백하고 폭넓게 가지고 나보다 잘된 사람, 나보다 이 사회에서 더 많은 일을 하는 사람을 편안하고 흐뭇하게 바라볼 수 있는 행복한 사람이 우리 사회에 그다지 흔하지 않은 것이 유감스러운 일이다. 국민들이 사회 각 분야에서 열심히 훌륭하게 자기 일을 하는 사람들에게 솔직하게 존경과 찬사를 보낼 수 있는 나라가 제대로 발전한다. (…) 다른 사람을 인정할 줄 아는 사람은 행복한 사람이며, 긍정적인 사람이며 자신도 크게 성장할 수 있는 소질을 가진 사람이다."[39]

"한 부부가 그날 팔 물건을 손수레에 받아 앞에서는 끌고 뒤에서는 밀며 시장 골목을 나서는 모습들이 차창을 통해서 희뿌연 안개나 여명 속에 안쓰럽게 보이기도 했다. 그런 광경을 볼 때마다 나는 뭉클해지고는 했다. 이름도 얼굴도 모르는 그들에게 설명할 길 없는 존경과 유대감을 느꼈다."[40]

창의성

아산의 기업 행보에서 일관되게 목격되는 것은 기발할 정도의 창의성이다. 기존의 기술이나 이론에 구애받지 않고 문제 상황을

---

39 3)의 책, p.319.

40 3)의 책, p.126.

창의적으로 풀어 가는 아산의 능력은 가히 독보적이다. 아산의 창의성은 고정관념에 매이지 않으려는 의식적 노력의 산물이다. 그리고 고정관념에서 남달리 자유로울 수 있었던 원천으로서 그의 인성을 주목하게 된다. 특히 진보 인성 및 관계 인성과 창의성의 상관관계가 눈길을 끈다.

> "주베일 산업항 건설 과정에서 그쪽 사람들과 외국 기술자들은 세 가지에 크게 놀랐다고 한다. 하나는 우리의 창의적이고 담대한 공사 수행 계획이었고, 또 하나는 속출하는 기상천외(奇想天外)의 아이디어였고, 나머지 하나는 우리 한국인의 근면성이라고 한다. (…) 나는 우리 현대의 전 직원들이 그 공사에서도 고정관념의 노예가 안 되도록 배전의 노력을 했었다."[41]

> "'고정관념이 사람을 멍청이로 만든다'는 내가 우리 간부들에게 즐겨하는 말이다. 모두가 하나같이 믹서트럭은 완제품이라는 고정관념에 결박당해서 믹서트럭 개조 같은 것은 상상도 못하고 빈대 머리만큼도 못 되어 우둔한 작업을 하고 있었던 것이다. 믹서트럭을 개조하자 당장 하루 2백 개였던 스타비트 생산량이 3백50개로 올라갔다."[42]

---

41 3)의 책, p.166.

42 같은 책, p.167.

어떤 관점을 유효하게 만드는 질서나 체계의 범주를 벗어나 새로운 관점을 제시하는 것을 '창의적'이라 한다면, 모든 창의성은 '거리두기'에서 생겨난다. 선행 질서나 방식으로부터의 거리에 따라 창의성의 정도와 수준이 달라진다. 기존의 질서와 방식으로부터 거리 둘 생각을 하지 않고 답습하기만 한다면, 유능할 수는 있어도 창의적일 수는 없다. 새로운 해법, 새로운 진실을 포착하기 위한 필수 조건은 '거리 두는 정신'이다. 놓치고 있거나 은폐되어 있던 진리를 파악하기 위해 가동하는 비판적 사고의 생명력도 '거리두기'에 있다.

자신의 모든 것을 대상화시켜 고찰할 수 있는 능력은 인간 특유의 면모다. 문제해결 능력을 발전시켜 가는 진화 과정에서 지속적으로 향상시켜 온 이 '대상화 능력'은, 이성이 보여주는 비판적 사유의 생명력이기도 하다. 행위, 욕망, 감정, 사고 등 자신의 모든 것을 대상화시켜 고찰할 수 있는 능력으로 인해 더욱 온전한 진실과 탁월한 해법을 향해 전진할 수 있었다. 주어진 것에 밀착하지 않고 그것을 대상화시켜 성찰하는 이 무집착의 비판적 성찰은 진보 정신의 핵심이기도 하다. 그 어떤 선행 질서와 방식에도 안주하지 않으려는 진보 정신으로 인해 비로소 창의성의 조건인 거리두기가 가능해진다.

그런 점에서 아산의 문제해결 방식은 가히 '진보적'이다. 널리 수용되고 검증된 방식으로부터 너무나 수월하게 거리를 두고 해법을 찾는다. 그리고 성공한다. 아산은 자신의 강한 진보 인성을 시장의 문제해결에 접속시켜 탁월한 해법을 찾아낸다. 아산 자신이 '고정관념 깨뜨리기'로 표현하는 이 진보 인성은, 시장 문제해결의 유연성으로 나타나 창의적 해법을 도출해 낸다.

"고정관념의 노예가 되어 있으면 적응력이 뛰어날 수가 없다. 교과서적인 사고방식도 함정이다. 뛰어난 인간은 함정을 슬기롭게 지나간다. (…) 《논어論語》의 학정편學政篇에 '군자불기君子不器'라는 말이 있다. '군자란 한 그릇에만 머물러서는 안 되고 어떤 그릇도 되어야 한다'는 뜻으로 알고 있다. (…) 나는 이것을 이 시대를 사는 우리들이 가져야 할 적응력으로 바꿔 풀이한다. 고정관념의 노예가 되어 있으면 적응력이 뛰어날 수가 없다. 교과서적인 사고방식도 함정이다. (…) 나는 그런 상식과 통념을 무시하고 해냈다. 상식과 통념에 멈칫거릴 생각은 처음부터 아예 없었을 뿐만 아니라 그럴 여유도 없었다. 조선소 건설과 선박 건조를 동시에 진행시켰다. 만약 내가 그러지 않았다면 틀림없이 현대는 참담한 실패의 고배를 들이켜야 했을 것이다. (…) 안이한 관념 역시 고정관념 못지않게 나쁜 것이다."[43]

"공학자의 논리로는 물론 말도 안 되는 막무가내의 결정이다. 그러나 공학자와 학문적인 경영자들과 창의력을 가진 기업가는 크게 다르다. (…) 기업은 그때그때 재빨리 적응할 수 있는 임기응변적 민첩

43 3)의 책, pp.322-325.

함이 없어서는 안 된다는 내 소신이랄까 철학이랄까를 이해하지 못하는 이들이 많다는 것을 나는 안다."[44]

기존의 질서나 방식에 의존하여 문제를 해결하려면 선행 해법을 익힌 유능한 전문가가 필요하다. 이미 널리 채택되고 있는 해법은 나름대로의 체계적인 이론과 누적된 정교한 방식을 지니고 있기 때문이다. 어느 분야에서든 전문가는 선행 해법을 가동하기 위한 이론 체계와 기술을 숙달한 사람이다. 기존 해법으로 문제에 대처하는 것은 결코 간단하지가 않다. 검토해야 할 이론과 방식이 많고 또 복잡하다. 그러므로 전문가의 역량에 의존하게 된다.

그러나 선행 해법에 연연하지 않고 새로운 해법을 찾으려면, 문제를 기존 이론과 방식에 의해 복잡하게 읽지 않으려는 의도적 단순함이 필요하다. 기존 관점에서 벗어나 새로운 해법을 찾으려면 기존 관점의 복잡한 체계에 들어가지 않는 태도와 좌표가 요청되는데, 이 거리 둔 태도와 지점에서 문제를 새롭게 읽으려면 쉽고 간단하게 볼 필요가 있다. 시장의 난제들을 창의적으로 풀어가는 아산의 진보 인성은 이러한 점을 경험적으로 확인하여 증언한다.

"어렵게 생각하면 한없이 어려운 일이나 쉽게 여기면 또 한없이 쉬

---

44 3)의 책, p.156.

운 일이다."[45]

"물론 설계는 외국 기술이 감리를 받았지만 배를 큰 탱크 정도로 생각한 우리의 기본 개념을 기초로, 그들에게 휘둘리지 않고 초기 단계부터 우리 의지대로 이끌어 나가 도크도 선박도 최단시일에 완성할 수 있었다."[46]

고정관념은 사고의 경직을 의미한다. 그리고 사고의 경직은 자기 생각에 갇혀 있을 때 발생한다. 따라서 고정관념에서 벗어나려면 경직된 사고를 유연하게 만들어야 하고, 그러기 위해서는 자기 생각에 갇히지 않을 수 있어야 한다. 유머는 자기 생각이나 특정 관념에 갇히지 않는 유연함에서 발생한다. 따라서 유머가 가능한 사람은 창의적일 수 있다.

자기 생각에 갇히지 않는 방법에는 두 가지가 효과적이다. 하나는 자기 생각을 객관화시켜 성찰의 대상으로 삼는 것이고, 다른 하나는 타인과 교류하여 다른 생각들과 만나는 것이다. 전자는 진보 인성, 후자는 관계 인성의 길이다. 아산은 두 가지 방식을 모두 채택한다. 아산의 진보 인성은 자기 생각에 머물지 않음으로써 창의성을 발휘하는 동시에, 그의 관계 인성은 폭넓은 인

45 3)의 책, p.116.

46 3)의 책, p.128.

간 교류를 통해 자기 생각에 갇히지 않음으로써 사고의 경직을 방지하여 창의성을 펼친다. 그리고 이 두 가지 창의성의 길목에는 유머가 자리한다.

"극도의 긴장 속에서 온몸이 굳어오는 상황에서도, 나는 우스갯소리를 하는 여유를 잃지 않았다. 여유가 없으면 창의가 죽는다. 나는 경험으로 그걸 체득한 사람이다."[47]

"폭넓은 인간 교류는 나에게 유머를 잃지 않게 하고, 편견에 사로잡히지 않게 하고, 인생을 따뜻한 시선으로 바라보게 하고, 공감대를 확대시키고, 그들의 정서를 흡수함으로써 사람이 빠지기 쉬운 사고의 경직을 방지해 준다. 인간 교류에서 얻는 이 모든 소득을 나는 기업 경영의 창의적 에너지로 활용한다."[48]

3. 아산 인성과 자기구현의 인간학

아산은 그가 몸담은 시대의 성격처럼 일종의 경계형境界型 인물이다. 아산은 장구한 농경제 시대가 종언을 고하고 상공업 시대

---

47 3)의 책, p.344.

48 3)의 책, p.345.

의 근대가 대두하는 과도기에 태어나 근대의 본격적 전개를 겪었던 인물이다. 그의 청소년기는 농경제 사회의 면모가 아직 일상에서 작동하지만 더 이상 현실을 주도할 수는 없는 시대였고, 근대 상공업 사회가 대두하고 있었지만 아직 전면적 주도력을 장악하지는 못한 때였다. 이 이중의 시기에 자아를 형성한 아산은 농경제 사회의 고전 인성과 근대적 자아의 면모를 동시에 보여준다. 그의 자아에는 농경제 시대의 자아 규정과 근대 상공업 시장의 자아 규정이 동거하고 있다. 그리고 이 이중적 자아 규정은 자기모순이나 혼란이 아니라 각 장점을 상생적으로 결합 내지 융합시키는 모습으로 나타난다. 아산은 농경제 시대의 고전 인성을 근대적 자아와 시장에 접목시켜 괄목할 만한 성취를 보여준다는 점에서 자기구현의 주목할 만한 모델이다.

인간으로서의 의미와 가치를 실존적으로 구현해 가는 원리와 방식의 이론체계를 '자기구현의 인간학'이라 불러보자. '자아실현'이 아닌 '자기구현'이라는 용어를 선택한 이유는 관계적 존재론과 세계관을 염두에 둔 것이다. 자족적인 독자적 자아가 불변의 본질을 구현해 가는 것이라면 '자아실현'이라 할 것이다. 그러나 불변의 본질을 지닌 독자적 자아는 존재하지 않는다. 그 어떤 자아적 고유성도 심신 내지 세계의 복잡한 상호관계에서 성립한다. 따라서 상호관계에서 성립한 인간적 고유성을 의미 있게 구현해 간다는 뜻에서 '자기구현'이라는 용어를 채택하였다.

'인간으로서의 삶'은 인간이 지닌 가능성이나 잠재력을 조건으로 할 때 의미를 지닌다. 또한 그 가능성이나 잠재력이 진리다운 이익 구현에 기여할 때 긍정적 가치를 지니게 된다. 따라서 '자기구현의 인간학'이란, 인간이 지닌 능력으로써 세상의 진실을 밝히고 그 진실에 의거하여 세상의 이익을 구현해 가는 원리와 방식이라 할 수 있다. 이때 인간이 지닌 능력은 인간이 지닌 선천·후천의 내적 면모라는 점에서 성선적 인간관이 주목하는 인성에 해당한다. 결국 '인성에 의한 진리다운 이익의 구현 원리와 방식'이 자기구현의 인간학이 된다.

상호의존의 관계는 존재와 세계의 부인할 수 없는 진실로 보인다. 경험 세계의 모든 현상과 존재는 관계와 변화에 의해 성립한다. 상호의존과 상호작용의 관계가 가능하려면 변화가 전제되어야 한다는 점에서, 존재와 세계를 관통하는 원리는 결국 '관계'로 압축된다. 따라서 진리다운 세상을 구현한다는 것은 관계의 면모를 온전히 밝히고 수용해 가는 것이기도 하다. 그리하여 자기구현의 인간학이란, 인간의 능력으로써 존재와 세계의 관계 진실을 밝히고 그에 상응하는 이익을 구현해 가는 원리와 방식이 된다. 특히 인성은 선천적·후천적으로 내면에 새겨진 사유와 정서의 반복적 경향성을 지칭한다는 점에서, 자기구현의 원리와 방식을 구성하는 데 중요한 조건이 된다. 만약 인성이 관계의 세계에 부합하는 내용이라면, 그 인성의 주체는 자기구현에 성공할 가능성이 높아진다.

아산의 인성은 그런 점에서 주목된다. 아산의 인성적 면모는 관계의 진실과 이익에 상응하는 내용을 지녔으며, 흥미롭게도 그러한 인성이 탁월한 시장 성취의 토대로 작용한다. 아산 특유의 긍정, 관계·공감, 진보, 능동 인성은 모두 관계 진실과 관계 이익의 구현으로 수렴되고 있다. 관계·공감의 인성은 아산으로 하여금 타인을 공감적으로 이해하고 공경하면서 배타적 개인 이익이 아닌 관계의 공동체 이익을 추구하게 한다. 또 진보 인성은 역동적으로 변하는 관계 상황에 유연하게 적응하게 하여 특정한 관계 방식에 갇히지 않는 변신과 향상을 가능케 한다. 모든 유형의 고정관념은 변화와 새로움을 거부하여 역동적인 관계의 세계를 놓치게 만드는데, 아산의 진보 인성은 끝없이 고정관념을 거부하며 변화하는 관계 상황에 탄력적으로 응하면서 보다 탁월한 해법을 향해 창의적으로 전진하게 한다. 또한 능동 인성은 관계의 세계관으로 하여금 문제해결 과정을 자칫 의존적 태도로 변질시키지 않도록 보호해 준다. 그리하여 관계 인성과 능동 인성이 결합함으로써 능동성이 배타적 자만이 되지 않고 호혜적 자립성이 되어 능동적으로 호혜적 관계 이익을 구현하게 한다. 그리고 긍정 인성은, 관계·공감과 진보 및 능동 인성으로써 문제를 해결하고 과업을 성취해 가는 데 필요한 근원적 낙관과 자신감으로 작용한다.

아산의 인성 면모는, 존재와 세계를 관통하는 '관계'라는 진실에 상응하고 있으며 관계 이익 구현의 내면적 원천이 되고 있다는 점에서, 자기구현의 인간학 수립을 전망하고 그 내용을 구성해 가는데 의미 있는 사례가 된다. 더욱 주목되는 것은, 관계의 세계관에 부합하는 아산의 인성 면모가 관계 이익을 구현해 가는 장場이 근대의 시장이라는 점이다. 아산은 자본의 이익 극대화를 합리화시켜 권장하는 근대 시장의 기업 행위 속에 관계 친화적 인성 면모를 투영시키고 있고, 그러한 기업 행위를 통해 관계의 세계관에 부응하는 관계 이익을 구현해 내고 있다. 긍정·진보·공감·능동의 인성과 맞물린 관계 인성의 시장적 구현이 아산의 자기구현 방식이다.

아산이 시장에서 관계 인성을 발휘하고 기업 행위를 통해 관계 이익을 구현했다는 것은, 자기구현의 인간학을 현실적으로 전망하는데 시사적이다. 근대의 시장은 공감력을 상실한 개인이 배타적 이익을 합법적으로 극대화하는 공간으로 질주하고 있다. 시장의 경제적 순기능을 아무리 인정한다 해도, 시장의 주역이 된 배타적 개인의 배제적 욕망으로 인한 윤리적 취약성은 명백하다. 확대·강화되는 시장주의의 비인간적·비생태적 면모를 방치할 수는 없으며, 그렇다고 시장주의의 비윤리성을 시장 자체를 거부하는 방식으로 극복하기도 어렵다는 것이 역사적으로 검증되었다. 남은 선택지는 분명하다. 시장 속에서 시장주의의 병증을 치유하는 방식이다.

시장 안에서의 시장 치유력은 궁극적으로 세계관의 변화를 통해 확보된다. 시장을 지배하는 개인주의의 실체·본질주의 세계관을 관계의 호혜적 세계관으로 전환시킬 때 근원적 치유력이 작동한다. 그럴 때는 시장이, 공감이 마비되어 타자 적대적이 된 개인이 자아의 사적 이익을 배타적으로 실현해 가는 합법적 공간으로부터, 공감이 활성화된 관계적 자기들이 관계의 이익을 호혜적으로 구현해 가는 공간으로 전환될 수 있다는 전망이 확보된다. 이때 호혜적 행위의 주체는 다름 아닌 관계 인성의 주체이다. 결국 자기구현의 인간학은, 관계 인성을 확립한 관계 주체들이 관계의 세계관에 따라 호혜의 관계 이익을 시장 속에서 구현해 가는 원리와 방식을 체계화하는 것이다. 이러한 인간학은 철학적 보편성과 현실적 실천성을 동시에 지닐 수 있는데, 아산의 행보는 그 생생한 표본일 수 있다.

긍정·도전·창의의 기반

– 아산의 자아구조

정진홍(울산대학교)

학력
서울대학교 문리과 대학 종교학과, 동 대학원, 미국 San Francisco Theological Seminary D. Min.

경력
서울대학교 인문대학 교수 역임, 현 대한민국 학술원 회원, 현 울산대학교 석좌교수.

저서 및 논문
《종교학 서설》(전망사, 1985), 《종교문화의 인식과 해석》(서울대학교출판부, 1996), 《정직한 인식과 열린 상상력》(청년사, 2010) 등.

1. 머리말—문제의 제기

아산 탄생 100년을 맞으면서 아산에 대한 '기림'과 '아산다움'에 대한 아쉬움이 간절해지고 있다. 그러나 그 기림은 우리와 아산과의 거리를 더 넓혀 가면서 오히려 아쉬움을 더 짙게 하고 있다. 까닭인 즉 그를 '비범함의 범주'에 들게 하고 있기 때문이다. 그러한 판단은 그르지 않다. 그러나 그렇다면 그를 운위할 아무런 이유도 없다. 숭앙의 자리에서 우러르면 될 것이기 때문이다. 하지만 그와 우리와의 연속성이 제대로 찾아질 수 있다면 아산의 삶은 지금 여기는 물론 내일 저기를 살아갈 사람들에게도 '살아있는 힘'의 원천으로 기능할 수 있을 것이다. 그것이 불가능하지 않다는 것이 필자의 소견이다. 이를 위하여 이 연구는 우리와 아산과의 다름을 기술하면서 그 접목의 가능성과 현실성을 논의하고자 한다.

2. 아산, 그리고 아산 이해

아산, 그 사람됨의 비범성

1995년 3월 18일, 아산 정주영은 고려대학교에서 수여하는 명예박사 학위를 받았다. 고려대학교 대학원 위원회는 학위 수여기

授與記에서 아산의 생애와 업적을 소개하고 기리면서 그의 인품을 다음과 같은 표현으로 기술하고 있다.

> "(…) 천성이 강하고 씩씩하며, 생각이 뛰어나게 지혜로웠고, (…) 끊임없는 새로운 것에 대한 습득과 도전 (…) 타고난 천성과 교양을 바탕으로 (…) 개척자 정신과 겁 없이 뛰어드는 패기, 강인하고 굽힐 줄 모르는 의지력, 그리고 투철한 신의와 신심을 가진 (…) 신화를 창조 (…) 개척적이고 창조적인 (…) 특유의 예지 (…) 끊임없는 시련과 도전을 극복 (…) 인간 승리의 본보기 (…) 사치하거나 교만하지 않은 (…) 천성대로 부지런하고 건실하게 (…) 간직한 인간 본연의 질박함 (…)"[1]

아산에 대한 평가는 다양하다. 그가 무엇을 했는지에 따라, 어떻게 그 일을 했는지에 따라, 그것이 초래한 우리 사회나 국가, 또는 세계를 위한 기여는 어떠한지 하는 데 따라, 그리고 언제 어디에서 그 일을 했는지에 따라, 제각기 다르게 서술될 수 있다. 그리고 그러한 평가들이 담고 있는 가치판단도 다양할 수밖에 없다. 긍정과 부정, 그리고 그것이 중첩된 혼란스럽기조차 한 판단들이 끊임없이 지속되고 있다.

---

1 박정웅, 《세기의 도전자, 위기의 승부사 정주영: 이봐, 해봤어?》, 프리이코노미북스, 2015, pp.249-252에서 재인용.

그러나 흥미로운 것은 아산의 '인간'을 묘사하는 내용들에서는 그의 업적에 대한 평가나 그의 삶에 대한 호불호와 상관없이 거의 일치하는 분명한 서술들이 이루어지고 있다는 사실이다. 그 서술들은 대체로 아산에 대해 '긍정적'이다. 이러한 맥락에서 우리는 고려대학교 명예박사 학위 수여기에 관심을 가진다. 거기에 담겨 있는 아산의 인간에 대한 기술이 비록 자명하게 공정성을 담보하고 있다고 단언할 수는 없지만 이를테면 그가 창업한 기업이 창업주에 대해 지니는 태도에 함축되어 있는 '무조건적인 기림'이나 그와 이해관계가 있어 불편한 자리에 있던 특정한 기관이나 사람들이 그에 대해 지니고 있는 '사시斜視적인 폄훼'를 이 서술은 넘어서고 있으면서도 그러한 상반하는 자리에서 두루 인정할 수 있으리라고 판단되는 아산의 사람됨에 대한 서술을 뚜렷하게 펼치고 있기 때문이다. 적어도 아카데미즘이 전제하는 사실 기술, 그로부터 비롯하는 판단, 그리고 이를 근거로 한 사실에 대한 해석, 곧 의미의 추출을 이 문헌은 어떤 자리에서보다 상대적으로 더 공정하게 수행했으리라고 신뢰하고 싶은 것이다.

그런데 이때 우리가 그 수여기에서 발견하는 두드러진 묘사는 그를 '비범성非凡性'의 범주에 넣고 있다는 사실이다. 위의 인용구에서 '천성天性'은 세 차례나 언급된다. 이러한 묘사는 아산이 지니고 있는 '역량'이란 천부적天賦的인 것이라는 주장이다. 그렇기 때문에 그의 사람됨은 일상적인 범인으로서는 가히 짐작하기도 힘들고 모방하거나 근접하는 것도 불가능하다는 의미를 담고 있다.

아산은 예사로운 사람이 아닌 것이다. 많은 사람들에 의하여 일컬어지는 그에 대한 평가가 종내 '하늘이 낸 사람'이라는 데 이르고 있음을 주목한다면 이러한 서술은 결코 '과장'된 것이라고 할 수 없다. 현실적으로 그렇게 묘사할 수밖에 없는 삶의 모습을 우리는 실증적으로 보고 있기 때문이다.

이와 더불어 '특유'라는 표현도 다르지 않다. '특유'가 견줄 것 없음을 전제한 것이라면 그러한 용어로 수식되는 존재는 '절대적인 존재'일 수밖에 없다. 여타 사람들과 더불어 동일한 척도로 측정할 때 비교 우위를 점한 그러한 사람이라는 판단을 넘어서는 사람이라는 표현이기 때문이다. 당연히 이러한 서술은 '아산은 아산일 뿐' 어느 누구도 '아산다울 수조차 없다'는 의미를 담고 있다. 역사 속에서 다만 일회적인 사건으로 출현하는 존재, 그렇기 때문에 그러한 존재의 출현 자체가 인간의 상식을 넘어서는 어떤 절대자의 섭리에서 비롯한다는 서술은 전혀 부자연스럽지 않게 설득력 있는 서술로 받아들여진다.

아산이 신화의 주역이라는 묘사도 이러한 맥락에서 크게 벗어나지 않는다. 일반적으로 신화의 주역은 신이거나 신적인 존재, 아니면 인간이되 인간을 넘어서는 존재로 인식되곤 하는 '영웅'이다. 그런데 우리가 이러한 이해의 자리에 선다면 아산을 신화의 창조자라고 기술하는 것은 그가 인간의 범주에 들기보다 신적인 범주에 드는 인간이라고 묘사하는 것과 다르지 않다. 결국 아산을 '지금-여기'에 담기보다 '그때-거기'에만 현존한다고 해야 옮을 이른바 초인적인 존재의 범주 안에 자리 잡게 하는 것과 다르지 않은 것이다. 그렇기 때문에 그가 한 일은 '아무나 할 수 없는 일, 아산만이 할 수 있는 일'로 풀이된다. '아산의 성취'라고 할 수 있는 그의 생애 안에서 일어난 무수한 '일'들, 그가 착수하고 성취한, 또는 실패한 일들은 역사적으로 서술되기보다 신화적 모티브motive가 그 생애의 플롯plot을 매듭지으면서 이끌어 나아간다고 이야기될 때 비로소 더 친근하게 다가온다. 아산의 삶의 역사는 신화적 진술의 범주에 담길 때 오히려 현실성을 갖는 것이다.

'인간 승리', '인간 본연'이라는 묘사에 이르면 아산은 인간다움을 온전하게 성취한 인간으로 설명된다. 온전하지 못함이 인간성의 본래적인 모습이라고 한다면 그는 그 한계를 초극한 인간이다. 또는 본래적으로 온전한 것이 인간인데 이를 상실하고 질곡의 세월을 살아가는 것이 인간이라고 한다면 아산은 그 한계를 지우고 넘어서 본래적인 온전함을 회복한 인간으로 그려지고 있다. 실존의 한계와 직면하여 자신을 패배시키고 좌절한 인간이 아니라 패배할 수밖에 없는 그러한 조건들을 완성의 기반으로 삼아 절망을 디디고 올라선 승리자, 그 승리가 초래한 온전함을 구비한 존재, 그리고 본래적이지 않은 다른 지엽적이고 피상적인 불안한 요소들이 인간을 훼손하고 그의 삶을 구기고 오염시키며 파열시키기 이전의 온전한 인간, 그래서 무릇 인간이면 누구나 마침내 도달해야 할 존재로서의 인간으로 아산은 이야기되고 있는 것이다.

놀랍다든지 예사롭지 않다든지 하는 의미로 바꾸어 읽어도 좋을 표현도 뚜렷하다. '뛰어나게 지혜로웠다'는 서술은 그 지혜로움이 '견주어 비할 것 아예 없음'을 뜻하는 것이고, '끊임없는', '강인한', '투철한', '개척적', '극복'이라든지 하는 그의 행위나 삶의 태도를 수식하는 서술들은 중단하지 않는 지속성, 그 지속을 지탱하는 시들지 않는 힘, 피상적인 데에서 머물지 않는 철저함, 없던 것을 일구어 새 현실을 빚어내는 일, 자기 자신을 포함하여 온갖 현존하는 것들을 자기를 한정시키는 제약 조건으로 여기기보다 자기 계발의 조건으로 여김을 뜻하는 것으로 해석할 수 있다.

아산, 본本으로서의 당위

인간 아산에 대한 이러한 평가는 비단 공식적인 학위 수여기에서만 나타나지 않는다. 그를 마주한 한 인간의 충정衷情에서도 나타난다. 이날 고려대학교 총장인 홍일식 교수의 치사致辭에서 우리는 그 전형적인 모습을 볼 수 있다. 물론 그의 치사를 사적私的인 충정의 표현이라고 단정하는 것은 무리가 있다.[2] 그는 학위를 수여하는 대학의 총장이고, 이 치사를 발표하는 자리는 공적인 의식儀式의 자리이기 때문이다. 발언에 예를 위한 수식과 윤문

2 1)의 책, pp.252-254에서 재인용.

潤文이 없을 수 없다. 그러나 주목하고자 하는 것은 이 치사가 담고 있는 한 교육자의 인간적인 고뇌이다. 그는 대학이라는 교육의 현장에서 젊은이들을 어떻게 '자라게 할 것인지'를 고뇌하는 한 스승의 모습을 그대로 드러내고 있다. 그가 고심한 것은 젊은이들의 본이 되어야 할 인간상을 우리의 현실에서 찾는 일이 지난하다는 사실이었다. 그런데 그는 아산에게서 이를 발견한 것이다. 아산이 고려대학교의 전신인 보성전문학교 건축 현장에서 돌짐을 나른 노동자였다는 사실을 그는 대학의 주춧돌을 놓은 일로 묘사하면서 아산이 '시련은 있어도 실패는 없다'고 스스로 평가한 그의 생애가 이제 그가 주춧돌을 놓았던 바로 그 대학의 '정신적 주춧돌'이 되었음을 감격스럽게 발언하고 있다. 이러한 귀결을 이끄는 홍일식 총장의 치사 서두序頭는 극적인 감동을 담고 있다. 그는 다음과 같은 말로 치사를 시작하고 있다.

> "일반 졸업식이 새로 지은 배를 처음으로 먼 바다로 떠나보내는 진수식에 비유된다면 이 명예박사 수여식은 무거운 짐을 싣고 먼 항해를 떠났던 배가 무사히 역정을 마치고 성공적으로 귀항하는 이를테면 '인간승리호'를 맞이하는 환호와 경축, 위로와 존경 그리고 한껏 선망을 보내는 자리라고 할 수 있습니다."

이러한 맥락에서 그의 치사를 더 구체적으로 살펴보기로 한다. 우선 그는 명예박사 학위를 수여받는 분은 '인류 사회가 추구해야 할 보편적 가치의 구체적 사례'가 되는 분, '배움의 길을 걷는 젊은 지성들에게 자아를 실현하는 데 더없이 친근한 본보기'가 되는 분이어야 하고, 그에 상응하는 공적을 지닌 분이어야 한다는 일반론을 이야기한다. 대학의 '권한'이기도 한 이 수여식의 의미를 스스로 그렇게 정의하고 있는 것이다. 그것은 동시에 아산이 왜 명예박사 학위를 받아야 하는가 하는데 대한 자신의 견해를 수여기와는 다른 시각에서 밝히는 것이기도 하다. 이러한 전제에 근거하여 그는 아산이야말로 바로 이에 해당하는 분임을 분명히 하고 있다. 아산은 '추구해야 할 보편적 가치의 구체적 사례'가 되는 분이고 '자아실현의 본보기'가 되는 분이라는 사실을 명시하고 있는 것이다.

그러면서 아산이 그렇게 일컬어질 수밖에 없다는 것을 다음과 같은 사실을 들어 진술하고 있다. 아산은 '무에서 유를 창출해 낸 입지전적인 인물'이고 '원대한 구상과 정밀한 설계, 지혜로운 방책과 과감한 추진력', 그리고 '필생의 신념과 공성신퇴功成身退하는 절박하고 담담한 인생관'을 가진 분이라고 하면서 아산이야 말로 사람들로 하여금 '거대한 꿈을 가꾸고 전체를 종합적이고 유기적으로 보게 하는 안목'을 길러 줄 것이라고 그는 말한다. 이어 그는 아산이 '경영 주체로서의 인간을 길러 가는 데 산 교훈이 될 것'이라고 주장한다. 그의 치사는 아산을 '시대의 창조자이며 시대의 선각자'라고 일컫는 데서 그 정점에 이른다.

이러한 묘사는 길지 않은 그의 발언에서 두 차례 반복되고 있다. 홍일식의 주장에 의하면 아산은 시대에 속한 사람이 아니다. 그는 시대를 짓는 사람이다. 시간 예속적인 존재가 아니라 시간 창조적인 존재, 곧 시간 밖에 있는 존재이다. 그러므로 그는 시대를 좇아 사는 사람이 아니다. 달리 말하면 그는 변화를 따라 이에 적응하며 자기의 삶을 꾸리는 사람이 아니라 변화가 어떻게 이루어지리라는 것을 미리 짐작하는 사람이다. 그것은 변화를 스스로 주도한다는 것과 다르지 않다. 그러므로 아산을 그는 '예견하고 이끌어 가는 사람'이라고 한 것이다. 그것은 기존의 것을 유지하고 발전시키는 것과는 다르다. 기존의 현실에 이제까지 없던 새로운 것을 첨가하는 것이라고 해야 겨우 묘사가 가능한 것이다. 홍일식의 치사의 핵심은 바로 이것이다. 교육이 모색하고 설정하기를 바라는 인간상이란 바로 이러한 존재이다. 곧 역사 속에서 현존한다는 현실을 간과하지 않으면서도 역사를 스스로 빚으며 역사 밖에 머물 수 있는 주체, 그것이 지향해야 할 인간상인 것이다.

그러므로 이 치사는 단순하게 아산의 비범함을 확인하는 자리에 머물지 않는다. 그의 치사 내용에 담긴 진술은 아산의 사람됨이 예사롭지 않다는 판단을 통해 그를 비범성의 범주에 담는 것과는 다른 함축을 지닌다. 그의 인간성은 교육이라는 장에서, 곧 '사람이 되어 가는 자리'에서 누구나의 본이 되는 실천적 과제가 되어야 한다는 주장을 담고 있는 것이다. 달리 말하면 우리도 아산처럼 살아야 하는 것이다. 즉 그는 아산의 삶은 그대로 우리의

'교훈敎訓'이 되어야 한다고 말한다. 달리 말하면 그는 우리가 아산을 본받아 살며, 그를 좇아야 한다는 당위를 강조하고 있는 것이다.

비범함과 당위적 요청의 역설

그런데 아산이 살아온 삶을 살피면서 아산이야말로 우리의 보편적 가치를 실현하는 사례이고 자아실현의 본이 된다는 주장을 당위적인 것으로 선언하는 것은 현실적인 적합성을 갖지 못한다. 과제가 실천하기 어려운 것이 아니라 근원적으로 불가능하기 때문이다. 이제까지의 서술을 통해 살펴보면 그렇게 단언할 수밖에 없다. 왜냐하면 그 당위를 실천하기 위하여 우리가 해야 할 현실적인 일은 다음과 같은 사실들이기 때문이다. 다시 말해 우리가 이를 실천하려면 우리는 앞에서 지적한 바와 같이 아산처럼 '강하고 씩씩하며, 생각이 뛰어나게 지혜로워야' 하고, '개척자 정신과 겁 없이 뛰어드는 패기, 강인하고 굽힐 줄 모르는 의지력, 투철한 신의와 신심'을 가져야 하며, '신화를 창조'하는 주체가 되어야 한다. 그러나 우리는 이렇게 될 수 없다. 왜냐하면 우리는 이미 아산의 그러한 모습을 '비범성의 범주'에 담았기 때문이다. 그러한 일은 아산만이 할 수 있는 일, 그러니까 일상에서는 불가능하고 비현실적이며, 오직 비범한 존재만이 할 수 있는 일이라는 것을 전제한 바 있기 때문이다.

그러므로 그러한 것을 실천하는 것은 비범한 인간이 할 수 있는 일이지 범인凡人의 영역에서 이루어질 수 있는 일이 아니다. 범인의 자리에서 보면 그러한 '덕목'은 자기로서는 닿을 길 없는 피안의 현실과 다르지 않다. 아무런 현실성을 가지지 않은, 그런데도 내 삶에 과해지는, 그래서 결국은 감당할 수 없는 짐과 다르지 않은 것이다. 그럼에도 불구하고 그것은 당위로 전제된 채 누구에게나 마땅히 좇아야 할 규범으로 서술되고 있다. 그렇다면 이러한 주장은 철저한 역설이다. 불가능함을 전제하고 그것의 가능성을 운위하는 논리적 일관성의 상실을 지적하려는 것이 아니다. 그러한 규범은 현실적으로 비실제적임을 확인하려는 것이다. 범인에게 비범한 과제를 맡기는 일은 현실성이 없는 일일 뿐만 아니라 더 나아가 그러한 당위의 주장 자체가 이미 근원적으로 과오일 수도 있다.

한 인간을 기리는 일이 그를 비범한 범주에 자리 잡게 하면서 동시에 그를 본으로 삼아 닮아가야 하는 존재로 제시하는 것은 결과적으로 닮아간다는 '실천적인 행위'를 자극하기보다 그 인간에 대한 기림을 그에 대한 '숭앙의 태도'로 바꾸게 한다. 그렇게 되면 그러한 태도는 그의 생애에서 현실적인 것은 다 걸러버리고 비범함의 범주에 드는 사례, 그렇게 개념화된 품성, 그렇다고 서술될 때 비로소 그 일을 설명할 수 있다고 판단되는 그에 대한 이해만을 남겨 놓게 된다. 자연히 그에 대한 과장된 비현실적인 묘사, 소박한 찬탄讚嘆이 그를 수식하면서 그 숭앙이 고조되는 것과 비례하여 그와 나와의 거리는 점점 멀어진다. 현실성이 사라지는 것이다. 마침내 그에 관한 이야기는 역사history에서 전설legend이 되고, 전설에서 다시 우화寓話, fable가 된다. 현실 속에서 살아있는 이야기narrative는 되지 못한다. 그 주인공이 우리의 평범한 일상의 '삶의 세계' 안에서 살아있는 발언 주체로 현존하지 못하는 것이다. 아산도 그렇게 될 수 있는 가능성, 또는 현실성에서 예외가 아니다. 아산의 기림이 그를 비범한 비일상의 범주 안에 자리 잡게 하면서 동시에 그를 지향해야 할 인간상으로 설정하는 논의의 어려움은 바로 이런 데 있다. '하늘이 낸 사람'이라면서 그를 본받으라고 하는 것은 실은 모두가 하늘이 낸 사람이 되기 전에는 실현 불가능한 이상을 실현하라고 요청하는 것과 다르지 않기 때문이다.[3]

---

3 이와 같은 문제는 최근 새롭게 주목을 받고 있다. Geoff Colvin은 일반적으로 우리가 일컫는 위대한 사람들에 대한 칭송이 지나치게 과장되고 있다는 사실을 지적하면서 그 과장된 요소들의 현실적인 뿌리가 어디인지를 살펴야 한다고 주장한다. 그는 그것이 '본유적인 능력(innate ability)'이지 '은사(恩賜, talent)'가 아니라고 말한다.(*Talent Is Overrated: What Really Separates World-Class Performers from Everybody Else*. Penguin Group, 2008) 이와 달리 Robert K. C. Forman은 어떤 사람을 비범하게 만드는 것이 과연 무엇인지를 살피면서 그것은 구성주의자(constructionist)들이 말하듯 사회적 배경이나 경제적 조건이나 자기의 신념이 아니라고 말한다. 그러면서 그보다 더 깊은 차원의 '본유적 의식(innate consciousness)'일 것이라고 말하면서 그 의식을 삶을 총체적으로 개념화한 이른바 '우주와 이미 내적으로 이어진 연계(inherent connectedness)'라고 정의하고 있다.(Robert K. C. Formaned., *The Innate Capacity: Mysticism, Psychology, and Philosophy*. Oxford University Press, 1998) 문제는 '본유적인 능력'이든 '본유적인 의식'이든 그 본유성의 구조를 살피는 일이다.

3. 역설의 논리

역사적 기술과 신화적 진술

이러한 문제 제기는 현실성을 갖는다. 적어도 논리적으로 그러한 반론은 정당하다. 주장 자체가 비논리적이거나 초논리적이라고 할 수 있는 불가해한 역설적인 구조를 드러내고 있기 때문이다. 그러나 현실은 논리보다 넓다. 우리는 논리적 비정합성非整合性으로 현실을 판단하기보다 현실에 기반을 두고 우리의 서술논리를 구축할 수 있어야 한다. 이를 위하여 우리는, 비록 우리가 일반적인 아산에 대한 '평가'의 전형이라고 할 만하다고 판단하여 학위 수여기와 그때 이루어진 치사를 중심으로 일련의 서술을 시도했다 할지라도, 그러한 서술 과정에서 혹 간과한 또는 의도적으로 여과시킨 어떤 사실이 있지 않은지 살펴볼 필요가 있다.

그런데 이때 우리가 주목할 것은 아산이 비록 그 비범함 때문에 일상을 벗어난 범주에 드는 존재로 기술된다 할지라도 그는 이 땅에서 자신의 삶을 구현해 온 존재임을 다시 확인하는 일이다. 그는 역사적 실재이지 신화적 존재는 아니다. 그는 다만 신화적이었다는 찬사를 받고 있을 뿐이다. 그것은 아산을 수식한 것이지 아산의 존재 자체를 일컬은 것은 아니다. 아산이 예외적인 삶을 살아온 것만은 틀림없다. 그에 대한 경탄이 현실적일 수밖에 없다. 그러므로 앞에서 예거한 찬탄의 서술들이 과장되거나 사실인식을 결한 환상적인 기술이라고 판단한다면 이는 적절하지 않다. 아산은 감히 누구도 시도하지 못했고, 누구도 꿈꾸지 못한 현실을 빚어냈다. 그렇다고 하는 것은 부정할 수 없는 '사실'이기 때문이다. 그러나 그렇다고 해서 그를 기리며 그의 자리를 '비범함의 범주' 안에 두고 그를 하늘이 낸 '예외자'로 인식하는 일이 아산과 그 밖의 인간과의 '단절'을 전제한다거나 초래하는 결과를 낳는다면 그것은 앞에서 이미 지적한 바와 같이 바람직한 귀결은 아니다. 아산과 아산 이외의 인간과의 연속성은 단절된 것도 아니고 그럴 수 있는 것도 아니기 때문이다.

이 계기에서 우리가 관심을 기울이고자 하는 것은 당연하고 자연스럽게 서술된 아산의 '특유함'이나 '신화를 창조한' 삶이란 것이 하늘로부터 뚝 떨어져 그의 인간됨을 구축하고, 그러한 인성을 통해 실현되는 그의 생애를 축조하면서 그의 현존 자체가 처음부터 끝까지 일관하여 특유했고 신화 창조적인 것이었을까 하는 것이다. 서둘러 결론을 말한다면 그렇지 않았다는 사실이다. 물론 그의 생애를 관조하면서 그는 '어렸을 때부터 특이했고'라든지 '하는 일마다 처음을 빚는 신화적인 것'이었다는 등의 서술을 여전히 할 수도 있다. 그렇게 그의 생애를 기술할 수 있는 '자료'는 그의 두 자서전 《시련은 있어도 실패는 없다》와 《이 땅에 태어나서》[4]에 지천으로 쌓여 있다.

---

4 정주영의 자서전은 2권이다. 《나의 삶 나의 이상: 시련은 있어도 실패는 없다》(제3기획, 1991), 《나의 살아온 이야

그러나 우리가 간과하지 말아야 할 것은 자서전이 지니는 '회상의 논리'이다. 회상은 지난 일을 되불러 내는 의식의 현상이다. 달리 말하면 지나간 일들을 지금 여기에 있게 하는 것이 회상인 것이다. 그러므로 회상은 근본적으로 탈시간적이다. 회상을 기술하는 것은 과거를 여과하여 남은 것, 곧 여과된 시간의 비시간적 실재를 기술하는 것과 다르지 않은 것이다. 그렇기 때문에 회상의 내용은 언제나 회상 주체에게는 잊히지 않는 것, 자기 삶의 과정에서 두드러진 것, 일상의 흐름 안에 용해되지 않은 것들이다.[5] 그러한 의미에서 그 내용은 '사건'이라고 스스로 일컬을 수 있는 것으로 채워진다. 자서전은 그렇게 엮어진다. 하지만 그렇다고 해서 일상을 자서전 집필자가 간과하거나 망각하고 있는 것은 아니다. 스스로 과거를 여과하는 과정에서 제외된 것일 뿐 여전히 그것은 '사건'을 사건으로 인식하게 한 기반이다. 그러한 의미에서 걸러 낸 일상은 걸러진 회상의 내용을 빚는 주형鑄型이기도 하다.

하지만 자서전을 읽는 사람에게는 당연히 자서전에 기술된 회

기: 이 땅에 태어나서》(솔,1998)가 그것이다. 앞의 책은 담담하게 자신의 생애를 기술하고 있다. 초판 이후에 비매품으로 현대문화신문사에서 1992년 5월에 출간된 같은 책에는 책 말미에 '경제인의 자리에서 정치인의 자리로 바꾸어 서면서'라는 주제의 2쪽의 글이 첨가되어 있다. 뒤의 책은 현대건설 창사 50주년을 기해서 출간한 것이기 때문에 앞의 책과 중복된 내용이라도 현대와 관련된 주제들, 예를 들면 2. '현대'의 태동, 3. 나는 건설인, 9. 나의 철학, '현대'의 정신 등의 제목들로 편집되어 있다. 1992년 대통령 출마와 관련된 글이 마지막 장의 끝 절에 '나라를 구하고 싶었다'라는 주제로 기술되어 있는 것도 앞의 책과 다른 점이다. 뒤의 책이 앞의 책보다 윤문이 더 잘 되어 있다. 필자는 같은 내용일 경우 앞의 책에서 주로 인용하였다.

5 실증적인 데 기반을 두고 있지 않은 관념적인 주장이라는 비난이 가해지고 있음에도 필자는 Heidegger가 '회상은 사유를 수집하는 일이다'라고 말한 것에 공감한다. 만약 사유를 '사라진 것에 대한'이라고 수식한다면 회상은 그대로 '탈시간적'일 수밖에 없다. Martin Heidegger, *What Is Called Thinking?* trans. J. Glenn Gray(Harper and Row, 1968, p.3).

상의 내용만이 그의 현실로 읽힌다. 그리고 그것은 일상을 공유한다고 전제된 상황에서는 일지 않을 다른 반응을 자극한다. 그의 생애 전체가 나와 다른 어떤 것, 적어도 일상의 차원에서 보면 도저히 수용할 수 없다고 판단되는 '예외적인 것'으로 수용하게 되는 것이다. 그러나 그렇다고 해서 그 예외적인 것에 대한 공감이 불가능한 것은 아니다. 그것은 오히려 내 일상에서 기대했던 것, 그런데 이루지 못한 것, 하지만 자서전의 서술 주체에 의하여 이루어진 것, 그래서 앞서 인용한 치사의 표현을 빌린다면 독자는 자서전을 읽으면서 그 주체에게 '환호와 경축, 위로와 존경, 그리고 한껏 선망을 보내지' 않을 수 없게 된다. 중요한 것은 그가 어떤 사람이든 특정한 사람의 회상은 그것이 전해진 타자에 의해서 비일상적인 것으로 읽힌다는 사실이다. 자서전은 늘 그렇게 있다. 그것은 한 인간의 실존이라는 것이 회상에 의하여 기술될 때면 얼마나 철저하게 단독자적인 것인가를 밝혀 주는 것이기도 하면서 동시에 그것을 읽는 이에게는 한 인간의 생애란 것이 일상 속에서 그저 자연스럽게 이런저런 조건에 의하여 축조되는 것이 아니라 그렇게 되도록 정해진 어쩌면 천부적인 것이었다든지 운명적인 것이었다든지 하는 것으로 수용되면서 그 불가항력적인 신비의 간섭에 '외경'의 염을 지니지 않을 수 없게 하는 것이기도 하다.[6]

---

6 비록 문학비평적인 시각에서 미국의 여러 자서전에 대한 분석을 하고 있는 저술이기는 하지만 Albert E. Stone의

인식을 위한 거리 짓기

그러나 우리는 '자서전 현상'에서 찾아지는 이러한 사태를 기술하는 데에서 우리의 논의를 멈출 수는 없다. 이러한 서술이 앞에서 제기한 '비일상적인 일의 규범적 실천'이라는 우리의 문제에 아무런 직접적인 해답의 낌새를 보여주지 않기 때문이다. 그렇다면 우리는 이에서 더 나아가 오히려 '읽기' 자체에 대하여 천착해볼 수도 있다. 읽기란 시간을 투자하는 또는 삶을 기울이는 행위라고 일컬어지고 있기 때문이다. 그런데 소박하게 말한다면 읽기는 '읽을거리'와의 만남이다. 그런데 독자는 인간이고 책은 사물인 것은 아니다. 읽을거리라 할지라고 그것은 저술가의 육성이 담긴 것이다. 그러므로 인간과 사물과의 만남이 아니다. 읽음은 흔한 표현을 빌리면 '인격적personal인 만남'이다. 만남은 두 주체 간의 일인 것이다. 그러므로 읽기는 '대화의 현실성'이 구현되어야 비로소 완성된다.

그런데 그것은 달리 말하면 읽기는 독자와 저술 사이에 일정한

Autobiographical Occasions and Original Facts(University of Pennsylvania Press, 1982)는 자서전에 입각하여 특정한 인물이나 사회 또는 시대를 연구하는 일의 여러 문제들, 그리고 자서전 자체의 시대적 변화를 살피면서 '자전적 진실'과 그것이 담고 있는 '자전적 허구(그는 이를 rhetoric of history라고 말한다.)'를 심각하게 살펴보고 있다. 특히 그는 개개 자서전의 분석에 들어서기 위한 방법론을 서술하는 서문에서 자서전 저자와 독자와의 관계를 '의도적으로 기억하지 않으면 떠오르지 않는 특정한 과거에 서로 되들어가고 이를 되살리고 마침내 이해하게 하는 상상을 할 수 있게 하는 관계'로 규정하고 있다(p.5). 그러나 필자는 비록 독자가 자서전 저자의 경험에 깊이 스며든다 할지라도 그것이 곧 저자와 독자가 저자의 특정한 기억을 상상력의 차원에서 공감하면서 서로 하나가 되는 것은 아니라고 생각한다. 자서전에 내포된 저자의 자기행위의 서술, 이에 대한 판단, 그 판단에 대한 느낌 등의 복합적인 서술은 오히려 독자에게 저자 자신이 자기를 빚어내고, 그래서 드러난 자기를 다시 빚는 것과 같은 중첩된 '모호한 깊이'를 드러낼 뿐 이해에 이를 수는 없다고 느끼기 때문이다.

거리가 확보되어야 한다는 것을 뜻하는 것이기도 하다. 공간이 마련되어 있지 않은 채 만나는 것은 상대방에 대한 함몰이거나 처음부터 만남이라는 이름으로 수식된 지배와 예속의 관계일 뿐이다. 만남은 그렇게 되지 않으려는 공간을 확보할 수 있어야 한다. 그런데 그것은 인식을 위한 거리 짓기와 다르지 않다. 그렇기 때문에 근원적으로 읽기는 인식을 의도하는 것이라고 할 수 있다. 만나서 서로 알기 위한 모색의 과정이 읽기인 것이다. 공감과 비판은 인식 이후의 일이다. 그러므로 인식이 우선하지 않는 공감과 비판은 실은 공감도 비판일 수도 없다. 당연히 공감이 전제된 읽기나 비판이 전제된 읽기가 불가능하지도 않고 비현실적이지도 않다. 그러나 그것은 읽기가 아니다.

이러한 맥락에서 보면 예를 들어 앞에서 서술한 '환호와 (…) 존경과 (…) 선망'을 드러내지 않을 수 없는 것으로 귀결되는 읽기는 자서전 읽기이기보다 자서전에의 경도傾倒라고 할 수 있는 태도이다. 그렇기 때문에 자서전에 대한 그러한 읽기는 자서전을 통해 자기 자신을 '증언'하는 자서전의 서술 주체를 이해하는 일이라기보다 오히려 그와 공감하는 일이다. 그러나 공감은 메아리가 아니다. 물론 공감은 가장 중요한 독서의 열매이다. 모든 저술은 공감을 호소하기 위해 마련된 발언이다. 자서전도 예외는 아니다. 공감을 희구하지 않았다면 자서전은 집필되지 않았을 것이다. 그러나 읽는 이가 집필자는 아니다. 공감에의 의도에 대한 반향反響이 읽기는 아닌 것이다. 당연히 우리는 독서를 마치고 저자와 공감할 수 있으며 그 공감을 전파할 수조차 있다. 그러나 그렇기 위해 자서전을 읽으면서 우리가 의도해야 하는 것은 그가 무엇을 언제 했고 그 결과가 어떤 것이었는가를 살피는 일을 넘어 왜 그가 그러한 일을 그렇게 했는지를 물어야 한다. 그러나 더 중요한 것은 그가 왜 이러한 사실을 서술했는가 하는 여과의 틀 혹은 선택의 준거를 살피는 일이다. 공감이나 감동은 그 이후에 가능한 사실이고 마땅히 그렇게 해야 한다. 서두른 감동과 공감은 서술 주체와 읽는 주체가 하나가 되는 결과를 서둘러 초래하는 것과 다르지 않은데 그렇게 되면 우리는 서술 주체가 읽는 주체 안에서 용해된다는 사실에 주목해야 한다. 서술 주체의 역사성은 사라지고 읽는 주체가 감동하는 그 감격 속에서 서술 주체는 신비스러운 존재로 부유浮遊한다. 읽는 주체도 다르지 않다. 서술 주체 안에서 자기가 해체되어버리고 만다. 달리 말하면 감히 좇아 살지 못할 존재에 대한 감동 속에서 자기 한계를 절감하는 자의식에 의해 자신의 자존自尊을 스스로 지워버리게 되는 것이다. 결국 서술 주체는 읽는 이의 삶의 세계에서 현존할 수 없게 되고 읽는 이는 서술 주체의 삶의 지평에 머물 수가 없게 된다.[7]

7 독자가 텍스트(책, TV, 광고, 영화 등)에 공감하고 친근감을 느끼면서 자기의 삶의 세계(original world)를 벗어나 급기야 텍스트의 세계 안에 몰입하는 경험을 최근에는 '이야기의 운송(narrative transportation)' 효과라고 개념화하면서 그것이 초래하는 인지적 반응과 정서적 반응에 대한 논의가 활발해지고 있다. *Narrative Impact: Social and Cognitive Foundations* eds., M. C. Green, J. J. Strange, T. C. Brock(Lawrence Erlbaum Associates, Inc, Publishers, 2002)를 참조할 것. 필자는 아산에 관한 만화, 소설, 위인전 투의 전기 등의 효과가 이러한 자리에서 총체적으로 검토되어야 할 것으로 생각한다. 특히 위 책의 1장 Power Beyond Reckoning: An Introduction to Narrative Impact와 10장 How Does the Mind Construct and Represent Stories?를 참조할 것.

그러나 되풀이 되는 지적이지만 이해는 증언 주체와 읽는 이의 사이에 거리를 만든다. 인식을 위한 지평을 확보해 주는 것이다. 따라서 이러한 자리에 서면 우리는 증언 주체가 무엇을 여과하고 있는지를 알게 한다. 왜 하필이면 '이 이야기'를 선택하고 있는지를 확인하게 되는 것이다. 이러한 이해의 자리에 서면 우리는 공감에서는 기대할 수 없는 두 가지 사실을 확보하게 된다. 하나는 증언의 내용이란 다른 것이 아니고 지난 시간을 여과하여 얻은 비시간적 실재라는 것을 알게 된다는 사실이고, 또 다른 하나는 그렇기 때문에 그가 증언하고 있는 것들은 실은 겪어 나오면서 만난 어떤 일, 그런데 잊을 수 없이 남겨진 어떤 것을 뜻한다는 사실이다. 그런데 이 두 번째 사실에서 우리가 더 부연할 수 있는 것은 두드러진 어떤 사실이라고도 이야기했고 '사건'이라고 묘사하기도 한 기술된 내용들이 실은 '과정過程'을 기술하고 있다고 하는 사실이다. 이를테면 '특이'하다고 묘사한 것이 단독적으로 튀어나온 것이 아니라 그 앞뒤에 긴 연속이 전제된 일련의 과정에서 이를테면 다만 큰 입자이기 때문에 여과 장치에서 걸러진 그런 것이라고 묘사할 수 있는 일이라는 사실이다. 그러므로 비록 회상이 여과된 비시간적 실재라고 할지라도 그것은 여과 이전의 역사의 맥락을 소거消去한 것은 아니다. 따라서 자서전 읽기는 사건들을 점철하여 이루어진 긴 '연속'을 읽어야 하는 것이 아니라 긴 연속의 과정에서 두드러진 사건의 '분출'을 읽는 것이지 않으면 안 된다.[8]

그렇다면 이 계기에서 우리는 앞에서 직면한 역설적 상황, 곧 아산을 비범한 범주에 넣어 닿을 길 없는 실재로 전제하면서도 그를 본으로 삼아 그러한 사람이 되어야 한다는 실천적 당위의 요청이 갖는 딜레마를 넘어설 수 있는 어떤 가능성의 단초를 찾게 된다. 다시 말하면 아산의 비범성이란 그가 그렇게 태어난 존재, 천부적인 존재, 하늘이 낸 사람이어서 비범한 것이 아니라 결과적으로 그렇게 묘사될 수밖에 없는 사람이 '되어간 삶'을 살았기 때문이라고 하는 것을 확인하게 되는데 바로 이 사실이 우리의 딜레마를 극복하는 관건이 되리라는 예상을 할 수 있는 것이다. 이를테면 아산은 특유한 사람이 아니라 특유한 삶을 살았다는 서술이 가능한 경지에 이르기까지 그렇게 일정한 과정을 거쳐 마침내 이에 도달한 사람이라는 것, 또는 아산은 신화를 창조한 신적인 존재가 아니라 신화를 창조한 사람이라고 기려지는 데까지 이르는 '되어가는 삶'을 살아온 사람이라는 것을 새삼 기술할 수 있으리라는 것을 기반으로 우리의 과제를 진전시킬 수 있을 것임을 주장하고 싶은 것이다. 이러한 서술이 가능해지면 아산과

---

8 여기에서 필자가 주장하는 '거리 짓기'는 전통적인 자연과학적 인식론, 곧 사물에 대한 귀납적 인식을 의도하는 방법을 절대적인 것으로 전제하는 것은 아니다. 인식의 방법은 단일하지 않다. 필자가 의도하는 것은 '해석학적 전통(hermeneutical movement)'에서 '소외와 거리 지어짐을 생산적인 것으로 만드는 것이 해석'이라는 전제를 방법론적으로 해체하여 역으로 재구축하는 것과 다르지 않다. 글쓰기와 읽기의 문제를 다루면서 거리 짓기(distanciation)와 차지하기(appropriation)에 관한 자상한 분석을 하고 있는 Paul Ricoeur의 *Interpretation Theory: Discourse and the Surplus of Meaning*(The Texas Christian University Press, 1976)의 2장을 참조할 것. 그러나 필자는 "오직 텍스트의 명령에 순응하고 의미의 '화살표'를 따라가면서 이에 따라 사유하고자 하는 해석만이 새로운 자기-이해를 가능하게 한다."는 주장에 대해서는 전적인 공감을 하지 못하고 있다. 비록 그가 "텍스트는 자아(ego)에게 자기(self)를 부여한다."(pp.94-95)고 서술하고 있지만 그 둘의 경험적 구분은 불가능하기 때문이다.

우리의 단절이란 오히려 비현실적이기 때문이다. 그렇다고 하는 것은 아산의 현존을 우리가 지금 여기에서 경험하면서 우리도 아산과 같이 될 수 있다는 그루터기를 확보하는 일과 다르지 않은 것이다.

비범함에 대한 아산의 부정과 긍정의 논리

그러나 그렇다고 해서 그의 비범함이 사라지는 것은 아니다. 여전히 아산은 예사롭지 않은 삶을 산 존재로 우리에게 전해지고 있다. 그의 자서전을 통해 우리가 얻는 그에 대한 이해도 그러한 범주를 벗어나지 않는다. 그의 생애 자체가 감동과 공감을 낳는다. 그의 성취는 상상을 초월한다. 그가 전해주는 자신의 진지한 경구警句들은 그대로 생생한 삶의 지표가 된다. 기적을 일군 삶이었다는 표현에 아무런 가감을 할 수가 없다.

그러나 아산은 이러한 우리의 감동을 그대로 인정하지 않는다. 자서전에서 드러난 그의 증언은 지나치리만큼 소박하고 평범하다. "나의 노동은 열 살 무렵쯤부터 시작되었다"[9]고 쓰고 있다. 아버지는 "친구들과 놀고 싶어 죽을 지경인 나를 추석 전날까지도 밭으로 모밀 거두러 가자고 새벽부터 깨우셨다"[10]고 썼다. 아

9 정주영, 《나의 삶 나의 이상: 시련은 있어도 실패는 없다》, 제3기획, 1991, p.19.

10 9)의 책, p.29.

산은 그렇게 자신의 삶의 처음을 회상한다. "고향을 떠난 지 7년 만에 집으로 돌아와 아버님께 논 2천여 평을 사드리고 농사 자금도 얼마쯤 드렸다. 그리고 결혼도 했다."[11] 비범함의 흔적조차 찾을 수 없다. 열심히 일해 이른바 '성공한 사람'의 당연한 일상이다.

그러나 아산의 생애는 서서히 다른 모습을 드러낸다. 신용으로 돈을 모아 시작한 아도서비스라는 이름의 자동차 수리 공장의 인수, 그리고 화재, 다시 신용으로 돈을 얻어 재기한 일. 그것은 쉽지 않은 일이다. 더구나 그 사업은 '성공'을 거두었다. 그러나 아산은 그것이 예외적인 것이 아님을 강조한다. "운은 무엇인가. 운은 별것 아닌 '때'를 말한다 (…) 모든 일에 항상 열심히 노력하는 이는 좋은 때를 결코 놓치지 않아 도약의 뜀틀로 쓰고, 나쁜 때도 때가 나쁘다고 기죽는 대신 눈에 불을 켜고 최선을 다해 수습하고 비켜 가고 뛰어넘어 다음 단계의 도약을 준비한다."[12] 운명을 거절하는 그의 이러한 태도는 자신의 비범함을 스스로 부정하는 것과 다르지 않다. 부정하는 것이 아니라 비범함으로 자신을 묘사한 적이 없는 사람의 반응이다. "머리는 쓰라고 얹어 놓고 있는 것"[13]이라고 한 그의 희화적戱畵的인 발언이 그가 비범함을 부정하는 내용을 이룬다고 해도 좋다. 그런데 이러한 발언은 누

11 9)의 책, p.64.

12 9)의 책, p.69.

13 9)의 책, p.81.

구나 하는 것이고 또 그렇게들 살고 있는 것이 일상이다.

다시 아산의 자서전의 내용으로 되돌아가 보기로 하자. 아산은 1952년 착공한 고령교 복구공사에서 참담한 실패를 겪는다. 이를 그는 "아무리 어려워도 낙관론자인 나도 그때는 잠깐 길이 보이지 않았다. 방도가 없는 것 같았다"[14]고 쓰고 있다. 얼마나 암담했는지를 짐작할 수 있다. 이어 그는 그 공사 빚을 청산하기까지 20년이 걸렸다고 술회하고 있다. 이러한 사실도 아산만 겪는 예외적인 일은 아니다. 사업가라면 누구나 겪는 일이고, 또 많은 사람들이 견뎌 내야 하는 일상적인 사업가의 일이기도 하다. 그러나 우리는 이 사건에서 아산이 도달한 어떤 '경지'에 주목할 필요가 있다. 사람들이 아산을 만나 감동하는 핵심적인 발언이 이 일에서부터 비롯한다. 그는 자신의 고난을 회상하면서 "이것은 시련이지 실패가 아니다. 내가 실패라고 생각하지 않는 한 이것은 실패가 아니다. 나는 생명이 있는 한 실패는 없다고 생각한다. 내가 살아있는 한 나한테 시련은 있을지언정 실패는 없다. 낙관하자. 긍정적으로 생각하자"[15]고 고백하고 있다.

그는 실패라는 것 자체를 승인하지 않는다. 더 적극적으로 말한다면 그는 실패라는 현상 자체를 부정하고 있는 것이다. 그런데 이러한 그의 태도는 결국 성취는 있어도 성공은 없다는 선언

---

14 9)의 책, p.86.

15 9)의 책, p.88.

과 다르지 않다. 실패의 부정은 성공의 부정과 궤를 같이 한다. 그가 성공이라는 어휘를 사용하지 않은 것은 아니다. 이를테면 중동 진출과 관련한 진술에서 그는 다음과 같이 발언하고 있다. "적극적인 창의력 동원과 불퇴전의 정신력, 불면불휴의 노력으로 극복하면 반드시 성공한다는 확신이 있었다."[16] 그런데 이때의 성공이란 이념적인 생애 지표가 아니다. 당장 지금 여기에서 직면한 난점을 넘어서 도달한 한 단계를 지칭할 뿐이다. 그는 정태적靜態的인 사물처럼 소유되기를 기다리는 어떤 실체로서의 성공을 한 번도 유념한 적이 없다. 성취라는 것도 늘 '더 나은' 데 도달하려는 것이다. 그러므로 그것은 무한한 과정일 뿐 어느 자리에서 멈추어 자족할 수 있는 그런 것이 아니다. 기업과 관련하여 당연히 이른바 성공을 말할 법한 자리에서도 그의 이야기는 성공과는 아무런 상관이 없다. 그는 이렇게 말하고 있다. "이기심을 버린 담담한 마음, 도리를 알고 가치를 아는 마음, 모든 것을 배우려는 학구적인 자세와 향상심 (…) 이러한 마음을 가지고 있는 집단이라야만 올바른 기업의 의지, 올바른 기업의 발전이 가능하다고 생각한다."[17] 그는 성공이 아니라 '올바름에의 지향'을 강조하고 있을 뿐이다.

---

16 9)의 책, p.133.

17 9)의 책, p.345.

4. 아산, 그의 자의식의 구조

비일상적인 통찰

일단 아산의 자서전을 통한 그의 생애에 대한 살핌을 이 지점에서 멈추고 우리의 문제를 펼쳐 보기로 하자. 사업의 실패를 복구하는 일은 어쩌면 기업의 일상이다. 그래서 사람들은 흔히 어려움을 겪어 도달할 환희를 이야기한다. 흔하게 일컬어지는 '인내는 쓰다. 그러나 열매는 달다' 투의 잠언이 이를 보여준다. 그러나 실패를 시련으로 전도顚倒시키는 일은 그러한 처세훈과 같지 않다. 방법을 이야기하는 것도 아니고 실천을 이야기 하는 것도 아니다. 인내의 덕을 이야기하면서 성실한 기다림을 생활화해야 한다는 주장도 아니다. 그러한 뒤집힘은 '머리를 쓰는 것'만으로 이루어지는 것이 아닌 것이다. 주목할 것은 그러한 터득이란 삶에 대한, 산다는 것에 대한, 그리고 인간이 산다는 것에 대한 근원적인 되물음에서 비롯하는 것이다. 그러므로 그러한 선언은 상식을 폐기하는 것이고 전승된 지혜 전체를 되묻는 것과 다르지 않다. 생애를 조망하면서 실패와 성공을 근원적으로 소거消去시키려는 것이기 때문이다. 그리고 아산은 그렇게 하면서 살았다. 실제 삶을 그런 자세로 그렇게 살아 나아간 것이다.

그렇다면 그러한 선언은 일상적이지 않은 '비일상적인 통찰'이고 '이질적인 터득'이라고 할 수 있다. 그것은 철저하게 '다르다'.

앞에서 지적한 바와 같이 이 이야기를 읽는 이들이 아산의 자서自敍에 압도당하는 것은 바로 이러한 '다름' 때문이다. 그것은 감동을 일게 하고, 나아가 아산을 비범한 인간의 범주에 넣지 않을 수 없게 한다. 그리고 그러한 진술은 독자에 의하여 지울 수 없는 '사건'으로 각인되면서 아산의 이어지는 삶의 증언 내용을 사건이 점철하는 비일상적인 사실의 전개라고 판단하게 한다. 그의 삶을 '기적'이라고 서술하는 수다한 평가들이 이렇게 비롯하고 있는 것이다. 그러나 아산은 이에 동조하지 않는다. 이를테면 기적에 대한 그의 이해가 그러하다. 그는 비록 "정치와 경제에는" 이라는 단서를 달기는 했지만 "기적은 없는 게 현실"이라면서 "기적은 없다고 나는 생각한다"고 단언한다.[18] 기적을 가능성의 실현이라는 맥락에서 이해한다면 아산이 말하는 가능성의 정의는 왜 그가 기적을 부정하거나 배제하는지를 확연히 알 수 있다. 그는 이렇게 서술하고 있다. "모든 일은 가능하다고 생각하는 사람만이 해낼 수 있는 것이다 (…) 어려운 일은 많았지만 울산조선소를 이렇게 '가능하다'로 출발해서 건설할 수 있었다. (…) 모든 것이 가능하다고 생각하지 않는 사람에게 가능한 일은 한 가지도 없다. 가능하다고 생각하고 가능하게 할 목표를 향해서 가능하도록 노력하는 사람만이 가능하게 만드는 것이다."[19] 기적은 없다.

18 9)의 책, 머리말.

19 9)의 책, p.330.

아산에 의하면 가능성을 실현하는 일만이 있을 뿐이다. 그리고 실현된 가능성은 또 다른 가능성을 배태하고 다시 그 가능성을 실현할 의지의 주체를 기다린다. 그것이 삶이다. 삶이란 중단 없는 과정일 뿐이다.

그렇다면 그는 어떻게 해서 그러한 '기적'이라고 말할 수밖에 없는, 비일상적인 통찰 또는 이질적인 터득이라고 할 수밖에 없는 삶을 구현할 수 있었던 것일까. 이 물음에 대한 설명이 가능해진다면 그가 우리 삶의 본이기 때문에 그를 '교훈'삼아야 한다는 당위도 현실적으로 승인될 수 있을 것이다. 이를 위해 우리는 그가 스스로 자기 자신을 어떻게 이해하고 있는지, 곧 그의 자의식自意識의 구조를 살펴볼 필요가 있다.

인식의 언어와 고백의 언어

이미 앞에서의 모든 서술이 그러했지만 그가 저술한 두 권의 자서전(1991, 1998)은 그의 자의식을 살펴보기 위한 구체적이고 직접적인 자료이다. 무릇 자서전은 기억의 진술이다. 이런저런 경우에 아산이 자신의 생각을 밝혔다든지 당신 자신의 삶을 이야기했다든지 하는 내용들은 부지기수이다. 그러나 자서전은 자기에 대한 자기의 진술, 또는 자기로부터 분출하는 자기의 삶에 대한 억제할 수 없는 자기 발언이라는 사실을 주목해야 한다. 자서전自敍傳은 자自전傳(auto-biography)인 것이다. 그것은 '마음에 담긴 지속하는 기억'을 스스로 기술한 것이다. 아산의 자서전도 그러하다.

그러므로 자서전은 과거의 사실들을 치밀하게 천착하여 다듬는 그런 투로 기술되는 것이 아니다. 과거를 재현하려는 것이 아니기 때문이다. 만약 그러한 의도로 서술된 기록을 자서전이라고 한다면 그것은 자서전이라기보다 자신에 대한 역사적 서술historiography이라고 해야 옳다. 역사적 서술에서는 진술언어가 활용하는 개념들이 명료해야 할 뿐만 아니라 서술의 논리적 정연성整然性을 유지해야만 한다. 그리고 무엇보다 '객관적'임을 의도하지 않으면 안 된다. 그렇다면 자서전을 역사적 기술의 범주 안에 두고 역사 서술의 원칙을 준거로 하여 자서전의 진술 내용을 판단하는 것은 적절하지 못하다.

물론 자서전이 역사적 사실의 정확성을 간과한 채 서술되는 것은 옳지 않다. 그것은 사실의 훼손을 초래할 것이기 때문이다. 그러나 자서전은 역사적 사실에 대한 이를테면 연대기적 정치성精緻性이 그 역사의 경험 주체가 당대의 삶으로부터 얻을 수 있었던, 그러나 역사적 기술에 포함될 수 없다고 역사가에 의하여 판단되는, 이미지image의 현존 자체를 해체당하거나 부정당하는 데 이르게 할 수는 없다는 태도에서 말미암은 것이다.[20] 역사 안에 있으

---

20 St. Augustine은 그의 고백록 *Confession* 10장에서 기억을 '이미지의 보고(寶庫)'라고 말하고 있다. 역사를 '사실의 보고'라고 개념화한다면 우리는 이미지의 보고가 함축하고 있는 '다름'을 짐작할 수 있다. 그는 회상이 지닌 '비역사적 구체성'을 부각시키고 싶었던 것이다.

면서도 역사 안에서 해체되는 자신의 삶을 방어하거나 자기를 구축하여 역사를 넘어서는 지평에 자기를 자리매김하고 싶은 동기가 충동한 것이라고 할 수 있다. 그러므로 자서전은 자신에 대한 인식을 발언하기보다 자신을 그대로 드러내고자 한다. 무릇 자서전이 근본적으로 직관적 특성eidetic feature을 갖는다고 하는 것은 이 때문이다. 그러므로 역사가 과거의 사실을 현재라는 장에다 '전시展示'하여 관객들로 하여금 관람하게 함으로써 과거에 대한 보편적인 인식을 의도하는 것이라면 자서전은 자신의 이미지에 담긴 과거를 현재의 장에서 펼쳐 놓으면서 자신을 정직하게 드러내고자 마련한 고백의 장이라고 할 수 있다.[21]

그렇다고 해서 자서전을 낳는 기억이 잊힌 과거의 자연스러운 떠오름은 아니다. 그것은 의도적인 행위intentional act이고, 그 행위를 하게 한 의도적인 목적intentional object이 충동하여 현존하게 된 것이다. 따라서 그것은 소박한 회상이 아니다. 의도된 행위이기 때문이다.[22] 당연히 자서전은 회고의 내용을 담고 있고 그 내용은 지

---

21 이와 관련하여 Edward S. Cassey는 그의 저서 *Remembering : A Phenomenological Study*(Indiana University Press. 1987)에서 기억을 '몸의 기억'과 '공간의 기억'으로 나누어 설명하고 있다. 기억은 과거자체를 재-경험하는 것이 아니라 과거의 몸과 과거의 공간을 재-경험하는 것이라고 주장하면서 그 경험들이 의식을 자극하는 '직관성'을 주목하고 있는 것이다(pp.146-215). 아산의 자서전을 통해 풍성하게 우리가 만나는 것도 연대기적인 사실을 압도하는 '몸과 공간의 재현'이다. 전기(傳記) 자체가 연대기를 골간으로 삼을 수밖에 없음에도 우리는 아산이 끊임없이 자신의 몸과 자신이 있던 공간을 통해 발언하고 있음을 만나는 것이다. 자서전이기 때문이다.

22 Cassey는 21)의 책에서 의도의 구조를 항목화하고 직관의 표상(trait)을 항목화하여 이들이 상호 교직하는 표를 만들어(p.84) 회상이라는 정신적 행위(mental act)가 자연스러운 것이 아님을 강조하고 있다. 그러나 그는 의도성이 회상주체의 자율성을 침해하는 것은 아니라고 주장한다. 그러면서 '기억의 자율성'과 '기억함 안에서의 자유'를 구분하고 있다(p.262, 288). 필자는 그의 이러한 주장이 기억의 중첩성, 곧 '개개 사항에 대한 현실적인 기억들을 기억하는 것(remembering of re-membered)'이 회상이라는 것을 주장하기 위한 것이라는 맥락에서 이 논구를 위해 의미 있는 것으로 참고할 만하다고 판단한다.

난 일들로 구성된다. 구체적인 어떤 사실들이 그 회상의 단초가 된다. 이를테면 향수鄕愁는 그러한 회상을 전형적으로 드러내는 기억이다. 향수는 우리로 하여금 내가 상실한, 그러나 여전히 '거기' 있는, 공간을 '생각나게reminding' 하는 것이다. 그런데 나는 향수를 좇아 거기에 다시 간다하더라도 얻는 것은 휑한 공허이다. 그러나 가고 싶다. 그런데 가면 거기는 나를 마치 배신하듯 맞는다. 우리는 누구나 그러한 기억을 살고 있다. 아산이 스스로 자신을 아산峨山이라는 고향 이름으로 불리기를 바라 그렇게 호를 지은 것도 이러한 기억, 곧 저리고 아픈 회상을 지울 수 없었기 때문임을 짐작하기 어렵지 않다. 많은 이들이 그렇게 자기의 별칭別稱을 마련하고 있는 것도 같은 이유 때문이다.

그러나 아산의 자서전은 그러한 향수와 궤를 같이 하지 않는다. 앞에서 지적한 바와 같이 그의 회상은 의도적인 것이기 때문이다. 그렇다면 여기에서 우리가 관심을 가져야 할 것은 그가 무엇을 의도했느냐 하는 것이다. 그가 처음 자서전인《나의 삶 나의 이상: 시련은 있어도 실패는 없다》를 출간한 것은 1991년 10월 9일이다. 그런데 아산은 그 다음 해인 1992년 1월에 통일국민당을 창당하고 2월에 그 당의 대표최고위원에 피선된다. 그리고 3월에는 제14대 국회의원(전국구)으로 당선되고 12월에는 제14대 대통령에 출마한다. 그렇다면 우리는 그가 자서전을 집필한 의도를 선명하게 기술할 수 있다. 정치적 홍보 행위인 것이다. 더구나 그가 파란만장한 삶을 거치면서 경이로운 성공을 한 인물이라고 하는 상식적인 판단에 의거한다면 당연히 자서전이란 이름의 자기 이야기를 쓸 법하다는 기대를 할 수 있는데 그는 이 자서전을 출판하기까지 그렇게 하지 않았다. 아산은 자신이 만 76세에 이르기까지 어떤 자전적인 글을 일관성 있게 기술한 적이 없다. 이런 사실을 유념하면 그의 자서전 출판이 오직 정치적 의도에서 비롯한 것이라는 판단은 그르지 않다.

그럼에도 불구하고 중요한 것은 우리가 그의 자서전에서 이른바 정치적 의도라고만 설명할 수 없는 '다른 진술'과 만난다는 사실이다. 정치적 수사political rhetoric의 기술記述 원칙을 좇아 자서를 이끌고 있지 않다고 하는 것이 그것이다. 물론 그의 자서전에는 현실에 대한 판단이 없지 않다. 꿈이 구체적으로 그려지고 있기도 하다. 자신이 할 수 있는 일이 어떤 것인지도 분명히 밝힌다. 규범의 제시는 선언적이기를 넘어 강제적이기까지 하다. 정치적 카리스마의 모습이 약여躍如하다. 만약 우리가 그의 자서전이 정치적이기를 기대한다면 그의 자서전은 충분히 그러한 기대를 채워줄 만큼 정치적 수사에서 성공하고 있다. 그러한 의미에서 그의 진술은 성실한 인식의 언어language of epistemology를 유지하고 있다고 할 수 있다.

그러나 그의 자서전을 읽으면서 읽는 이들은 다른 정서적 충격을 받는다. 인상적인 판단이어서 불안하지만 그렇게 말할 수 있는 반응은 일반적이다. 비록 아산을 직접 14년 동안 보좌한 경험에서 발언한 것이어서 자서전의 독자와 다른 정서를 피력할 수밖에 없으리라는 한계를 전제할 수밖에 없다 할지라도 박정웅이 아산을 '천의 면모, 천의 표정'이라고 묘사한 내용은 그의 자서전을 읽은 이들에게서도 거의 드러나는 반응의 내용들을 담고 있다. 박정웅은 그곳에서 대체로 다음과 같은 사실을 기술하고 있다. "그에게는 꾸밈이나 권위의 껍질이 없다 (…) 무서운 카리스마가 나타나는가 하면 (…) 어느새 (…) 장난기 어린 표정이 나타난다. (…) 그의 성품은 거의 모순에 가까운 다양성을 보였다. (…) 그는 평생 긍정적이고 적극적이며, 근면하고 성실함을 실천하며 그 많은 위업을 달성했다. 그는 솔직담백한 마음가짐을 늘 강조했다. 그러면서 그는 사치, 허례, 게으름, 비겁함, 융통성 없는 것, 우유부단함, 몸가짐이 단정치 못한 것을 극도로 혐오했다. 그는 항상 땀 흘려 일한다는 것 그 자체를 사랑했고 그로부터 행복했던 소박한 거인이었다."[23] 우리가 아산의 자서전을 읽으면서 이러한 내용을 발언할 수 있다면 그것은 그의 자서가 결코 '인식의 언어'로만 기술된 것이 아님을 확인하게 한다. 다시 말하면 정치적 수사의 발언만이 아닌 것이다. 그렇기를 원했다면 박정웅이 표제화한 '천의 면모, 천의 표정'이라는 표현이 드러나지 않도록 아예 더 다듬었어야 했을 것이다. 그 표현은 마치 아산이 다중인격자多重人格者라고 오해할 수 있는 여지를 담고 있기 때문이다.

그렇다면 아산의 진술은 누구를 위한, 또는 무엇을 위한 것이

23 1)의 책, pp.374-375.

아니다. 정치적 실용성의 모티브를 온전히 부정하는 것은 현실성이 없다. 그렇지만 아산은 그것만일 수 없는 '다른 진술'을 의도하고 있는 것이다. 이를 우리는 앞에서 지적한 대로 그가 자신에게 정직한 발언을 하고 싶었던 것이라고 미루어 짐작해도 좋을 듯하다. 왜냐하면 우리는 그의 진술에서 자신의 진술이 타자에 의해서 인정받거나 승인되거나 평가되기보다 자신의 발언이 자신에게 얼마나 정직한지를 가늠하고 있다고 짐작되기 때문이다. 이를테면 자신이 차를 몰고 조선소 작업장을 순찰하다 바다에 빠져 죽을 지경에서 구조된 직후 그의 발언은 이랬다. "누가 빠지래서 빠진 것도 아니고 몰려온 임직원들에게 화를 낼 수도 없어 '물속이 참 시원하더군' 하며 농담으로 넘길 수밖에 없었다."[24]

이러한 진술을 우리는 아산이 유머를 잘 구사한 분이었다고 읽기도 한다. 그러나 만약 그가 자신의 그러한 모습을 바라보는 타자를 의식했다면 더 나은 다른 발언도 얼마든지 가능했을 것이다. 이른바 현대아파트 특혜 분양 사건을 겪으면서 속상했던 일의 서술도 다르지 않다. 그는 "그때 나는 처음으로 그냥 고향에서 농사나 지을 걸 괜히 서울에 와서 사업을 시작했다고 진심으로 후회했다"[25]고 말하고 있다. 이 발언에서 보면 그가 자서전에서 이야기하고 싶었던 것은 누구를 향해서, 또는 무슨 목적을 위

24 9)의 책, p.128.

25 9)의 책, p.259.

해서 하고 싶은 이야기를 기술하고 있는 것이 아니라 진심으로 하고 싶은 이야기, 다시 말하면 자신에게 하고 싶은 이야기라고 범주화할 때 비로소 그 이야기가 이야기다워지는 것들이었다고 판단된다. 정치와 관련한 발언도 다르지 않다. "우리는 아무 것도 아닌 사람들이지만 그래도 작은 애국이라도 한답시고 일선부대로 신문 배달도 하고, 배 멀미에 토해 가면서 섬마다 돌아다니며 목청을 돋우기도 하는데, 전쟁 중에 맥주 마시며 바둑 두고 있는 그 정치가들에게서 나는 최초의 환멸을 느꼈다."[26] 이렇게 보면 그의 진술언어는 인식언어가 아니라 고백언어language of confession라고 할 수 있다.[27] 어쩌면 그는 이 자서전을 쓰기 이전까지는 차마 드러내지 못한 온갖 '자신의 이야기'를 이 책을 통해 다 토해 낸 것인지도 모른다.

회상의 구조

그런데 고백의 정서는 메아리를 예상할 수 없는 실은 고독한 독백이기도 하다. 고백의 현실은 자기 발언의 소연蕭然한 사라짐

26 9)의 책, p.77.

27 '인식의 언어'와 '고백의 언어'를 소박하게 개념화하여 구분한다면 전자는 실증과 설명의 언어이고 후자는 이미지와 기억의 언어이다. 이 둘이 단절된 것은 아니다. 그러나 표상(representation)의 차이는 간과할 수 없다. 필자는 Paul Ricouer의 여러 저술들, 특히 *Symbolism of Evil* (Harper & Row, 1967)을 통하여 이를 원용(援用)하였다. 그는 이 책의 서론에서 '고백의 현상학(phenomenology of confession)'을 서술하면서 고백을 어떻게 철학적으로 다시 논의의 장으로 끌어올릴 것인가를 논구하고 있다. 우리의 논의와 그의 주장이 폭넓게 접촉할 수 있는 장으로 그의 다른 저서인 *Memory, Forgetting, History* (University of Chicago Press, 2004)를 추천한다.

으로 귀결하는 것이 일반적이다. 이를테면 별리別離의 불안이 고백을 재촉하고, 그렇게 서둘러 행한 고백은 의외로 별리를 그만큼 서둘러 현실이게 한다. 그렇다고 하는 것을 모르지 않으면서도 우리는 고백을 발언하는 일을 스스로 억제하지 못한다. 그렇다면 우리는 고백을 오히려 '만남에의 희구'가 충동한 것이라고 말하는 것이 더 적절한 서술이라고 할 수도 있다. 아니면 더 나아가 고독이 만남을 충동했고, 그 만남에의 희구가 고백을 현실화하는 것이라고 말해도 좋을 것이다.[28]

아산의 자서전을 읽으면서 우리는 승자의 거창한 용모와 만나고, 성취한 자의 가늠하기조차 힘든 보람과 직면한다. 기승전결의 생애 흐름의 구조를 확인하면서도 그는 하늘에 이르는 분명한 상승의 사다리를 한 발도 거르지 않고 의연하게 등반登攀한 존재라는 감동도 억제하지 못한다. 그의 꾸중과 그의 격려가 담고 있는 지혜의 가르침은 실현 불가능하다고 느끼면서도 피할 수 없는 당위로 수용하지 않을 수 없다. 그러한 사실이 분명한데도 불구하고 우리가 앞서 지적하고자 한 것은 그의 고독이다. 자서전을 통해 아산을 그렇게 묘사하는 것은 아산의 고백을 훼손하는 것일

---

28 고독은 결핍의 경험이 아니라 존재 자체를 묻는 정서이다. Thomas Merton은 '고독하게 살았지만 외롭지 않은 사람'이었다. 그는 자신의 삶의 경험을 통해 고독에 대해 자신의 저서 *Thoughts in Solitude*(Doubleday, 1968)에서 다음과 같은 언급을 하고 있다. "홀로 있기를 두려워하는 사람은 그가 아무리 많은 사람들에 의하여 둘러 쌓여 있다 할지라도 늘 외로울 수밖에 없다. 그러나 고독과 회상 속에서 자신의 외로움과 평안히 함께 있을 수 있고 홀로 있음을 환영(幻影)으로 여기기보다 현실로 받아들이는 법을 익힌 사람은 보이지 않는 신과 더불어 있을 수 있다."(p.40) 필자가 관심을 가지는 것은 신과 더불어 있을 수 있다는 결미가 아니라 고독과 회상을 등가화한 그 앞의 서술이다. 사실상 이 서술의 맥락에서 보면 '회상'의 등장은 난데없는 것이기도 하다. 그러나 바로 그 점이 주목할 만한 사실이라고 필자는 판단하고 있다.

수도 있다. 하지만 고백 자체의 속성을 우리가 승인할 수 있다면 그러한 판단은 잘못된 것이기 보다 오히려 아산의 새로운 면모를 발견한 것으로 간주할 수도 있을 것이다. 우리는 그렇다고 하는 사실을 그가 자서전에서 드러내고 있는 회상의 구조를 통해 좀 더 천착해보기로 한다.

앞에서 지적한 바와 같이 회상의 내용은 과거를 여과한 '현존하는 과거'이다. 그러므로 그 서술 내용들은 지금 여기에서 '살아있는 과거'로 현재 안에 있다. 과거이되 과거가 아닌 것이다. 이를 달리 서술한다면 자서전은 '지금 여기에 살아있는 과거'를 기술한 것이다. 시간과 더불어 모든 것은 과거의 범주 속으로 스며들어 종내 잊힘에 이르거나 아니면 남아 있다 할지라도 그것은 간헐적으로 나를 일깨워 마치 향수鄕愁처럼 잊어 잃은 것을 '생각나게' 할 뿐이다. 그러나 자서전에 담기는 회상은 과거를 그렇게 끝내지 않는다. 그럴 수가 없다. 지금 여기에서 생생하게 그 과거가 살아있기 때문이다. 그러므로 그것은 앞서 말한 '생각난 것'과는 다르다. 과거라는 범주에 든 분명한 '지난 일'에 대한 서술이지만 실은 지금 살아있는 내 현실을 구축하고 있는 것이기 때문에 결과적으로 자서전에 담긴 것이라고 하는 것이 더 정확하다. 그러므로 이미 그것은 자서전에 담기기 이전에 나의 현존에서 나와 더불어 잊히지 않은 채 머물던 사실을 옮겨 실은 것과 다르지 않다. 이를 앞에서 운위한 '생각나게reminding'하기로서의 기억과 견주어 우리는 과거인 채, 그러나 아직 여기에 남아 구체적인 담

론을 통해 현실 속에서 '생각하고 있는reminiscing' 기억이라고 묘사할 수 있다.[29]

예를 들어보자. 두 번째 자서전인 《이 땅에 태어나서》(솔출판사, 1998)의 서문인 '글을 시작하며'에서 아산은 간척 사업을 통해 일군 서산농장에 대한 이야기로 글을 열고 있다. 그는 이렇게 쓰고 있다. "나에게 서산농장의 의미는 수치로 드러나는, 혹은 시야를 압도하는 면적에 있지 않다. 서산농장은 그 옛날 손톱이 닳아 없어질 정도로 돌밭을 일궈 한 뼘 한 뼘 농토를 만들어 가며 고생하셨던 내 아버님 인생에 꼭 바치고 싶었던, 이 아들의 뒤늦은 선물이다. 농장을 돌아보노라면 아버님께서 이 농장을 못 보시고 일찍 타계하신 것이 애석하고 애석하다. 그래도 아버님께서 평생 가난한 농부이셨던 당신의 자식이 대신 만든 바다 같은 농장을 저 하늘에서나마 굽어보시며 흡족해하시리라 믿고 자위한다. (…) 다른 사람들에게는 그저 많고 많은 농부 중의 한 농부로밖에 어겨지지 않을 평범하기 짝이 없는 분이겠으나 나는 내 아버님을 이 세상 누구보다도 존경하고 사모한다. 여기에 내려오면 나는 늘 아버님과 함께인 것 같은 생각으로 농장을 돌아보고 우사牛舍도 돌아보고 이것저것 지시하기도 한다."[30] 이 머리말은 다음과 같은 말로 끝난다. "서산농장은 내게 농장 이상의 의미가 있다. 그

---

29 21)의 책, pp.90–120 참조.

30 정주영, 《나의 살아온 이야기: 이 땅에 태어나서》, 솔출판사, 1998, pp.5–6.

곳은 내가 마음으로 혼魂으로 아버님을 만나는 나 혼자만의 성지聖地인 것이다."[31]

이 글에서 우리는 두 가지 사실을 지적할 수 있다. 하나는 아산에게 '아버지'는 과거를 회상하면서 등장하는 '기억이 생각나게 하는 분'이 아니라는 사실이다. 아버지는 아산에게 이미 계시지 않지만 언제나 살아있어 구체적인 담론을 통해 '생각하고 있는 기억 안에 있는 분'이다. 아버지는 과거 속에 유폐되어 있거나 소멸에로의 흐름 속에서 유실되지도 않았다. 아버지는 살아있는 현존하는 존재이다. 그와의 대화는 일상이다. 그런데 바로 그러하기 때문에 아산은 아버지를 만날 때면, 회상의 현실에서 더불어 있을 때면, 지금 여기의 자아의식을 스스로 지탱하지 못한다. 아들의 자리로 돌아가 아들의 자아의식을 가지게 되는 것이다. 회상 안에서 만나는 아버지 앞에서 자기는 언제나 아들이다. 바다 같은 농장을 일군 성숙한 아산이지만 아버지를 '만날 때'면 어느덧 아산은 '아버지와 함께' 밭을 일구는 자식이 된다. 그 자식은 배고프고 힘들고 아버지의 처절한 수고를 모르지 않으면서도 가출을 의도한 그러한 아들이다.

이와 아울러 우리는 다음과 같은 사실도 지적할 수 있다. 곧 회상 속에서 아산이 아버지를 만난다고 하는 것, 그래서 아버지와 더불어 이야기를 한다고 하는 것은 아산이 옛날의 자기, 곧 사라

---

31 30)의 책, p.8.

진 자아를 만난다고 하는 것과 다르지 않다고 하는 사실이 그것이다. 그런데 그러한 회상이 지금 여기에서 상존한다면 그것은 아산이 아버지 앞에 있는 자식으로서의 자아의식을 과거의 기억으로 흘려보내지 않았다는 것을 뜻하는 것이기도 하다.

그러므로 이러한 맥락에서 보면 아산이 자서전의 서술에서 기대하는 만남의 실체는 실은 자기 자신이라고 하는 추론이 가능하다. 다시 말하면 아산은 아버지와의 만남이 이루어지는 회상의 현실 속에서 자신과의 만남을 실현하고 있는 것이다. 돌아가신 아버지와의 현실적인 만남, 그리고 그와 더불어 실현되는 사라진 아들로서 자기와의 만남, 그것을 아산은 자서전의 말미에서 이렇게 적고 있다. "겨울에도 쉬지 않고 눈밭을 헤치고 한 뼘 한 뼘 땅을 일구시던 아버님을 잊을 수가 없다. 언제인가 고향의 소년 시절로 되돌아가 서산농장에서 트랙터를 몰 것이다."[32] 이를 '서술하는 아산'은 '다른 아산'과 만나고 있는 것이다.

---

32 9)의 책, p.347.

5. 삼위적三位的 자아와 고독

시제時制의 소멸과 세 자아의 정립鼎立

자서전에서 드러나는 아산의 이러한 태도는 과거를 기억하는 것이라기보다 기억 자체의 거절이기도 하다. 회상의 내용이 지금 여기에서 상존한다면 굳이 지난 과거를 불러들이는 회상이란 불필요한 일이기 때문이다. 그런데 이러한 서술이 가능한 실존적 정황은 실은 무거운 짐을 내려놓지 못하고 있는 것과 다르지 않다. 이를테면 아산의 경우 이미 다 넘어선 가난을 지금 여기에서도 지고 있는 것과 다르지 않기 때문이다. 그러므로 서산농장을 일구는 일, 곧 간척 사업으로부터 벼를 수확하고 소를 키우는 일에 이르는 일련의 사업은 여전한 아버지의 밭 일구기를 그가 지금 여기에서 지속하는 것이기도 하다. 물론 아산은 서산농장을 이야기하다가 그 설명이 "아버지의 한풀이"처럼 전달될지도 모르겠다는 생각을 하면서 그 서술 내용을 서둘러 바로잡는다. 그래서 이를 위해 앞의 서술에 이어 "부모님 생각이 자주 나다 보니 살아계셔서 내가 이루어 놓은 서산 간척지를 바라보실 수 있다면 하는 아쉬움의 다른 표현"일 뿐이라고 말하면서 국토개발의 당위성을 서술한다.[33] 하지만 그런다고 해서 가난한 농부의 아

---

33 9)의 책, pp.207-298.

버지의 아들인 자기가 가려지는 것은 아니다. 아버지와 더불어 사라지지 않는 가난한 자신은 지금의 아산이 만나는 구체적인 현실이다.

그러나 이러한 자의식이 짐일 뿐만 아니라 자신을 과거에 유폐시킬 수도 있는 것이라는 사실을 아산이 인지하지 못한 것은 아니다. 만약 그것을 알고 있지 못했다면 그의 자서전이 가지고 있는 미래지향적 진술의 빈번하고 구체적인 등장을 설명할 수가 없다. 사실 그의 자서전은 회상이 아니라고 할 수 있을 만큼 미래에의 기대로 채워져 있다. 과거에 대한 회상은 언제나 그에 상응하는 미래에 대한 기대와 대구對句를 이루어 병존竝存하고 있는 것이다. 그러므로 그를 과거에 유폐시킬 수도 있을 이른바 과거의 현존, 특히 과거의 자신의 현존은 미래의 시제時制, tense가 현재에 깃들면서 출구를 마련한다. 아산은 과거의 자아와만 만나는 것이 아니다. 그는 동시에 미래의 범주 안에 미리 나아가 있는 자아와도 만나고 있는 것이다. 그러므로 다시 말하면 아산에게는 과거의 시제도 따로 없고 미래의 시제도 따로 없다. 그렇다고 해서 그 둘이 회상이나 희구 속에서 비로소 등장하면서 자신의 시제를 현재 안에서 유보하는 것도 아니다. 아산에게는 회상이나 희구가 그대로 현재였다. 지금의 나는 지금 여기의 나만으로 있지 않다. 과거의 나, 그리고 미래의 나와 더불어 있다. 가난한 나, 지금 가난하지 않을 만큼 일하고 성취하고 있는 나, 그리고 내일 가난과 질병으로 인한 고통을 감당해야 하는 일이 줄고 또 살아질 수도 있을 '배고프면 먹을 수 있고, 병들면 치료받을 수 있는' 때[34]에 있는 나가 공존하고 있는 것이다.

그러므로 회상은 실은 공연한 작업일 수도 있다. 아산에게는 그렇다. 희구도 다르지 않다. 이미 지금 여기에 내재해 있는 것이기 때문이다. 그러므로 회상을 의도한다든지 희구를 그린다든지 하는 것을 할 만큼 지금 여기가 여유롭지 못하다. 그는, 그러한 맥락에서 보면, 오직 현재만을, 그런데 과거도 망각이나 소멸로 흘려보내지 않고 미래도 환상적인 기대의 먼 자리에 두지 않으면서, 현재만을 완성시키는 삶을 산 사람이다. 아산은 이를 다음과 같이 서술하고 있다. "나는 (…) 오로지 일하는 보람 하나로 평생을 살았다. 일하는 것 자체가 그저 재미있어 일에 묻혔고 그러다 보니 일과 한 몸이 되어 살았다. (…) 그저 일이 좋아 일과 함께 살았다."[35] 일에의 몰입, 그것은 시제로 보면 현재에의 몰입이다. 그럴 수밖에 없다. 삶은 현재일 뿐이기 때문이다.

그러나 '시제의 소멸'이라고 이름 지을 수 있는 이러한 삶의 태도는 일상적이지 않다. 그뿐만 아니라 시제의 소멸은 오히려 소멸되지 않은 서로 다른 세 자아를 한꺼번에 등장시키는 결과를

---

34 9)의 책, pp.176-177. 서술의 맥을 끊지 않기 위해 아산의 기업함의 종국적인 이상(理想)을 이곳에서 인용하기로 한다. "나는 사람을 크게 괴롭히는 것으로 병고와 가난 두 가지를 꼽는다. 이 두 가지 고통은 서로 맞물려 돌아가는 상관관계에 있다. (…) 건강하고 유능한 수많은 이들의 힘으로 성장한 현대의 재산을 가난하고 고통 받는 이들을 위해 가치 있게 쓰자는 것은 나의 숙원이었다. (…) 나는 그것이 현대를 있게 한 이 사회의 보답이요, 또한 한 인간으로 태어나 최선을 다해 일하고 뛰고 발전한 나 개인의 생이 느낄 수 있는 최대의 보람이라고 생각한다."

35 30)의 책, 1998, p.431.

초래하고 있다. 아산에게는 과거의 자아와 미래의 자아가 현재의 자아와 더불어 있다. '삼위적 자아三位的 自我, triad-self'라고 호칭해도 좋을 이러한 세 자아의 정립鼎立, 그 셋의 만남은 예사롭지 않은 반응을 야기한다.

과거의 자아를 회상할 수는 있어도 그 자아가 현실에서 살아있을 수는 없는 자아, 그리고 미래의 자아를 희구할 수는 있어도 그 자아가 현실에서 살아있을 수는 없는 자아를 살아가는 것이 평범한 우리의 일상이다. 이른바 '어려운 삶'을 겪어 이전보다 '더 나은 삶'을 영위하는 경우, 지난 일은 물론 지난 자아는 잊거나 지우거나 가능한 한 '옛 이야기'에 담는다. 여전히 지닌다면 이제는 이를 '그럼에도 불구하고'의 범주에 담아 지금의 자아를 승화시키는 구실로 삼거나 아니면 있어서는 안 될 것이 있었던 모호한 상흔으로 여기면서 짐짓 없었던 듯 여겨야 지금 내가 분명하게 두드러질 수 있다고 생각하는 것이 우리네 일상이다. 미래도 다르지 않다. 무엇이 되어야겠다는 것은 도달해야 할 목표이지 지금 여기에서 호흡하는 현실일 수 없다. 그렇다면 그것은 이미 미래가 아니다. 그러므로 꿈은 아직 닿을 수 없는 미래에 머물러야 한다. 이를 고이 그렇게 거기 있을 수 있기를 바라는 것이 미래에의 꿈을 가지는 일이다. 그래서 과거의 자아를 잊는 것은 현재의 영광이기도 하고, 미래의 자아를 구체적으로 설정하지 않는 것은 내 가능태可能態의 자유로운 변용을 담보하는 여유로 일컬어지기도 한다.

그런데 아산은 사라진 자아를 생생하게 살아있는 현실로 지금 만나고 있고, 아직 오지 않았지만 뚜렷한 모습으로 지금의 나를 기다리는 내일의 나를 지금 여기에서 살아있는 실체로 만나 그와의 대화를 풀어 나아간다. 평범한 사람에게는 이러한 삶이 마냥 낯설다. 그러나 그럴 수 있다는 사실과 만난다. 아산과의 만남이 그러하다. 이때 대체로 그 만남은 경탄을 낳는다. 그러면서 그에게 가까이 다가서고 싶은 충동을 받는다. 그러나 그렇게 하기에는 '차원의 다름'이라고밖에 표현하지 못할 다름을 느끼면서 두려움을 지니게 된다. 그렇다고 멀리하기에는 아쉽다. 그래서 그를 기린다. 때로 그 기림은 그가 예사로운 사람이 아니라는 묘사를 통하여 '하늘이 낸' 이질적인 인간의 범주에까지 그를 밀어 올린다.

외로움의 흔적들

아산은 이렇게 우리 앞에 현존한다. 따라서 비록 '기적 같은 성취'를 우리의 현실 안에서 이뤘고 그 현실을 실제로 살고 있음에도 불구하고 바로 그의 헤아리기 힘든 품성을 우리는 다만 '천의 면모, 천의 표정'으로 서술할 수 있을 뿐이다. 결국 아산은 외경의 대상이 되기는 해도 평범한 사람과의 동질성을 바탕으로 한 관계를 구축하는 일에는 언제나 한계에 부닥치게 된다. 이미 앞에서 회상의 구조가 고독과 연계되어 있음을 지적한 바 있지만 이러한 사실은 아산이 실제 삶에서 '외로웠으리라'는 추정을 가능하게 한다. 소외된 존재였다는 것이 아니라 자기와 같은 차원에서 함께 삶을, 기업을, 운위할 수 있는 동질적인 '만남'을 확보하는 것이 현실적으로 한정되었으리라는 판단에서 그러한 묘사가 불가능하지 않으리라고 판단하는 것이다.

물론 그는 자신이 외롭다거나 홀로라는 단독자적인 느낌을 가지고 있다는 발언을 한 일은 없다. 그러나 비록 그가 그러한 발언이나 그와 유사한 어떤 서술도 자서전에 담고 있지 않다 할지라도 그가 외로웠으리라는 것은 비현실적인 짐작이 아니다. 그의 의식의 구조가 이미 그러할 수밖에 없으리라는 것을 예측하게 하기 때문이다. 이러한 맥락에서 보면 아산이 진술한 다음과 같은 이야기가 다만 기업의 효율적 운영을 위한 조언이기만 했을까 하는 생각을 하지 않을 수 없다. "나는 무슨 이야기든 터놓고 할 수 있는 친구들을 넓게 가지려고 평생 애써 왔다. 문인, 화가, 연기인 등으로부터 우리 집 골목 어귀 구멍가게 아주머니, 포장마차 주인까지 친구로 삼고자 노력했다."[36] 그는 이야기하고 싶은 사람이 많았고, 그렇게 더불어 이야기를 나눌 사람들이 절실하게 필요했던 것이다.

그뿐만 아니라 그가 이른바 '고독한 실존'의 저린 자기 노출을 한 적은 없다 할지라도 다음과 같은 사실은 그의 '안'을 들여다볼

---

36 9)의 책, p.344.

수 있는 어떤 낌새를 마련해 준다. 그는 1991년의 자서전 머리말에서 첫 문장을 다음과 같이 시작하고 있다. "나는 확고한 신념과 불굴의 노력으로 열심히 살아가는 사람이지 특별한 사람은 아니다." 그런데 이러한 서술은 머리말 끝 부분에서 되풀이하여 서술되고 있다. "나는 나에게 주어진 잠재력을 열심히 활용해서 가능성을 가능으로 이루었던 것이지 결코 특별한 사람이 아니다."[37] '가능성을 가능으로'라고 한 부분은 '가능성을 현실로'라고 읽어야 정확한 의도가 전달될 수 있으리라는 생각이 들지만 분명한 것은 자신이 '비범성의 범주'에 드는 것을 스스로 알고 있어 지니게 되는 외로움, 그래서 거기로부터 벗어나고 싶어 자신에 대한 그러한 묘사를 수용하지 않았다고 하는 사실이다.

그 서문의 종결이 다음과 같이 서술되고 있는 것을 살펴보면 그가 그랬다는 사실이 더욱 잘 드러난다. "이제 나를 세계 수준의 기업 경영자라고 하는 평가도 있는 모양이지만 나 자신은 나를 자본가로 생각해본 적이 없다. 나는 그저 꽤 부유한 노동자일 뿐이며, 노동으로 재화를 생산해 내는 사람일 뿐이다."[38] 그의 노동관이나 노동자관을 잘 담고 있다고 일컬어지는 이 표현은 상당한 부정적 반응을 일으킬 수도 있다. 이를테면 비록 다양한 해석을 초래할 수도 있을 '꽤'라고 하는 모호한 비교 부사副詞가 첨

37 9)의 책, 머리말.

38 9)의 책, 같은 곳.

가되어 있다 할지라도 '부유한 노동자'는 이미 '생산 현장의 노동자'는 아니라고 지적할 수 있기 때문이다. 그러나 이 맥락에서의 이러한 자기 묘사는 그늘진 삶을 통해 지금의 자기 성취를 짐짓 겸손으로 위장하여 드러내려는 것이 아니다. 그것은 소박하게 자신을 그린 것이다. 이미 '노동자'는 지난 세월에 속한 자기의 모습이다. 하지만 그는 여전히 노동자라는 자의식을 버리지 못하고 있다. 그런데 이미 자기는 타인들의 눈에 가난하지도 않고 노동자도 아닌, 그리고 거기에 첨가하여 '비범한'이라는 수식으로 묘사되는 '다른 인간'으로 지칭되고 있다. 이러한 현실에 직면하여 자기를 그대로 드러낸 발언일 뿐이다.

그런데 '특별한 사람'으로 인식되고 있는 자신의 상像에 대한 강한 부정을 발언하고 있는 이러한 서술에서 우리는 역설적으로 그의 외로움의 그늘을 살펴볼 수 있다. 많은 개념적 정리가 필요한 발언이지만 서둘러 정리한다면 그에게는 소통 가능한 어떤 대상도 실은 없었던 것이다. 일과 더불어 만나 고락을 함께 한 사람은 부지기수이다. 사업의 규모와 함께 그러한 대상은 끊임없이 늘어났다. 가히 세계적으로 그 범위 또한 넓어졌다. 혈연이 없었던 것도 아니다. 그러나 가족은 '거느리고 책임져야 할 식구'였지 소통을 의도해야 할 대상은 아니었다. 그의 '철저한 장자의식'이 그 바탕이었다. 그는 자식들을 언급하면서 이렇게 진술하고 있다. "내 아우들이나 자식들은 묻는 말에나 대답이나 할까 항상 나한테는 조심스럽게 대했고, 할 말이 있으면 나에게 직접이 아니라 안사람을 통하곤 했다."[39] 아산의 6남 몽준도 아버지를 회상하면서 이렇게 쓰고 있다. "어릴 적 아버지는 엄하고 무서웠다. 그래서 우리 형제들은 모두 아버지에게 드릴 말씀이 있으면 어머니를 통했다."[40] 이어서 그는 그러한 아버지의 변모에 대해서도 기술하고 있다. 1982년에 아산은 맏아들 몽헌을 교통사고로 잃는다. 그런데 그 일을 아버지가 "크게 내색을 하지 않았다"고 기술하면서도 아버지가 자식들에게 그 일 후에 한 말씀을 다음과 같이 적고 있다. "아버지는 귀국 후 '지금까지 자식들에게 엄하게만 대했던 것 같아 마음이 아프다. 이제부터는 능력을 억누르지 않고 대우를 해 주겠다'고 말씀하셨다."[41]

주목할 것은 몽준에 의하여 기술된 그 뒤의 이야기다. 몽헌의 장례를 마치자마자 아산은 몽준에게 중공업을 맡긴다. 몽준은 그때 아버지가 한 말씀을 다음과 같이 옮기고 있다. "니가 쓴 논문 읽어 봤다. 니 말이 옳다. 기업은 저 혼자 저절로 크는 게 아니다. 기업하는 사람은 처음 물건 팔릴 때의 고마움을 잊으면 안 된다. 배운 너야 유식한 말로 썼다마는 그게 다 그 말 아니냐? 그만하면 아버지가 보기엔 노벨상감이다, 이참에 중공업에 가서 네 뜻을 한번 펼쳐 보거라."[42] 몽준이 MIT 경영대학원을 졸업하며 쓴

---

39 9)의 책, p.340.

40 정몽준, 《나의 도전, 나의 열정: 정몽준의 인생과 세상 이야기》, 2011, 김영사, p.22.

41 40)의 책, p.93.

42 40)의 책, pp.93-94.

논문을 보완하여 출판한 《기업경영이념》(울산대 출판부, 2008)을 읽고 한 말이다. 그런데 우리가 관심을 가지고자 하는 것은 그 뒤에 나오는 이야기다. 몽준은 다음과 같이 이 이야기를 잇고 있다. “기업의 사회적 책임에 관한 책이었는데 아버지가 읽어 보실 거라고 생각은 했지만 그렇게까지 말씀하실 줄은 몰랐다.”[43] 몽준은 아버지의 과찬에 대한 놀라움을 피력하고 있는 것이지만 우리가 여기에서 의외적인 사실로 느끼는 것은 아들이 자신의 저술을 아버지가 읽으시리라는 분명한 확신을 가지고 있었다는 사실이다. 그리고 실제로 아산은 그 책을 읽었고, 읽은 느낌을 ‘저자’에게 전했다. 아산은 ‘읽는 사람’이었다.

독서는 행위다. 미지와의 만남을 통한 앎의 확충이기도 하고, 삶의 확장이기도 하다. 아산은 이른바 그의 신세계에의 염원을 실천적으로 감행했던 소년기의 가출이 독서로부터 말미암았다는 사실을 감추지 않고 있다. 그는 “서당 3년에 소학小學, 대학大學, 자치통감資治通鑑, 오언시五言詩를 다 익혔다”[44]고 하면서 “여섯 살부터 아홉 살까지 계속된 한문 공부는 종아리를 맞아 가면서 괴롭게 배웠지만 그 한문이 일생을 살아가는 데 있어서 내 지식 밑천의 큰 부분이 되었다”[45]고 말한다. 그러한 읽음은 당대 사라져 가던

---

43 40)의 책, p.94.

44 9)의 책, p.21.

45 9)의 책, p.22.

구교육 제도에서의 학습이지 그것이 이른바 '독서'의 영역에 드는 것이라고 할 수 있겠는지 모르겠다고 생각할 수도 있다. 그러나 그가 신교육 제도인 보통학교 경험을 이야기하면서 "보통학교 공부는 집에 돌아와 책을 펴볼 시간도 없었을 뿐만 아니라 볼 필요도 없었다. (…) 보통학교 공부는 배울 것이 별로 없어서 학교에 있는 시간이 나한테는 실컷 노는 천국이었다"[46]고 한 것을 보면 서당에서의 고전 읽기는 아산에게 독서의 속성인 앎과 삶의 확충으로 기능했음에 틀림없다. 그런데 당시 동아일보에 연재되던 이광수의 《흙》을 읽은 경험에 대한 진술은 다른 음조를 띠고 있다. 아산은 신문 소설이 당대에 일어나는 사건의 전달이라고 이해하면서 "나도 가까운 장래에 서울 가서 독학으로 고시 패스를 해 허숭許崇같은 변호사가 되겠다는 뜻도 품었다."[47] 독서는 그것 자체가 행위일 뿐만 아니라 그 결과가 행위를 충동하여 마침내 존재 양태의 변화를 초래하지 않는다면 그것은 시간 낭비, 곧 삶의 소모와 다르지 않다. 아니면 환상에의 몰입에 끝나고 만다. 비현실적인 자기 인식에 빠지게 되는 것이다. 이곳에서 신문 소설을 읽은 그의 경험은 독서가 지식의 '밑천'으로만 있는 것이 아니라 삶을 변혁시키는 힘이었다는 사실을 증언하고 있는 것과 다르지 않다. 그는 실제로 서울로 와서 보통고시까지 쳤다고 말하

46 9)의 책, 45)와 같은 곳.

47 9)의 책, p.27.

고 있다.[48] 몽준은 평생을 이어온 아버지의 신문 읽기에 궁금증을 느껴 그 까닭을 직접 여쭤본 적이 있다. 그때 아산의 대답을 그는 이렇게 옮기고 있다. "신문은 재밌기도 하고, 나의 선생이다. 세상에서 잘났다는 사람들은 모두 신문에 글을 쓰잖니?"[49] 우리는 이를 새로움에의 흥미 또는 설렘, 자신의 모자람을 채움 받는다는 희열을 소박하게 진술한 것으로 이해해도 좋을 것이다.

독서는 실존의 유폐성을 제거할 수 있는 유일한 수단이기도 하다. 그것은 상상력을 충동하기 때문이다. 그런데 상상은 다른 것이 아니다. '지금 여기'를 재서술할 수 있도록 해준다. 인간은 구체적인 존재다. 지금 여기라는 조건에 의하여 그 존재를 기술할 수 있어야 하는 한계를 가지고 있다. 나는 지금 여기를 떠난 '그때 거기'의 존재로 현존할 수는 없다. 만약 그렇게 할 수 있다 할지라도 이를 위해서는 지금 여기의 나를 훼손하거나 소거하지 않으면 불가능하다. 그런데 자신의 실존이 한계성이라는 울안에 유폐되어 있다는 것을 의식하는 모든 주체는, 그러니까 인간은, 누구나 그 울을 벗어나고자 하는 희구를 갖는다. 지금 여기로부터의 일탈에의 모티브는 생의 동력이기도 하고 의미이기도 하다. 삶은 그러한 과정인 것이다. 이 계기에서 독서는 그러한 힘의 원천 중의 하나이다. 사람들은 독서 행위를 통하여 일탈을 감행할

---

48 9)의 책, 47)과 같은 곳.

49 40)의 책, p.128.

뿐만 아니라 그로부터 획득되는 자유를 누리고, 다시 그 자유가 마련한 새로움을 구현한다. 그러한 과정으로 점철되는 것이 이른바 삶의 여정旅程이다. 마침내 상상력은 지금 여기의 있음을 없음으로 선언할 수 있게 한다. 동시에 지금 여기 없음을 있음으로 선언하게도 한다. 그러한 새로운 인식 틀이 마련되면서 지금 여기를 재서술하게 되는 것이다. 존재 양태의 변화는 이렇게 빚어진다. 사람들은 새 사람이 되어 새로운 삶을 살게 되는 것이다.

그러므로 독서 행위는 고독을 무마한다. 고독이 독서 행위를 자극한다고도 할 수 있겠지만 독서는 고독이라는 정서와는 궤를 달리하는 호기심, 특히 지적 호기심에 의하여 동기화 되는 것이 일상이다. 그러나 분명한 것은 독서는 외로움의 치유 기능을 가진다고 하는 사실이다. 독서는 앞에서 자서전을 이야기할 때 언급했듯이 그것이 어떤 것이든 대화적 정황을 마련한다. 지은이도 읽는 이도 전인적인 대화의 현실을 누리는 것이다. 만약 저자가 개념화된 지식의 논리적 진술만을 의도하지 않고 왜 자신이 그러한 이론을 기술하고 있는지 전해질 수 있을 만큼의 진지성을 담을 수 있다면, 그리고 읽는 이가 책을 통해 그가 무엇을 이야기하고 있는지 뿐만 아니라 왜 그 이야기를 하고 있는지를 짐작하고 이에 공명할 수 있다면 독서 행위는 독자의 실존을 충분히 바꿀 가능성이 있다. 상상 속에서 자신을 다시 담을 수 있기 때문이다. 문학은 이러한 면에서 가장 효용적인 가치가 큰 장르이다. 논리가 아니라 이야기가 펼쳐지고 있기 때문이다. 그렇다면 외로움의 주체가 행하는 읽기는 적어도 특정한 경우 그 주체의 고독을 반증하는 것이기도 하다. 외로움이 빚는 허虛가 메워지기 때문이다.

무릇 고독은 질병이다. 그것은 견딜 수 없는 괴로움이다. 그 종말이 자기가 스스로 자기를 무화無化시킨다고 해도 좋을 자살에 이른다는 사실이 그 괴로움의 지극함을 보여준다. 자살은 '옆에 아무도 없음'이 그것을 낳게 한 정황으로 전제되고 있는 것도 다르지 않은 서술이다. 절망도 다르지 않다. 희망이 없어서, 희망할 것이 없어서, 또는 희망할 수 있는 처지가 아니어서 절망하는 것이 아니다. 뜻한 바가 이루어지지 않은 회한이 지금 여기를 무의미하게 채색해 버려 어떤 가능성도 확인할 수 없어 절망하는 것도 아니다. 이러한 정황이 절망을 산출하는 현실임은 분명하다. 그러나 그보다 더 직접적으로 절망을 충동하는 것은 어떤 것도 자신의 회상 안에 실재하는 것이 없는 경우이다. 그것이 자기 삶의 어느 때이든 지금 여기에서 자기 삶을 되돌아보면서 '기억할 것 없음'이라고 단정하게 될 때, 기억 안에 담겨 지금 여기에서 살아 머물 수 있는 것이 없을 때, 절망은 현실화한다. 기억의 현상학phenomenology of remembering에서는 이를 회상의 망각amnesia of anamnesis이라고 부른다. 이는 기억할 것 없음을 넘어 기억한다는 것 자체를 망각한 것을 지적하는 것이다. 사실상 고독의 실상은 이러한 절망의 상황에서 드러나는 자의식이다.[50]

---

50 Cassey 앞의 책, pp.1–18을 참조할 것. 비록 저자가 고독이나 절망이나 독서 등을 이곳에서 주제화하고 있지는

그러나 이렇게 고독을 아산의 필연적인 삶이었을지도 모른다고 전제하는 것은 일반적으로 우리가 지니고 있는 아산상峨山像과는 일치하지 않는다. 아산은 자신의 삶을 회상하면서 다음과 같이 기술하고 있다. "어린 시절부터 어떤 처지에서도 나는 불행하다고 생각해본 적이 없다. (…) 뙤약볕 아래 허리를 구부리고 농사일을 배워야 했다. 그렇게 일하면서도 나는 불행을 느끼지 않았다. (…) 누구를 원망한 적도 부러워한 적도 나를 불행해 한 적도 없었다."[51] 그는 자기가 처한 정황은 말할 것도 없고 자가 자신에게도 부정적일 수 없었다는 사실을 발언하고 있는 것이다. 그렇다면 그의 고독은 위에서 설명한 고독의 범주에 드는 것은 아니라고 할 수밖에 없다. 그는 회상할 것이 있었을 뿐 아니라 실제로 이러한 기억을 지금 여기에서 자서전 안에다 뚜렷하게 기술하고 있기 때문이다. 만약 이러한 고독의 범주에 드는 것이 아니라면 아산을 고독하다고 묘사한 것은 그에 대한 잘못된 인식이다. 따라서 우리는 서둘러 앞의 서술들을 거두어들이고 우리가 그를 잘못 이해하고 서술한 까닭을 밝혀 수정하지 않으면 안 된다.

않다하더라도 기억과 망각의 역설적인 직조(織造)현상에 대한 서술은 많은 것을 위의 주제들과 연계하여 사색하게 한다.

51 9)의 책, pp.327-328.

6. 긍정, 도전, 창의의 기반

세 자아 간의 대화

그러나 이제까지 우리는 비록 역설적인 접근이지만 그의 비범성을 운위하는 데 대한 자신의 강한 부정, 다양한 사람들과의 의도적인 친교, 자식에 대한 지나치리만큼 엄격한 태도, 독서 행위 등에서 그의 외로움의 흔적을 찾을 수 있다는 주장을 폈다. 이러한 주장은 그는 지극히 평범한 사람임을 스스로 끊임없이 발언하고 있는데도 사람들은 그를 비범한 사람으로 전제하는 것이 타당하지 않으리라는 판단을 펼치기 위한 것이었다. 그렇지 않으면 아산은 우리의 '교훈'일 수 없는 다만 기념비 안의 존재로 굳어질 것이기 때문이다.[52] 그렇다면 우리가 이제 더 살펴야 할 것은 그를 묘사할 때마다 그의 비범성으로 예거되고 있는 덕목들, 곧 긍정, 도전, 창의 등의 덕목이 어디에서 어떻게 출현했을까 하는 것이다. 이를 위해 우리는 이전에 언급한 그의 삼위적 자아의 개념을 서술하면서 이를 풀어보고자 한다.

사실상 아산은 근원적으로 고독했다. 그러나 그는 그 고독에

52 이미 이 글의 서두에서도 '비범함'이라는 개념으로 이를 지적한 바 있지만 필자는 2013년 울산대학교 아산리더십연구원 제1회 아산학술심포지엄에서 '아산학의 필요성'이라는 주제로 이 문제를 다룬 적이 있다(자료집, 아산학의 정립가능성 pp.4-7). 이곳에서 필자는 아산의 자서전이 '성자전적(聖者傳的) 자서전(hagiographical biography)'이 되면서 그가 '비일상적인 캐릭터'로 묘사된다든지, '인격의 신격화(deification of personality)'를 통해 '영웅담에 등장하는 주역'이 된다든지 하는 현상을 유념한 바 있다.

함몰되어 자신을 잃지 않았다. 오히려 그 고독이 아산의 아산다움을 낳았다. 중요한 것은 우리는 그가 외로웠으리라는 예상을 현실화했지만 그의 현실은 그 외로움을 단독자로 외롭게 겪어 나아가지 않았다고 하는 사실이다. 단정적으로 말한다면 그는 '홀로'가 아니었다. 이미 앞에서 지적한 바 있지만 그에게는 그가 언제나 지금 여기에서 만날 수 있는 세 '인격personality'이 있었다. 주체인 나와 또 다른 주체들이 있었던 것이다. 그런데 실은 그 둘이란 나와 무관한 존재가 아니다. 그 둘은 또 다른 나였다. 그 삼자三者, three beings는 그렇기 때문에 아산 자신의 삼위三位, three persona라고 해야 더 정확할 그러한 존재이다. 우리가 그의 자서를 통해 확인할 수 있는 것은 그가 그 세 자아와 늘 대화를 이어가고 있었다고 하는 사실이다. 첫 번째 자아는 회상을 통해 만나는, 그러나 회상이 일상화된 현실에서는 언제 어디서나 지금 여기에서 만날 수 있는, 지나간 과거의 자아, 그러나 현재 안에 생생하게 살아있는 자아이다. 편리하게 우리는 이를 과거의 자아 Pspast-self라고 기호화하기로 한다. 두 번째 만남의 대상은 희구를 통해 만나는, 그러나 희구 자체가 일상화된 현실에서는 언제 어디서나 지금 여기에서 만날 수 있는 다가올 미래의 자아, 그러나 현재 안에 생생하게 살아있는 자아이다. 다시 우리는 이를 Fsfuture-self라고 기호화하기로 한다. 그렇다면 지금 여기의 아산은 이 두 만남을 살아가는 주체이다. 그는 과거에 속해 있지 않다. 그러나 과거를 살아있는 실재로 지금 여기에서 만나고 있는 자아이다. 동시에 그 자아는 미래에 속해 있지 않다. 그러나 미래를 살아있는 실재로 지금 여기에서 만나고 있는 자아이다. 이 만남이 이루어지는 자리를 우리는 Ss(subject-self)의 자리라고 기호화하고자 한다. 그런데 그 자리를 다시 관용적인 표현을 통해 과거와 미래의 매개라고 한다면 당연히 그 주체의 자리는 현재여야 한다. 그러나 과거가 살아있고 미래가 공존하는 현재는 실은 시간의 범주에 들기보다는 오히려 공간의 범주에 속한다고 판단하는 것이 더 정확하다. 왜냐하면 어차피 그것이 흐름이라면 정태적인 개념일 뿐인 현재는 실재하지 않기 때문이다. 그렇게 본다면 현재는 시간 경험 주체가 과거와 미래를 아우르면서 지니는 공간에 대한 의식 현상을 다만 시간 언어인 시제로 서술한 것이라고 할 수 있다.[53] 그렇다면 중요한 것은 그 현존하는 지금 여기의 경험 주체의 의식의 구조이다.

Ss는 Ps가 지금 여기의 자아와 단절될 수 없는 이전의 자아라는 사실을 알고 있다. 그러나 동시에 그것은 단절의 불가능성에도 불구하고 현실적으로는 이미 없는 자아라는 사실도 알고 있다. 그렇기 때문에 그러한 Ps와 Ss와의 거리는 시간적인 것이 아

---

53 이 지점에서 고전적인 시간론을 간과하는 것은 부정직한 태도일 수도 있다. 그러나 그것은 '다른 작업'이다. 이곳에서는 시간에 대한 철학적 논구의 전통이 '현재'에 과한 서술을 어떻게 하고 있는지를 소광희의 저서 《시간의 철학적 성찰》(문예출판사, 2001)에서 인용하는 것으로 대신하고자 한다. 그는 이 저술에서 그리스 철학과 중세신학, 그리고 근대의 Kant, Hegel, Bergson, Husserl, Heidegger를 거쳐 고형곤(高亨坤)과 선불교의 시간관을 천착한 다음에 현대의 분석철학의 시간론까지 섭렵하고 있다. 그러한 자리에서 그는 현재와 관련하여 다음과 같이 진술하고 있다. "현재는 나의 삶의 현장이다. 그 현장이 현실이다. 현실은 나의 과거와 미래가 규정하는 현실이고 과거와 미래를 규정하는 현실이다. 현실을 통해 과거와 미래가 새롭게 규정되는 것이다."(p.178) 이는 전형적인 철학적 시간론이 담고 있는 현재에 대한 기술의 대강(大綱)이다. 그러나 필자가 의도하는 것은 그 과거와 미래가 기억과 기대 속에 있는 '다른 자아'로 등장하면서 현재의 자아와 대화-현실을 빚는다는 것이고, 그것은 결국 '시제의 폐기'라고 할 만한 다른 시간인식, 곧 현실인식, 또 다르게 말하면 현재-관을 빚는다고 하는 사실이다.

니라 인식을 가능하게 하는 의식意識의 거리이다. 그런데 바로 그 인식의 거리가 Ps=Ss라는 등식을 불가능하게 한다. 그러나 또한 바로 이러한 사실 때문에 Ss가 Ps를 회상할 때면 Ps는 올연하게 Ps의 정체성을 가지고 Ss 앞에 등장한다. Ps는 Ss와는 다른 실재로 Ss를 만나는 것이다. 그렇게 되면 Ss는 Ps와 더불어 대화를 나눌 수 있다. 달리 말하면 하나의 자아가 두 다른 자아가 되어 서로 이야기를 풀어 나아가게 되는 것이다. Fs와의 관계도 이와 같은 서술을 할 수 있다. Fs는 아직 오지 않았다. 경험하지 않은 시간 안에 있는 자아이다. 그러므로 Fs는 잠재적 가능태의 모습으로 있을 뿐이다. 그러므로 Ss와의 연속 여부조차 실은 분명하지 않다. 따라서 Ss=Fs라는 등식을 마련할 수는 없는 일이다. 그럼에도 바로 그러한 사실 때문에 Ss는 Fs와의 만남에서 그 자아를 미완의 것으로 전제하고 멀리 두지 않는다. 오히려 지금 여기 나의 현실 속에서 Fs를 완성된 실재로 확인하려 한다. 잠재적 가능태可能態를 벗어나 구체적이고 직접적인 현실태現實態로 자기 모습을 갖추고 드러나는 Ss와의 대화를 현실화하는 것이다.

비범함의 정체

아산의 자아의식이 이러한 구조로 이루어져 있으리라는 예상은 아산의 딜레마라고 할 수 있을 비범함과 평범함의 접목을 가능하게 한다. 비범함의 원천, 또는 소이연이 밝혀지기 때문이다.

서둘러 결론을 말한다면 그의 비범함은 다른 것이 아니다. 아산은 Ps-Ss-Fs가 중첩된 시간 의식을 가지고 현재를 살았다고 하는 사실이 그것이다. 그런데 이 Ps-Ss-Fs의 구조는 Ss를 Ps의 결과로 보지도 않고 Ss의 삶을 Fs지향적인 것으로 일컫지도 않는다. Ss가 Ps나 Fs와 '만난다'고 하는 묘사가 이에 대한 서술을 위한 것이다. 이를 달리 말하면 다음과 같이 기술할 수 있다.

Ss는 Ps가 지금 여기의 원인이리라는 사실을 부정하지는 않지만 그것에 예속되어 있다고 생각하지도 않는다. 그것은 지금 여기가 어떻게 펼쳐질 것인지를 결정하는 지금 여기의 Ss가 어떻게 사느냐 하는 것을 결정하기에 달린 일이다. 따라서 이 세상을 살아가면서 탓할 수 있는 것은 실제로 아무 것도 없다. 지난 어떤 Ps 때문이라고 말하는 것은 적절하지 않을 뿐만 아니라 아예 불가능하다. 그러나 Ss와 Ps와의 대화는 가능하다. 대화를 통한 상호 간의 변모, 곧 Ps에 대한 다른 이해, 지금 여기의 Ss에 대한 다른 인식이 가능해지는 것이다. 실존 양태의 변화가 가능한 것이다.

Ss와 Fs와의 관계도 다르지 않다. Ss는 Fs가 지금 여기의 자연스러운 귀결이라는 사실을 부정하지는 않지만 그것이 필연적으로 그렇게 귀결하는 것은 아니라고 생각한다. 그것은 지금 여기가 어떻게 펼쳐질 것인지를 결정하는 지금 여기의 Ss가 어떻게 사느냐 하는 것을 결정하는 데 따라 가변적일 것이기 때문이다. 따라서 Fs가 어떠해서 Ss가 현실적으로 Ss이지 않게 되었다든지 Ss가 어떠해서 Fs가 Fs이지 않게 되었다든지 하는 구실을 대는 것은 부적절하고 불가능한 일이다. 그러나 Fs와 Ss와의 대화는 가능하다. 그 대화는 Fs에 대한 다른 이해, 곧 다른 해석을 낳을 것이고 이를 통하여 Ss의 변모, Ss에 대한 다른 인식이 아울러 마련되면서 Ss의 실존 양태가 달라질 것이기 때문이다.

이를테면 아산이 "새벽의 남대문 시장에서 리어카를 끌고 가는 낯모르는 이들에게서 느끼는 그 한없는 연대감과 애정을 나는 내 일에 참가한 기능공들에게도 언제나 공통되게 느낀다"[54]라고 했을 때의 그 '연대감과 애정'은 스스로 갈고 닦아 지니게 된 교양에서 말미암은 것도 아니고 천부적인 품성稟性에서 비롯한 것도 아니다. 그것은 Ss가 Ps와 더불어 만나 이루어진 대화의 결과이다. 남대문 시장에 관한 아산의 다른 소묘는 아예 이때의 "뭉클함"을 그들에 대한 "설명할 길 없는 존경과 유대감"[55]이라고 말하고 있다. Ps는 사라진 현실이 아니라 살아있는 현실인 것이다. 아산의 또 다른 언급을 살펴보자. 자신이 지닌 긍정적인 사고가 자신의 삶을 얼마나 행복하게 이끌었는지를 회상하면서 그는 다음과 같이 기술하고 있다. "공부도 제대로 못했고 의지할 곳도 없고 친구도 별로 없고 몸은 고된 막노동을 하면서도 나는 고향을 떠나온 것을 후회하거나 내가 처한 상황에 대해 불평을 품어본 일이 없다. 빈대에 뜯겨 가며 노동자 합숙소에서 자며 부두 노

54 9)의 책, p.163.

55 9)의 책, p.126.

동을 할 때도, 고려대학 건축 공사장에서 돌을 져 나르면서도, 나는 꾀를 부리지 않고 열심히 그 일을 했다. (…) 내일은 분명 오늘보다는 발전할 것이고, 모레는 분명 내일보다 한 걸음 더 발전할 것이라는 확신이 있었기 때문에, 나는 언제나 행복했고 활기찼다."[56]

이 진술에서 우리가 주목해야 할 것은 '더 나아지리라는 확신' 때문에 자신이 행복했다고 하는 말이 아니다. 우리는 그러한 확신이 어떻게 어디에서 비롯한 것인지를 밝혀야 한다. 그가 처음부터 긍정적으로 세상을 본 것은 아니다. 만약 그의 품성이 그러했다면 어렵고 힘들었어도 가출을 감행하지 않았어야 한다. 가난과 농사하는 힘든 노동을 긍정하고 아버지 옆에 머물렀어야 한다. 그러나 그는 여러 번의 가출을 감행한다. 긍정할 수 없는 현실이 있었고, 이를 부정하고 싶었던 것이다. 그리고 마침내 마지막 가출에서 자기의 꿈을 이룬다. 그렇다면 그는 언제나 긍정적이지는 않았다. 아산을 묘사하면서 그처럼 두드러지게 드러나는 그의 긍정적 태도는 실은 Ss와 Fs와의 대화가 낳은 산물이라고 할 수 있다. 더 나아진 사태와의 대화, 이미 그곳에 가 있는 자아, 그런데 그렇기 때문에 내 옆에 있는 그 자아와의 대화가 그 확신의 기반인 것이다. 그런데 그 Fs와 Ss와의 대화가 현실적으로 이루어지지 않았다면 아산은 내내 일탈을 점철한 삶을 살았을지도 모

56 30)의 책, p.409.

른다는 생각조차 하게 된다. 맥아더의 기도문을 인용한 뒤에 그 기도문을 좋아하는 까닭을 아산은 다음과 같이 서술하고 있는 데서 그 가능성을 짐작해볼 수 있다. "이 기도문을 좋아하는 이유는 아마도 바로 나의 소망이기 때문일 것이다. 성질이 급하다는 것이 나의 단점 중에 가장 큰 단점이리라. 급한 마음에서 앞뒤 생각 없이 즉각 뱉어 버린 말 때문에 얼마나 많은 사람을 슬프고 불행하게 했는지 모른다."[57] 그런데 맥아더의 기도문에서 한 대목은 이런 것이다. "미래를 바라보는 동시에 과거를 잊지 않는 힘을 나에게 주시옵소서."[58] 아산은 스스로 Ss와 Fs와의 대화를 자연스럽게 지니고 있었던 것은 아니었다는 것을 짐작할 수 있게 한다. 그는 Ss로서 Fs와의 상존을 희구했고, 또 그것을 온갖 노력을 다해 구현한 것이다.

그런데 평범한 사람들의 일상은 위의 경우와 다르다. Ps가 없다. 잊힌 자아, 소멸되어 가는 자아, 서둘러 잊어야 하는 자아, 이 모든 자아를 담아 그저 흐르는 p가 있을 뿐이다. Fs가 없기도 다르지 않다. f만 있을 뿐이다. 기대하는 자아가 없지 않다. 완성된 자아상을 그릴 수도 있다. 이에 도달하기 위한 지금 여기의 이른바 희생도 불사한다. 하지만 지금 여기에서의 만남과 대화는 이루어지지 않는다. 그것을 향한 질주만이 당위로 과해진다. 그런

57 30)의 책, p.346.

58 30)의 책, p.345.

데 미래는 그러한 자아를 안고 저 나름 앞으로의 질주를 한다. 도달은 불가능한 현실이 된다. 따라서 당연히 Ss도 없다. 그래도 있다고, 현존한다고 할 수 있는 것이 있다면 그것은 진정한 Ss일 수 없다. 흐름에 점을 찍어가며 '여기가 지금인데'를 외치는 비현실적인 자아일 것이기 때문이다.

그런데 Ps도 없고 Fs도 없고, 그래서 Ss도 없는 삶이 있다. 아산은 이러한 사태를 모르지 않고 있다. 그렇지 않았다면 다음과 같은 발언은 불필요했을 것이다. "나는 게으름을 피우는 것에 선천적인 혐오감이 있다. 시간은 지나가버리면 그만이다."[59] 이 언급에 의하면 Ps의 부재로부터 비롯하여 Fs의 부재를 거쳐 Ss의 부재에 이르는 것은 결국 '시간의 상실'과 다르지 않다. 시간의 상실이란 자신의 소멸이다. 이 참담함을 초래하는 것이 다름 아닌 게으름이다. 그런데 이를 되짚어 말하면 만약 우리가 Ps를 확보할 수 있고, Fs를 만날 수 있다면, 그래서 그럴 수 있는 Ss가 실재한다면, 게으름이란 있을 수 없는 현상이라는 것을 서술하고 있는 것과 다르지 않다. 그러나 범인들은 그렇게 살지 않는다. 그는 앞의 서술에 이어 "사람은 보통 적당히 게으르고 싶고, 적당히 재미있고 싶고, 적당히 편하고 싶어 한다. 그러나 그러한 '적당히'의 그물 사이로 귀중한 시간을 헛되이 빠져나가게 하는 것

---

59 30)의 책, p.96.

이상 우매한 것은 없다"[60]고 했다. 그렇다면 만약 Ps가 있었다면 '적당히'의 그물은 없었을지도 모른다. 그럴 수 없는 긴장이 새로운 자아인식을 강요했을 것이기 때문이다. 마찬가지로 Fs가 있었다 해도 다르지 않았을 것이다. 아산이 말했듯이 "매일이 새로워야 한다. 어제와 같은 오늘, 오늘과 같은 내일을 사는 것은 사는 것이 아니라 죽은 것이다"[61]라는 언급에 작은 공명共鳴이라도 울릴 수 있었을 것이기 때문이다.

비범과 평범의 구조적 차이

그렇다면 비범함과 평범함의 차이는 어떤 것일까. 평범한 사람은 철저하게 시간에, 더 구체적으로 말하면, 과거-현재-미래라는 시제時制의 흐름 안에 있다. 과거는 사라지고 미래는 오지 않았다. 영욕榮辱의 다름이 없을 수 없다, 훈장처럼 패용하고 싶은 과거를 지닌 사람도 있고, 시간의 맥락에서 그 토막은 어서 사라져 기억의 가능성에서조차 빠져나가기를 바라는 사람도 있다. 그러나 그 차이가 엄연한데도 불구하고 사람들은 그것 때문에 과거를 회상하는 일이 삶의 무게를 더할 뿐이라는 사실을 버리지는 않는다. 과거는 귀찮은 것이다. 그럴 수 있을 만큼 사람들은 영리하다.

---

60 30)의 책, p.96.

61 30)의 책, p.98.

그러고 보면 역사의식이란 자연스럽게 축조되는 것이 아니라는 사실을 새삼 상기하지 않을 수 없다. 그것은 계몽되어야 하는 과제이다. 과거에 대한 평범한 사람의 일상은 그러하다.

또한 오지 않은 시간에 대한 서술도 같은 맥락을 이어 발언할 수 있다. 미래는 소진된 시간이 아니다. 그것은 가능성으로 채워진 공간이다. 그래서 그곳을 향한 황홀한 기대, 역동적인 전진도 없지 않다. 그것이 건강한 우리의 일상이다. 하지만 미래란 불안과 불확정성으로 채워진 미지의 공간이기도 하다. 그렇다고 하는 사실에 대한 앎이 그러한 기대나 전진의 태도에 이미 스며 있다는 사실도 사람들은 모르지 않는다. 따라서 불안은 미래를 직면하는 피할 수 없는 정서이다. 다행히 '아직'이라고 말할 수 있는 시점이 곧 지금이라는 사실을 의식 하면서 사람들은 그 불안을 작위적인 여유 속에 담아 둔다. 그리고 그러한 태도를 익힌다. 그러나 그 '아직'은 미래를 직면하면서 이는 불가피한 자위自慰이다. 그러므로 그것은 항시 유용하지만 항상 기만적이다. 미래는 밀려나기만 하는 것이 아니다. 그것은 나를 어느 틈에 그 한복판에 세우고 사라진 미래가 이미 과거이거나 현재라고 소리친다. 그렇게 되면 사람들은 미래가 없는 현실을 지속하는 미래만을 겪는다.

그렇다면 우리는 이제까지 위에서 언급한 내용을 다음과 같이 다듬을 수 있다. 비범함의 자아가 Ps-Ss-Fs로 이루어진 것에 견주어 평범함의 자아는 자아를 포함하지 않은 단순한 p와 f, 그리고 그러한 것과 연계된 s라고 기호화하면서 앞의 그림과 같이 도

그림 1

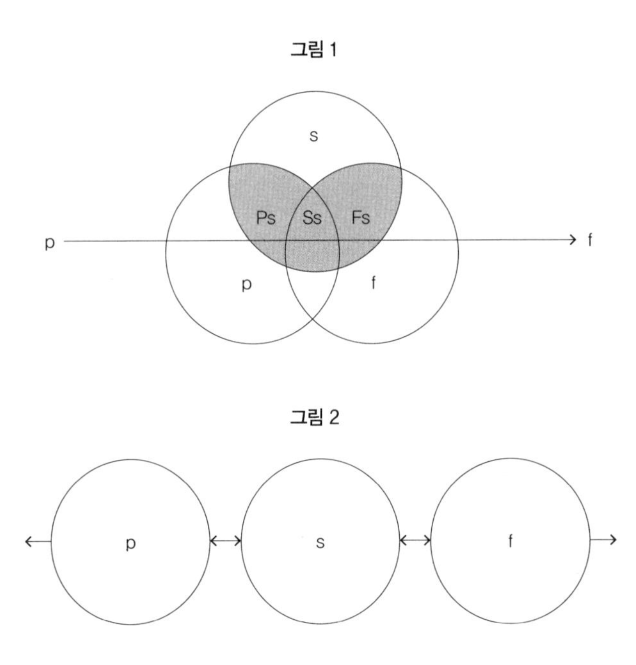

그림 2

식화해볼 수 있는 것이다.

되풀이되는 내용이 되겠지만 그림 1, 2를 통해 우리의 서술을 조금 더 분명하게 제시해보기로 한다. 두 그림은 각기 p와 f, 그리고 그것을 경험하는 주체 s를 지니고 있다. 모두 시간 안의 존재임을 공유한다. 비범함의 범주에 든다고 일컬어지는 아산과 그렇다고 하는 사실을 발언하면서 그를 우러르는 평범한 사람 사이에는 아무런 존재론적인 차이가 없다. 모두 시간 안에서 시간을 좇아 살아간다. 그러나 중요한 것은 중첩과 연속의 차이이다. 그림 1에서 보면 수평적인 또는 수평적인 병렬현상으로 묘사할 수 있을 p와 f라고 서술되는 시간 경험이 경험 주체인 s와 중첩되어 있다.

그러므로 만약 시간을 흐름으로 규정하여 이를 서술한다면 s는 p와 f를 아우르면서 '굴러간다'고 묘사할 수 있는 그러한 흐름을 짓는다. 시간은 p와 f가 마치 흐름을 거절하듯이 s에 안기면서 흐르고 있는 것이다. 그러니까 그곳에서의 s는 'p를 지나 현재에 이르고 다시 현재를 지나 f에 이르는 시간'을 살고 있지 않다. 지난 p를 s는 지금 여기에서 지닌다. 오지 않은 f도 마찬가지다. s는 f도 자신 안에 품는다. 그러나 그것은 p의 재현도 아니고 f에의 도달도 아니다, 다만 s 안에서의 p와 f와의 만남이다. p와 f가 지금 여기의 s와 대화하는 주체로 등장하는 것이다. 이를 표시한 것이 **그림 1**에 나타나는 사선의 영역, 거기에 그려진 Ps, Fs, 그리고 Ss이다. 이러한 현상은 마치 처음(p)과 끝(f)이 이어지는 회귀적인 구조가 그 회귀를 반복하면서 끊임없이 처음에서 끝을 향해 나아가는 궤도를 일탈하지 않는 것으로 묘사할 수도 있다. '회귀의 나선형적 진전'이라고 할 수 있는 그러한 것이다. 이를 **그림 3**과 같이 도시할 수도 있을 것이다.

그림 2에서는 p와 f, 그리고 s가 선명하게 구분된다. 지나간 것과 오지 않은 것의 구분이 분명한 것이다. 그 셋은 각기 자기 영역을 지닌다. 마치 별개의 실재처럼 있다. 물론 중첩의 가능성이 없지 않다. s는 기억 속에서 p와 공존할 수 있고 기대 속에서 f와 공존할 수 있다. 그러나 그 셋은 서로 일정한 거리를 지속하면서 연결되어 있어 중첩은 현실적으로 불가능하다. 그렇다면 앞에서 구조적인 중첩이 불가능하지 않으리라는 예상에서의 중첩은 실

그림 3

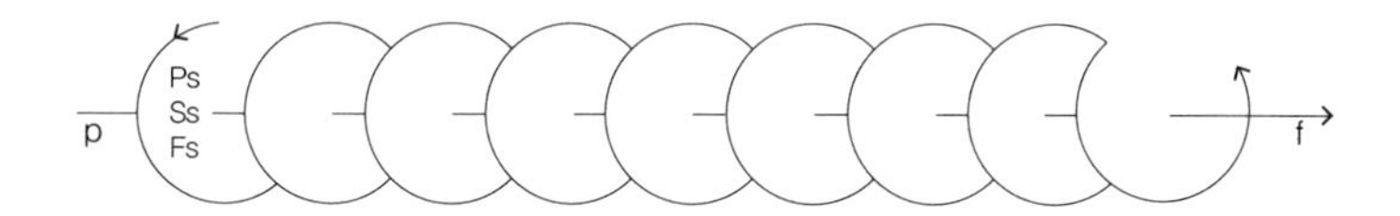

제적인 것이라기보다 기억함의 현상이나 기대함의 현상 속에서 잠정적으로 나타나 s와 겹치거나 공존하다가 s가 기억하기를 멈추거나 더 이상 기대를 하지 않으면 사라지는 비항구적인 현상이라고 할 수 있는 그러한 것이다. 그렇다면 기억 속에 잠기거나 기대를 꿈꾸는 s는 실은 그러한 의식이 기능하는 동안 지금 여기의 현실을 벗어나 있는 것과 다르지 않다. 따라서 이러한 맥락에서 앞의 진술을 다시 다듬는다면 우리가 현실을 눈감을 때 열리는 것이 곧 회상이고 희구라고 말할 수 있다. 역으로 말하면 자신의 실존이 현실적일수록 s는 직시해야 하고 직면해야할 뚜렷한 사물들이 자신 앞에서 펼쳐지고 있음을 알고 있기 때문에 눈을 뜨고 있어야 한다. 그러나 회상이나 희구는 눈을 감아야 보이는 현실이고, 또 눈을 감게 하는 현실이기도 하다. 실재하지 않는 것을 조망하는 것이기 때문이다. 그러므로 평범한 사람들은 p는 이미 지난 사실로 여기고 이를 간과해 버린다. 또한 이를 천착하는 것은 도로徒勞라고 생각한다. 마찬가지로 f는 허황虛荒한 것이라고 생각한다. 지금 여기의 삶에다 자신을 투척하는 것으로 s는 스스로 만족한다. 그것이 실존이기 때문이다.

그러므로 이를 도식화하면 **그림 2**를 **그림 4**와 같이 보완해도 좋

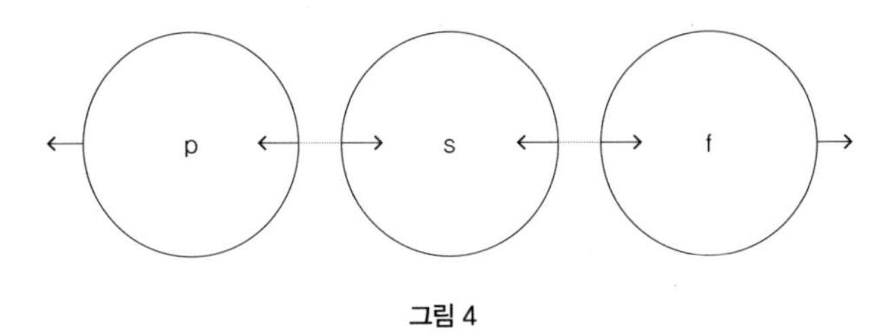

그림 4

을 것이다.

p-s-f는 병존하는 연속체이지만 중첩은 불가능하다. 그러나 p와 s, 그리고 f와 s는 서로 상대방에 스며들 수 있다. 그러나 그렇다고 해서 스며듦이 지속적인 것은 아니다. 그것은 언제나 스스로 무산霧散된다. 그래서 이 경우 p나 f는 스스로 s와 만나는 자아이지 못하다. s는 p나 s와 공존을 희구하기보다 자신의 실존의 곤궁 속에서 마치 도피처처럼 여겨 가끔 그곳을 찾는다. 눈감고 만나는 현실은 눈뜨고 만나는 현실과는 다른 안온함을 마련해 주기 때문이다. 그러나 그러한 안온함은 불안하다. 향수는 때로 질병의 증후이고 희망은 때로 환영幻影의 위장僞裝이기 때문이다.

공간적 사고와 지평地平적 사고

이러한 구조는 비범함과 평범함의 차이를 앞에서 언급한 바와 같이 중첩과 연속의 다름으로 구분할 수 있음을 보여주고 있다. 그렇다면 중첩된 자아와 연속적인 자아의 다름을 통하여 우리는 아산을 기리는 덕목을 항목화 하여 다음과 같이 비교해 볼 수 있다.

중요한 것은 인식의 틀이다. 우리가 아산에게서 발견하는 것은 지난 시간의 자아가 지금 생생하게 살아있다는 사실이다. 아산의 노동자에 대한 인식이 어떠했는지를 서술하면서 박정웅은 그의 책에서 아산의 발언을 다음과 같이 옮겨 적고 있다. "그런데 말이야, 그 친구들한테 둘러싸여 한참 구호와 함성을 듣고 있자니까 한순간 나도 머리띠를 두르고 그 친구들 사이로 내려가 함께 하늘로 주먹을 뻗으며 구호를 외치고 싶어지더라고. 원래 내가 노동자라서 그런 생각이 들었나 봐. 그런데 나는 누구를 향해서 구호를 외쳐대야 하나 하고 생각하니 안 되겠어 그래서 그만 두었어. 하,하,하!"[62] 1987년 6·29 민주화선언 이후 봇물처럼 터졌던 노동자들의 권익주장을 위한 시위가 치열할 때 현대중공업 노동자들에게 4시간 동안 선 채로 둘러싸였다 풀려난 뒤에 전경련 회의 중에 아산이 한 발언이다. 농담 투의 발언이라고 이해되지만 우리는 이 발언에서 아산의 두 자아가 대화의 구조 안에서 공존하고 있음을 확인할 수 있다. 하나는 '머리띠를 두르고 주먹을 뻗으며 구호를 외치는 자아'이고 또 다른 하나는 '자신이 그 노동자들의 외침의 대상이라는 사실을 알고 있는 자아'이다. 이 발언에서 우리는 이 두 자아가 무의식적으로 논리나 상황과 상관없이 툭 튀어나온 거라고 생각할 수 없다. 유머는 발언자의 자의식이

62 1)의 책, p.86.

지닌 상황을 일탈하지 않는다. 그렇다면 아산의 자의식에 뿌리를 두지 않은 유머를 그가 발언할 까닭이 없다. 그것은 노동자와 아산의 동시적 공존, 곧 p가 Ps가 되어 자신과 함께 '살아가고 있지 않으면' 있을 수 없는 발언이다.

그뿐만 아니라 아산은 미래도 그렇게 함께 살았다. '이해보다는 애착 때문에' 선택한 것이 자동차 산업이라고 진술하면서 이에 이어 아산은 다음과 같은 서술을 하고 있다. "나의 목표는 성능 면에서 세계 제일의 자동차를 만드는 것이다. 이 목표는 반드시 달성할 수 있다. 왜냐하면 우리에게는 세계 제일의 무기가 있는데 그 무기란 바로 '세계에서 가장 우수한 기능공들'이다. 우리는 한때 가난하고 어려웠던 시대에 우리 자신의 재질까지, 본성까지 자학했었다. 그러나 천만의 말씀이다. 우리처럼 우수한 민족은 없다. (…) 이 훌륭하고 우수한 이들의 능력과 헌신에 힘입어 머지 않아 한국의 자동차, 우리의 자동차 부품이 세계 시장을 휩쓰는 날이 반드시 온다고 나는 확신한다."[63] 이러한 언급에 대한 비판은 얼마든지 가능하다. 기능공의 개념에 대한 이견에서부터 한국에서의 자동차 산업의 적합성 여부에 이르기까지 그것은 다양할 수 있다. 그러나 문제는 아산이 미래를 그저 시간개념으로 전제하지 않았다는 사실이다. 그것은 꿈의 시간의 구현도 아니었다. 지금 여기를 논의하기 위해 필요한 현실적인 자아와의

---

63 30)의 책, pp.277-278.

만남이었다. 그는 이미 세계 제일의 자동차를 만들고 있는 기능공과 지금 여기에서 만나고 있다. 그 만남 사이에 어떤 시간적인 거리도 실제로 있지 않다. f는 Fs가 되어 홀연히 지금 여기에 대화의 주체로 자리 잡고 앉아 있는 것이다.

주목할 것은 아산의 현실인식은 언제나 이 두 자아와 함께 이루지고 있다는 사실이다. 그렇기 때문에 그의 인식은 결코 1차원적인 것이 아니었다. 그의 인식은 '지평地平'적인 것이 아니라 '공간'적인 것이었다. 사물에 대한 다면적인 접근은 의도되기 이전에 이미 그의 일상이었다. 그러므로 Ps와 Fs, 그리고 이를 아우르는 Ss의 인식이 p-s-f로 이어지는 인식 주체와 '다르다'는 것은 불가피하다. 차원의 차이를 구조적으로 내장하고 있기 때문이다. 그렇다면 사물에 대한 인식 틀이 다르고 인식 내용이 다른 주체가 하는 일이나 살아가는 삶의 태도는 평범한 사람들에게는 '비범'할 수밖에 없다. 따라서 그의 태도도 자연히 다를 수밖에 없다. 더 많은 것을 알고 더 넓고 더 입체적인 사유 틀을 가지고 현실과 직면하기 때문이다.

아산의 긍정적인 태도는 이러한 맥락에서 보면 당연하다. 스스로 누누이 발언하고 있는 자신의 긍정적 태도를 그는 스스로 설명하지 못한다. 그저 그랬다고 말하면서 그렇기를 바란다는 증언에서 그의 이른바 설명은 끝난다. 이를테면 "긍정적인 사고가 절대적으로 중요하다. 긍정적인 사고를 해야 불행하지 않고 발전할 수 있다. 나는 젊은 시절에 노동자 가설 합숙소에서 고된 노동으로 지내기도 했었고, 중소기업 때에는 부도를 막으려고 밤낮없이 일수, 월수 구하러 뛰어다녔지만 누구를 원망한 적도, 부러워한 적도, 나를 불행해한 적도 없다."[64] 이러한 발언은 아산만이 전유하고 있는 것은 아니다. 이른바 성공한 사람들은 모두 그렇게 말하고 있다. 더구나 이른바 적극적 사고positive thinking가 맹목적인 환상을 심어줄 수도 있다는 비판을 염두에 둔다면 실은 아산의 이러한 발언도 조심스럽기는 마찬가지다.

그러나 '하면 된다'라든지 '할 수 있다'로 귀결되는 아산의 긍정의 배후에 이를 분출하게 한 인식 틀을 우리가 주목한다면 아산에게서 왜 이러한 발언이 가능한지를 우리는 이른바 적극적 사고의 틀이 담고 있는 염려를 넘어 달리 이해할 수 있다. 왜냐하면 아산의 긍정은 현실초극을 위한 방법론적인 것이 아니라 세상과 직면하면서 그렇게 반응하도록 틀이 지워진 '세 자아의 끊임없는 대화'가 밑받침하고 있는 존재론적인 태도이기 때문이다. 이러한 사실은 우리가 왜 아산의 발언을 현실적인 규범으로 승인할 뿐만 아니라 더 나아가 왜 이를 좇아 행동하고 살아가야 한다고 생각하게 되는지를 분명하게 밝혀 주기도 한다. 요컨대 아산은 세 자아와 더불어 인식지평이 아닌 인식공간을 확보하고 있었기 때문에 그러한 긍정이 자신의 존재론적 의식의 기반이 된 것이다.

따라서 긍정적 태도뿐만 아니라 그의 비범성으로 지적되곤 하

---

64 30)의 책, p.328.

는 즉각적인 결정, 도전, 상상력 등도 이러한 인식공간에서 비롯하는 자연스러운 행동 규범일 수밖에 없다. 평범한 사람들이 어떤 결단을 위해 자료를 수집하고 분석하고 있는 동안 이미 그는 세 자아의 지속적인 대화가 마련한 현실인식에 기초해서 어떤 결단도 심사숙고라고 이름 지을 머뭇거릴 시간의 여백을 갖지 않는다. 이미 잠재된 기획이 내재해 있기 때문이다. 더 많이 보고 더 많은 국면을 이미 살폈기 때문이다. 당연히 그 봄과 살핌에는 직면한 사태가 어제만이 아니라 어제의 주체, 내일만이 아니라 내일의 주체의 발언들이 포함되어 있는 것이다. 그러므로 도전은 아산에게서는 자연스러운 삶의 모습이다. 그것은 감행하는 일이 아니다. 도전이라는 자세는 삶의 본연으로 그의 내면의 구조로 자리잡고 있는 것이다. "나는 젊을 때부터 새벽 일찍 일어난다. 그날 할 일에 대한 기대와 흥분 때문에 마음이 설레 늦도록 자리에 누워있을 수가 없기 때문이다."[65] 그러므로 그에게 도전은 무모함도 아니고 감행도 아니다. 기대로 설레는 일의 착수일 뿐이다. 그렇다면 이제 우리는 아산의 이러한 발언들에 놀랄 필요가 없다. 그가 비범하기 때문에 그러한 당위적인 규범들을 발언하고 있다고 지적하는 것도 적절하지 않다. 그의 인식공간에서 이루어지는 세 자아 간의 대화가 이러한 '태도'를 초래하지 않았다면 오히려 그것이 더 비일상적이었으리라는 판단이 가능하기 때문이다.

---

65 30)의 책, p.327.

상상력도 다르지 않다. 지평적 사고가 펼치는 상상의 한계를 우리가 유념할 수 있다면 공간적 사고가 펼치는 상상의 다름을 짐작하기에 아무런 어려움이 없다. 아산은 이에 관해 다음과 같은 명쾌한 서술을 하고 있다. "우리는 대개 어느 정도의 각기 다른 고정관념을 가지고 있다. 전문직 관리자나 기술자들도 대개 전체로서 문제를 파악하는 능력이 모자라거나 또는 자기 분야에만 전념한 나머지 전문가의 고정관념에 결박을 당해 있는 수가 있다. 고정관념은 평상시 유능했던 사람을 위기나 난관에 부딪히면 형편없이 무능하게 만들어버린다."[66] 아산이 여기에서 지적하고 있는 것은 두 가지이다. 하나는 총체적 인식, 곧 우리의 인식이 흔히 사물이나 현상의 총체성을 아우르지 못하고 있다는 것이고, 또 하나는 부분에 대한 집착으로 자신이 스스로 마련한 울안에 유폐되어 있다는 것을 알지 못하고 있다는 사실에 대한 지적이다.

무릇 상상은 전제도 기반도 없는 사유의 펼침이다. 기존의 인식도, 경험으로 지녀진 과거도, 기대와 희구를 담은 미래도, 그 모두를 아우르는 현재도, 우리가 직면한 어떤 현실도, 상상을 제한하지 않아야 비로소 그것이 상상이다. 그런데 고정관념은 앞에서 예거한 그러한 요소들이 서로 교직하면서 이룬 우리 의식의 덮개이다. 그 덮개는 스스로 인식이라든지 과거라든지 미래라든

66 30)의 책, p.322.

지 하는 것으로 자기를 드러내지 않는다. 따라서 자신이 어떤 고정관념을 지니고 있다는 사실조차 알지 못한다. 그렇기 때문에 때로 그러한 주체는 자신이 충분한 상상의 여백을 확보하고 있을 뿐만 아니라 스스로 새로움을 향한 비전을 지니고 있다고 판단한다. 그러나 그것은 공상이거나 환상일 수는 있어도 상상은 아니다. 상상이 출현할 수 있는 기반이 차단되어 있기 때문이다. 비록 아산이 직접 상상력을 앞의 서술에서 발언하고 있지는 않지만 우리는 그러한 모든 것을 벗어난 자유로운 사고를 한다면서도 언제나 이제까지의 나를 구축한 가장 강한 힘인 고정관념은 벗어나지 못하는 경우가 상상의 세계를 닫아 버린다는 사실을 적절하게 지적하고 있다. 물론 모든 상상은 지금 여기를 넘어선다고 말할 수 있다. 그러나 여전히 상황 제약적인 닫힌 상상이 있고, 상황 초극적인 열린 상상력이 있다. 그 차이를 결정하는 것도 결국 인식지평과 인식공간의 다름에 기인한다.

이제까지의 서술 내용을 다음과 같이 표로 정리해 볼 수 있다. 그런데 흥미로운 것은 고정관념에서 말미암은 이러한 '과오'에 대하여 아산은 다른 덕목들, 이를테면 근검, 도전, 신용, 긍정 등을 규범적인 것으로 요청하고 있는 것과는 달리 이곳에서는 '그러한 과오의 개연성을 전제'하면서 자기가 그 과오를 시정해 주는 것이 자신의 책무라는 발언을 하고 있다는 사실이다. 그는 앞의 발언에 이어 다음과 같이 말하고 있다. "나는 그런 예를 무수히 보아왔다. 그때마다 누누이 일러 깨우쳐 주었기 때문에 나는

표 1

	중첩된 자아	연속된 자아
인식	과거-현재-미래가 공존하는 공시적 인식공간	과거-현재-미래가 지속적으로 흐르는 통시적 인식지평
태도	항시적인 긍정	상황적인 긍정
행동	잠재된 기획에 의한 도전	들어난 조건에 의한 착수
창의	상황 초극적인 열린 상상력	상황 제약적인 닫힌 상상력
결단	즉각적인 결정	점검 이후의 결정

전문가, 기술자들의 결함을 고치고 시정하는 '전문가'로 자부하고 있다."[67] 이러한 발언은 아산이 모든 사람과 자기가 다르지 않으면서도 분명히 다른 부분이 있다는 것을 자인하는 것과 다르지 않다. 그러나 그렇다고 해서 자신이 비범하다는 주장을 하고 있는 것은 아니다. 오히려 자신도 충분히 그러한 과오를 범할 수 있는데 그렇지 않다는 것을 알았기 때문에 나서서 시정해 주어야 할 책무를 지니고 있다고 발언하고 있는 것이다. 이는 달리 말하면 인식공간과 인식지평이 만날 수 있는 접목 가능성을 아산이 시사하는 것과 마찬가지다. 세 자아 간의 대화가 가능한 인식의

67 30)의 책, p.322.

여백에서만 비로소 상상은 스스로 자신의 날개를 달고 나른다는 사실을 보여주는 것이기도 하다. 그런데 그러한 자아를 지닌다는 것은 전혀 비현실적인 것이 아니다. 아산은 자신의 삶이 그렇다는 것을 보여주고 있는 것이다.

7. 정직한 인식과 열린 상상력—맺음말을 대신하여

우리의 문제는 실은 소박한 것이었다. 우리는 아산을 기린다. 그의 삶은 우리를 감동시키기 때문이다. 그런데 그 감동은 우리를 감동에서 멈추게 하지 않는다. 감동은 현실에서 어떤 모습으로든 드러나야 한다. 감동은 그러한 의미에서 소박한 공감과 다르다. 그런데 우리는 아산의 기림에서 그의 비범함을 만난다. 그것은 우리의 기림을 더욱 고양한다. 그런데 역설적으로 그럴수록 감동의 실현은 멀어진다. 비범함은 우리네 평범의 범주 밖에 있는 것이기 때문이다.

그러나 우리는 아산의 비범함이 평범함과 단절된 것일 수 없다는 것을 살펴보았다. 다름이 있다면 아산은 세 자아의 대화 구조를 유지하면서 공시적 인식공간을 확보하고 있는 데 반해 우리는 그러한 구조를 구축하지 못한 채 나 자신의 통시적 인식지평에 머물러 있다는 사실이었다. 그런데 그것은 단절의 조건이 아니다. 그것은 '시정될 수 있는 현실'이다. 만약 우리가 지금 여기에서 직면한 현실을 '정직하게 인식'하려고 하면 가능한 일이다. 우리는 흔히 현실을 직면하며 살아가면서 그 현실에 대한 '바른 인식'을 추구한다. 그런데 그 '바름'은 보편적인, 그래서 어쩌면 절대적이라고 말할 수조차 있는, 그런 것이어야 한다. 그러나 대체로 우리는 '바름' 또는 '옳음'으로 개념화될 수 있는 인식을 인식 객체와 연계시키지 않고 인식 주체의 자리에서 다듬는다. 다시 말하면 지금 여기에서 어떤 상황을 직면하고 있는 주체에게 그 상황에 대한 어떤 인식이 더 유의미할 것인지를 우선 살피면서 인식을 선택하고 그 선택된 인식을 옳고 바른 인식으로 여긴다. 편의便宜가 바름과 옳음에 우선하여 자신의 요구에 적합하다고 판단되는 것을 옳음이라든지 바름이라고 이름 짓는 것이다. 따라서 그러한 바른 인식은 갈등을 충동한다.

하지만 인식 주체가 스스로 자기를 벗어나 편의를 추구하는 자의적恣意的 선택을 넘어설 수 있다면 사태는 달라질 수 있다. 그런데 그러한 일이 불가능하지 않다. 자기가 흘려보냈다고 판단하는 과거가 살아있는 인격으로 자기에게 말을 걸게 하고, 아직 오지 않은, 언제 올지 가늠할 수 없는 미래가 살아있는 인격으로 자기에게 말을 걸게 할 수 있다면 사태는 달라진다. 물음 자체가 달라지는 것이다. 지금 여기에 있는 자아가 발하는 물음이 아니라 세 자아가 함께 발하는 물음이기 때문이다. 어떤 자아도 배제할 수 없다는 의미에서 이러한 자아가 묻는 물음은 인간이 지닌 모든 물음을 아우르는 총체적인 것이라고 할 수 있다. 당연히 이에 대한 해답도 총체적일 수밖에 없다. 직면한 사물이나 사태에 대한 총체적 인식이 가능해지는 것이다. 이를 '바른 인식'이라기보다 '정직한 인식'이라고 일컫고자 한다. 다른 두 자아에 대한 의도적인 배제가 이루어지지 않은 자아가 묻고 도달한 앎이기 때문이다.

그렇다면 우리는 아산의 비범함을 다시 한 번 다른 개념으로 정리해볼 수 있다. 그것은 다른 것이 아니다. 그가 비범한 인간으로 일컬어지게 된 까닭은 그가 정직한 인식을 수행하고 있었기 때문이라고 말할 수 있는 것이다. 그것을 가능하게 한 것이 그의 삼위적 자아이고, 이러한 인식이 자연히 수반한 것이 항시적 긍정이고, 잠재된 기획에 의한 도전이며, 즉각적인 결정이고, 상황 초극적인 열린 상상력이라고 말할 수 있다. 우리는 이러한 정직한 인식이 반드시 비범한 것이 아님을 얼마든지 실증할 수 있다. 과거에의 함몰이나 과거의 망각을 벗어날 수 있다면, 미래에의 맹목적인 기대나 미래의 환상을 벗어날 수 있다면, 우리는 아산과 같은 덕목을 확보할 수 있는 것이다. 그리고 그것은 우리가 희구하는 기림과 좇음의 현실화를 구현하는 것이기도 하다.

아산은 전국경제인연합회 회장에 두 번째 연임을 하기 직전인 1981년 2월 25일에 〈새 봄을 기다리며〉라는 글을 〈서울신문〉 '서울광장廣場'난에 기고한 바 있다. 이 글에 대해 그의 6남 몽준은 그 글을 아버님께서 직접 쓰시는 것을 목격했노라는 증언을 한 적이 있다. 그런 탓이라고 생각되는데 독자들의 가독성可讀性을 위한 윤문이 불가피하게 요청되었으리라고 짐작되는 두 권의 자서전이

나 여타 연설문들과는 다르게 이 글은 더 직접적으로 아산의 '본연'을 전달해주고 있다고 판단된다. 우리는 이 글을 통해 이제까지 서술한 그의 비범함의 내용을 이루고 있는 세 자아의 대화를 투명하게 접할 수 있기 때문이다. 그렇다고 하는 것은 달리 말하면 우리가 아산을 본으로 삼아 우리의 삶을 어떻게 추스를 것인가를 우리 스스로 살펴 모색할 수 있는 분명한 어떤 낌새를 이 글이 보여주고 있다고 판단하고 싶은 것이다.

이 글은 의외로 맑고 따듯하다. 티 없는 과거를 회상하는 감상感傷과 미래를 기대하는 아련한 꿈이 어려 있고, 불가피하게 직면하는 차디찬 현실과 그러한 현실로부터의 일탈의 희구마저 채색되어 있다. 문단을 바꿔가면서 아산은 그 둘의 정경을 되풀이하고 있다. 때로는 기업인의 자리에서, 때로는 계절을 맞는 소박한 인간의 자리에서, 때로는 가난과 궁핍, 굶주림과 헐벗음의 자리에서, 때로는 하늘의 별을 딸 듯한 기세로 달리지만 마음의 안식처라고는 없는 기업인의 자리에서, 때로는 최선을 다하는 혼신의 집중과 전심전령全心全靈을 소진消盡하는 질주의 행로에서, 때로는 혼미한 어둠에 몸을 적시고 경쟁에 이기는 것만이 삶의 전부로 생각해온 폐쇄적 열기에 갇힌 나 같은 사람의 자리에서 이 글은 수없는 두 다른 세계의 간극을 오가고 있다. 아산은 그 둘을 아우르면서 지금 여기의 자아를 담담히 서술하고 있는 것이다. 그 글의 결미는 이러하다. "인생은 여러 가지이다. 온화한 삶과 질풍노도처럼 달리는 삶이 있으나 그 궁극의 염원은 한 가지라고 말할 수 있다. 평화와 자족自足을 느끼는 마음이다. 봄이 온다. 마음 깊이 기다려지는 봄이 아주 가까이까지 왔다."

아산은 기려 마땅한 인간이다. 그의 성취가 어마어마해서이기도 하려니와 그의 삶이 보여주는 그의 비범함 때문에 그렇기도 하다. 그러나 그렇다고 해서 우리가 그를 본으로 여기지 못할 바는 없다. 그는 비범함과 평범함의 다름을 알 뿐만 아니라 스스로 그 둘 사이에 가교架橋할 수 있는 실제적이고 구체적인 삶을 보여주고 있기 때문이다. 그렇다면 우리의 미래에도 아산은 여전히 기려지고 좇아 사는 본이 되는 상像이어야 한다. 우리가 정직한 인식을 의도하고 열린 상상력을 확보할 수 있는 한 그것은 현실일 수 있기 때문이다.

순응·확장·관리

- 아산의 학습생애

강대중(서울대학교)

학력

서울대학교 교육학과 졸업, 서울대학교 대학원 교육학과 석사, 미국 University of Georgia 대학원 박사(Ph.D. in Adult Education).

경력

문화일보 기자, 교육인적자원부 부총리 정책보좌관, 국가평생교육진흥원 국제협력팀장, 현 서울대학교 교육학과 교수.

저서 및 논문

《Life and Learning of Korean Artists and Craftsmen: Rhizoactivty》(Routledge, 2015, 단독), 《최신 교육학개론(2판)》(학지사, 2012, 공저).

〈한국 상장교육기업의 출현 및 성장과정에 관한 탐색적 사례연구〉, 한국교육, 41(1), 2014(공저).

〈Emergence of informal educative space out of an anonymous online bulletin board in Korea during the global economic crisis〉, International Journal of Lifelong Education, 32(3), 2013(공저).

1. 들어가며

이 연구는 〈현대〉 창업자인 아산 정주영의 삶과 성취를 교육학적으로 조명하여 아산 연구의 지평을 확장하려는 의도에서 시작되었다. 아산을 교육학적으로 조명할 필요성은 무엇보다도 아산 스스로가 자신의 생애를 평생학습의 관점에서 해석했던 점에서 찾을 수 있다. 그는 76세에 발간한 첫 자서전 《시련은 있어도 실패는 없다》의 서문에 자신은 가능성을 현실로 바꾸어 내는 학습 활동을 평생 지속했다고 밝히고 있다.

> 인간의 잠재력은 무한하다. 이 무한한 인간의 잠재력은 누구에게나 무한한 가능성을 약속하고 있는 것이다. 나는 나에게 주어진 잠재력을 열심히 활용해서 가능성을 가능으로 이루었던 것이지 결코 특별한 사람이 아니다. 단, 누구에게든 무엇이든, 필요한 것은 모두 다 배워 내 것으로 만든다는 적극적인 생각, 진취적인 자세로 작은 경험을 확대해 큰 현실로 만들어 내는 것에 평생 주저해 본 일이 없을 뿐이다. 목표에 대한 신념이 투철하고 이에 상응한 노력만 쏟아 부으면 누구라도 무슨 일이든 할 수 있다.[1]

아산의 학교 교육 경험은 일제시대 소학교 5년 수학이 전부

1 정주영, 1991, p.7.

이다. 소학교 입학 전 서당을 3년 다닌 것과 세 번째 가출 때 서울에서 부기학원을 잠시 다닌 것을 포함하더라도 아산의 일생에서 불과 8년 정도가 비교적 체계적인 교육을 받은 기간이다. 교육받은 기간은 짧지만 아산은 자신의 삶이 학습에 의해 가능했다고 자신 있게 말하고 있다. 인간이 평생에 걸쳐 성장하고 발전하는 과정에서 학습이 가장 핵심적인 활동이라고 아산은 증언하고 있다. 만약 그의 생애에서 학습활동이 교육받은 기간에 국한되지 않는다면, 그가 언제 어디에서 무엇을 어떻게 학습했는지를 조명하는 것은 그의 삶과 성취를 이해하는데 매우 중요하다.

아산의 생애는 일본 식민 지배와 해방, 한국전쟁, 산업화, 두 차례에 걸친 군사정변과 민주화라는 맥락 속에서 전개되었다. 기업가로서 아산을 연구한 Steers(1999, p.223)는 〈현대〉와 동아시아의 최빈국이었던 한국은 동일한 비전을 가지고 있었으며, 그 둘은 "같은 길을 따라서 성장하고 번영해왔다"고 파악한다. 〈현대〉의 성장 과정은 한국 경제의 성장 과정과 동일선상에 있다는 것이다. 한국의 산업화는 영국, 독일, 미국 등 서구의 산업화와 대비하여 흔히 '후발 산업화late industrialization'로 불린다. Amsden(1989)은 한국이 후발 산업화에 성공한 핵심 기제로 학습learning을 꼽고 있다. 역사적으로 한국보다 앞서 산업화에 성공한 국가들의 핵심 기제가 발명invention이나 혁신innovation이었다면 한국 등 후발 산업 국가들은 학습을 핵심 기제로 산업화에 성공했다는 것이다. 영국은 18세기 증기기관 등 새로운 기술의 발명을 통해 산업혁명의 나라가

되었다. 관찰과 시행착오에 기초한 새로운 기술의 발명은 유럽을 지배하던 신비주의, 종교주의적인 사고를 깨뜨리며 산업화를 촉발시켰다. 독일과 미국 등 두 번째로 산업화에 성공한 국가들은 정교한 과학적 이론과 실험에 기초한 기술 혁신을 핵심 기제로 새로운 단계의 산업화를 이끌었다. 이들은 새로운 상품과 제조 공정을 내놓으며 시장의 지배자가 되었다. Amsden은 한국, 일본, 대만, 브라질, 인도, 멕시코, 터키 등 후발 산업 국가들은 저임금, 국가 보조금, 생산성 향상을 기초로 기존 상품의 질을 향상시켜 시장 점유율을 높이는 방식으로 산업화에 성공했다고 본다. 이 국가들은 기술의 발명이나 혁신이 아니라 외국으로부터의 기술 이전 학습을 통해 선진 산업국가들과 시장 경쟁을 할 수 있게 되었다는 것이다. 물론 영국, 독일, 미국 등 선진 산업국가의 산업화 과정에도 기술 이전과 학습은 있었다. 그러나, 후발 산업국가들은 학습을 산업화의 핵심 기제로 삼았다는 점에서 확연히 다르다. Amsden은 그의 책에서 한국의 산업화를 이끈 중추적 기업 가운데 하나인 현대자동차를 사례로 어떻게 학습이 산업화의 핵심 기제 역할을 했는지도 설명한다.

〈현대〉의 주요 계열사들은 한국의 산업화에 핵심적인 역할을 했다. 〈현대〉의 성장 역시 학습에 의해서 가능한 것이었다면, 〈현대〉와 분리할 수 없는 아산의 생애를 학습의 관점에서 이해하는 것은 20세기 한국이 성취한 경제사회 발전의 한 단면을 조명하는 작업이기도 하다. 아산의 삶을 다룬 기존 연구들은 대부분 아산의 학습활동이 생애 초기에 국한된 것으로 이해한다. 가령, 김성수(1999)는 아산의 생애를 여덟 시기로 나눈다. 그는 둘째 시기를 '소년기의 교육과정'이라고 명명하며, 서당과 소학교에서 수학한 교육과정의 시기와 고향을 탈출하는 가출 시기로 나누어 기술하고 있다. 출생기와 소년기 이후 여섯 시기는 쌀가게 점원으로 출발해 아도서비스, 현대자동차공업사, 현대건설 등의 창업과 이후 성장 과정을 단계별로 나누고 있다. 아산이 경영 활동에 종사한 여섯 시기 동안 어떤 학습활동을 했는지는 거의 제시되지 않고 있다.

아산의 기업가로서의 자질을 다루는 대부분의 저작들은 그의 눈부신 성취를 가능하게 한 동력을 아산의 개인적 특출함에서 찾는다. 전국경제인연합회 부회장을 역임했던 김상홍은 아산의 개인적 자질을 다음과 같이 표현한 바 있다.

> 그는 우선, 빠르고 예리한 판단력을 갖고 있다. 복잡한 문제에 부닥쳤을 때, 그 핵심을 파악하고 대응하는 능력이 탁월하다. 명확하게 답이 나오면 집요하게, 열정적으로 밀어붙이는 추진력도 가졌다. 게다가 타고난 체력과 남보다 앞서는 성취 욕구 등, 사업가에게 필요한 능력을 모두 갖추었다고 해도 지나친 표현이 아니다.[2]

---

2 김상홍, 1997, p.72.

아산의 생애를 다루는 많은 저작들은 그의 경영자로서 자질을 일종의 타고난 능력으로 묘사하는데 주저하지 않는다. 그런데, 아산의 자질을 타고난 특성으로 환원하는 것은 그 특성의 발현이 현실에서 실패로 귀결되는 사태들의 해석을 곤란하게 한다. 가령, 고령교 복구, 태국 파타니 나라티왓 고속도로 건설, 대통령 선거 출마 등 아산의 생애에서 엿보이는 실패 사례들은 그의 타고난 자질들을 무색하게 만든다.

다른 편에서는 〈현대〉는 한국 현대사의 산물일 뿐이며 누구라도 동일한 조건이 주어진다면 아산처럼 성공할 수 있었다는 시각을 제시한다. "국가의 전폭적인 지원과 저임금을 견디는 잘 통제된 우수한 노동자가 있다면 정주영이 아니라도 '김주영'이나 '박주영'도 현대그룹의 회장이 될 수 있다"(이성태, 1991, p.166)는 것이다. 이 관점에서 보면 아산의 성취는 그의 개인적 자질보다는 당시의 시대적, 상황적 맥락 때문에 가능했다. 아산이 비록 대가를 받지는 않았다고 하지만 적지 않은 정치 헌금을 했으며, 국가의 차관 지급 보증 등 기업에 유리하게 작용했던 여러 정책 환경을 고려하면 이런 주장도 전혀 일리가 없는 것은 아니다.

아산의 삶과 업적을 이해하는데 있어 개인적 자질이나 시대적 맥락 중 어느 한편을 극단적으로 취하려는 경향은 개인과 사회구조를 이분법적으로 바라보는 사고를 반영하고 있다. 아산의 생애를 평생학습 관점에서 이해하려는 이 연구에서는 아산의 개인적 특성의 총화라 할 수 있는 아산정신이나 그의 삶에서의 성취는 그 자신과 〈현대〉 종사자들의 지속적인 학습활동의 결과라고 가정한다. 즉, 아산정신은 아산이 타고난 것이 아니며, 아산의 업적 또한 당대의 정치, 경제, 사회적 구조에 의해 결정된 것이 아니다. 그것들은 아산 자신의 말처럼 잠재적으로는 가능한 것들이었으나 아산과 〈현대〉 종사자들의 끊임없는 학습활동을 통해 실현된 것이다. 그렇다면 우리는 아산을 기업가이기에 앞서 평생학습자로 이해할 필요가 있다.

평생학습자로서 아산을 조명하는 것은 그의 삶에서 전개되었던 다양한 학습활동에 대한 탐색을 통해 가능하다. 어린 시절 고향 마을 이장 댁에서 구독하던 신문을 얻어 읽으며 도시 생활을 꿈꾸던 때로부터 〈현대〉 최고경영자와 전국경제인연합회(전경련) 회장으로서 다양한 분야의 전문가들과의 만남과 대화에 이르기까지, 아산은 끊임없이 학습활동을 지속했다. 이 학습활동이 아산이 맺었던 다양한 관계들 때문에 가능한 것이었다면, 아산은 끊임없이 새로운 학습 기회를 만들어내는 삶을 살았다고도 할 수 있다. 이 연구의 목적은 아산의 평생을 걸친 학습활동이 어떻게 그의 삶의 전개 맥락과 관련되어 있는지를 이해하여 평생학습자로서 아산을 조명하는 것이다.

이를 위한 구체적인 연구 문제는 "첫째, 아산의 평생에 걸친 학습활동에서 그의 독특한 학습자 자세는 어떻게 나타나는가? 둘째, 아산의 학습활동과 학습자 자세는 그의 생애 전개 과정에서 어떤 기능을 하였는가?" 이 두 가지이다.

2. 이론적 관점

평생학습과 경험

평생교육은 학령기 학생을 대상으로 학교에서 교과를 가르치는 활동에 집중된 교육에 관한 담론 지형을 확장시켜왔다. 학교 바깥에서 다양한 연령대를 대상으로 한 교육이 중요하다고 여기게 된 것은 평생교육 담론의 확산 때문이다(김종서 외, 2009). 평생교육은 학교에 집중되었던 교육학의 연구 영역도 성인기 교육 현상으로 확장시켰다. 서구에서는 19세기 말 북유럽에서 안드라고지andragogy 개념이 등장하면서 성인기 교육에 대한 관심이 생겨났다. 안드라고지 개념의 세계적인 확산에 큰 공헌을 한 Knowles(1970)는 안드라고지를 성인들의 학습을 돕는 기예와 과학으로 정의한다. Knowles는 안드라고지의 기본 가정을 네 가지로 제시했다. 첫째, 성인 학습자들은 타인에 의존하기보다는 자기주도적이다. 둘째, 성인들은 학습에 사용할 수 있는 풍부한 경험을 가지고 있다. 셋째, 성인들의 학습 준비도는 사회적 역할과 관련된 발달 과업과 긴밀하게 연결되어 있다. 넷째, 성인들은 학습한 내용을 즉시 적용하기를 원하기 때문에 교과 중심보다는 문제 중심으로 학습하고자 한다. 이 가정들은 성인들의 학습에서는 정해진 교육과정보다 삶의 다양한 경험이 더 중요하다는 점을 보여준다.

평생교육 연구 전통에서 학습자의 경험은 그 핵심 개념으로 자리 잡았다. 농촌의 비문해자들의 생활 경험에 기초한 교수방법으로 제안된 페다고지(Freire, 1970), 구체적인 경험이 어떻게 지식 창출의 과정으로 연결되는지를 설명하는 경험학습이론(Kolb, 1984), 삶의 위기에 대한 대응을 통한 자기 변화를 학습 과정으로 설명하는 전환학습이론(Mezirow, 1991), 포스트모더니즘이 배태하는 학습 경험의 다차원적 속성(Usher, Bryant, & Johnston, 1997) 등은 경험과 그에 대한 성찰을 학습 이론의 핵심 개념으로 삼는다. 이 이론들은 다양한 직업에 종사하며 사회생활을 하는 성인들의 학습을 이해하는 과정에서 발전되어 왔다.

성인기의 학습을 설명하는 이 이론들은 생애의 어느 한 국면이나 단계에서 나타나는 학습 현상을 설명하는 데에는 유용한 반면 인간의 학습활동이 평생에 걸쳐 어떤 양상으로 전개되며, 어떻게 그 개인의 삶의 형성에 관여하는지를 살피는 데에는 어려움이 있다. 학습활동의 역사성과 학습 공간의 다양성을 포괄하며 인간의 삶에서 나타나는 학습 현상을 포착하는 데 한계가 있다는 것이다(Kang, 2007). 즉, “학습이 평생 지속되는 활동이고, 우리 삶의 여러 다양한 공간 안에서 발생하며, 특정 시점과 공간에서 나타난 학습활동이 다른 시점과 공간에서 나타난 학습활동과 연계”(성태제 외, 2012, p.431)된다면, 이를 포착하는 새로운 안목이 필요하다.

평생교육 담론의 확산과 더불어 주목받고 있는 평생학습은 학습활동의 시간성과 공간성을 포착하려는 개념이라 할 수 있다.

평생학습은 단순히 학습이 평생 동안 지속된다는 점을 강조하는 개념이 아니다. 평생학습의 '평생'을 '학습'을 수식하는 관형어가 아니라 삶, 생활, 인생을 의미하는 명사로 본다면, 평생학습은 평생(삶, 생활, 인생)과 학습이 역동적으로 관계맺는 현상에 주목하는 개념으로 이해할 수 있다. 평생학습에 관한 경험적 탐색은 따라서 한 개인의 생애에서 이 관계맺음이 어떻게 전개되는지를 이해하는 것을 일차적인 목적으로 한다. 이 관계맺음은 '삶에서 길어 올린 학습', '삶을 길러 내는 학습'으로 표현될 수 있다(강대중, 2013). 즉, 학습은 삶에서 배태되는 활동이며, 삶은 학습에 의해 가능한 것이다. Field(2012)는 이를 삶을 위한 학습learning for life, 삶으로부터의 학습learning from life이라고도 표현한다. 한 개인의 평생학습을 연구하는 것은 이 관계맺음의 구체적인 양상을 탐구하는 것이라 할 수 있다.

학습생애경로

삶과 학습이 관계 맺는 양상은 세 가지 차원에서 살펴볼 수 있다(Kang, 2015, pp.32-34). 첫째, 생애 전개 차원이다. 학습활동은 출생으로부터 사망에 이르기까지 그 동기, 능력, 과정, 결과에 대한 평가 준거 등이 다르게 나타난다. 생애 전개와 함께 인간은 발달 과정을 거친다. 학습은 발달의 단계에서 핵심적인 활동이다. 문화화, 사회화라고도 불리는 아동청소년기에서 성인기로의 이

행은 소속된 문화와 사회의 규범과 가치관을 얼마나 잘 학습했는가와 긴밀하게 관련된다. 대부분의 인간은 '학교교육 이수-졸업-취직-결혼-자녀 출산-양육-은퇴-노화'라는 일반적인 생애 전개의 각 단계에 필요한 학습 과업을 달성하고자 노력한다. 예를 들어, 결혼과 자녀 출생으로 인한 부모로의 이행은 각 개인에게는 상당한 학습을 요구한다. 은퇴 이후의 삶으로의 이행과 관련된 학습은 사회적으로도 큰 과제가 되고 있다.

둘째, 생활 영역 차원이다. 학습활동은 가정 생활, 학교 생활, 직업 생활, 여가 생활, 종교 생활 등 다양한 생활 영역에서 나타난다. 학교는 생애 전반부 20여 년 동안 영향력이 매우 큰 생활 영역이다. 개개인의 정체성이 '유치원생-초등학생-중학생-고등학생-대학생-대학원생'처럼 학교급에 따라 부여될 정도이다. 학교의 학력 수여 기능은 평생학습의 공간을 형식학습formal learning, 비형식학습non-formal learning, 무형식학습informal learning으로 구분하는 기준이기도 하다(Coombs & Ahmed, 1974, Merriam, Caffarella, & Baumgartner, 2007). 인간의 학습활동은 학교 바깥에서도 광범위하게 전개된다. 우리는 직업 능력을 향상시키기 위해, 스포츠 등 여가를 향유하기 위해 학습한다. 또, 모든 종교는 신도들의 학습을 촉진하는 요소를 품고 있다. 한 생활 영역에서의 학습활동은 다른 생활 영역에서의 학습활동과 때로는 독립적으로, 때로는 매우 긴밀하게 관계를 맺으며 평생학습의 다양한 양상을 생성한다.

셋째, 인생 의미 차원이다. 인생은 그 자체가 학습의 대상이다.

우리는 삶에서 겪는 중요한 경험에 나름의 의미를 부여한다. 또한 자신의 인생의 의미가 무엇인지, 그 의미에 걸맞은 삶은 어떤 모습을 지녀야 하는지를 끊임없이 자문한다. 이는 삶 그 자체를 소재로 한 학습이라 할 수 있다. 이 삶의 의미에 대한 학습 결과는 진학, 직업, 결혼 등 삶에서 중요한 선택을 하거나 사회적 역할과 정체성 혼돈 등 위기에 처했을 때 결정적으로 작용한다.

생애 전개, 생활 영역, 인생 의미라는 세 차원에서 포착되는 평생학습은 개개인의 삶이 학습활동으로 가득 차 있다는 것을 보여준다. 그렇다고 삶에서 경험하는 모든 것이 학습과 관계되는 것은 아니다. 오히려 삶의 다양한 경험들은 학습으로 연결될 가능성이 충만한 상태에 있다고 할 수 있다. 삶의 다양한 경험들 중 학습으로 연결되는 경험들을 통해 개개인 그리고 개개인이 속한 공동체는 독특한 삶의 길을 생성한다. 평생학습이 만들어 내는 이러한 삶의 길을 학습생애경로learning life course라고 한다(성태제 외, 2012, pp.436-439). 공자가 자신의 생애를 회고하며 제시한 '지우학志于學-이립而立-불혹不惑-지천명知天命-이순耳順-종심從心'은 학습생애경로의 한 표현이다. 학습생애경로와 그 구성단위들 간의 관계의 양상을 설명하는 과정에서 연구 대상인 개인과 공동체의 삶을 평생학습의 관점에서 이해할 수 있다.

3. 연구방법-학습생애사

아산의 평생에 걸친 학습활동의 전개 양상과 그 과정에 나타난 학습자 자세에 주목하는 이 연구는 학습생애사(강대중, 2009)를 연구방법으로 활용하였다. 한 인물에 대한 생애사적 접근은 1980년대 이후 인문사회과학의 주요 연구방법으로 자리 잡았다. 인간의 생애에 기초한 연구 방법에 대한 여러 학문 분야의 관심을 "전기적 선회"라고 지칭한다. 전기적 선회는 실증주의, 결정주의, 사회적 구성주의 같은 사회과학 담론이 사람들의 실제 삶으로부터 유리되어 있다는 반성에서 비롯되었다(Chamberlayne, Bornat, & Wengraf, 2000). 전기적 접근은 개인의 혹은 개인에 관한 주관적 서술을 연구 자료로 사용한다. 개인의 생애에 관한 서술은 그 개인이 속해 있었던 사회적, 문화적, 역사적 맥락의 실재를 포함하고 있다. 따라서 생애사는 개인에 대한 연구에 그치는 것이 아니라 사회상을 적극적으로 드러내는 연구에도 활용될 수 있다(이지혜, 2005, pp.423-431). 학습생애사는 일반적인 전기적 접근을 평생학습 연구에 활용한 것이다.

연구 자료

이 연구에서는 울산대학교 아산리더십연구원이 발행한 아산 관련 자료 목록(아산리더십연구원, 2014)을 활용해 연구 자료를 수집하였다.[3] 수집한 연구 자료는 세 가지 유형이다. 첫째, 아산의 목소리가 그대로 담겨 있는 1차 자료이다. 자서전 《시련은 있어도 실패는 없다》, 《이 땅에 태어나서》와 아산의 주요 연설문과 매체 인터뷰를 편집한 《아산 정주영 연설문집》, 《이 아침에도 설레임을 안고》, 《새로운 시작에의 열망》, 《한국경제 이야기》 등 저서 형태로 출판된 자료들이 대표적이다. 울산대학교 아산리더십연구원이 소장하고 있는 아산의 미출간 연설문 녹취록도 여기에 해당한다. 《또 하나의 기적을 만든다: 정주영과 참모들의 대화록》(이호, 1997)도 저자가 아산과 그 주변 인물들을 수차례에 걸쳐 인터뷰한 내용을 편집한 것으로 아산의 목소리가 그대로 담겨 있다. 1차 자료는 아산이 자신의 삶을 직접 회고하는 내용을 담고 있다. 학습생애사는 이런 회고 과정에서 학습자가 자신의 삶을 통합적으로 이해하게 된다고 본다. 학습자는 과거의 경험들을 있는 그대로 전달하는 것이 아니라 나름의 방식으로 그 경험들을 해석하는데, 이 과정에서 자기 자신과 세계에 대한 고유한 관점을 구축한다.

둘째, 아산과 함께 〈현대〉에 종사했거나 아산과 교류했던 인물들의 인터뷰나 저술 등 2차 자료이다. 《세기의 도전자, 위기의 승부사 정주영: 이봐, 해봤어?》(박정웅, 2007), 《정주영, 희망을 경

3 필자는 2002년 서울대 교육학과의 김신일 교수(현 명예교수) 연구실에서 수행하였던 아산 정주영의 학습생애 연구에 연구보조원으로 잠시 참여한 바 있다. 당시 연구진으로 소장 자료를 제공해주시고 조언을 해주신 김신일 교수와 한림대 이지혜 교수, 국가평생교육진흥원 고영상 박사에게 감사드린다.

영하다》(조상행, 2012), 《등대없는 바다를 날다》(음용기, 2009), 《나는 대한민국 외과의사다》(민병철, 2006), 《길이 없으면 길을 닦아라》(음용기, 장우주 외, 2005), 《나의 삶 그 열정의 무대에서》(이양섭, 2008), 《백인문집: 아산 정주영과 나》(아산 정주영과 나 편찬위원회, 1997), 《또 하나의 기적을 만든다》(이호, 1997) 등에는 아산과 함께 근무하거나 교류한 경험이 생생히 들어있다.

셋째, 아산과 〈현대〉의 성장 과정 등을 담고 있는 학술 저작물과 일반 출판물 등 3차 자료이다. 학술 저작물은 대부분 〈현대〉의 성장 과정이나 경영자로서 아산의 특성을 분석한 것들이다. 일반 출판물들은 언론인 혹은 직업 작가들이 아산의 생애와 업적을 일반 독자들이 쉽게 이해할 수 있도록 기술한 것이다. 언론인들의 저술은 5공 청문회 증인 출석과 대통령 선거 출마 등 정치 영역에서 아산의 모습도 다루고 있다.

분석의 범위와 단위

이 연구에서는 1915년에 출생해 2001년에 타계한 아산의 생애 가운데 1991년 이후는 분석에서 제외하였다. 이것이 아산이 1992년 대통령 선거 과정에서 행한 연설과 인터뷰, 그리고 1991년 이후 발행한 책 등을 분석에서 제외한다는 의미는 아니다. 그보다는 아산의 삶에서 1991년 이후 있었던 주요한 학습활동을 이 연구의 분석에서는 제외한다는 것이다. 그 이유는 두 가지이다.

첫째, 1992년 정치 참여를 선언한 이후 학습활동과 관련된 회고를 거의 찾을 수 없다. 아산은 정치 참여 이후에도 다양한 학습활동을 지속하였을 것이다. 그러나 정치 참여 과정을 통해 무엇을 어떻게 학습했는지, 정계 은퇴 후 이어진 수사와 재판 등 일련의 사건들 속에서 어떤 성찰과 학습을 했는지 등과 관련된 구체적인 자료를 수집할 수 없었다.[4]

둘째, 아산중앙병원 원장으로 일하며 아산의 건강 상태를 비교적 소상히 알고 있었던 민병철은 아산이 1991년쯤에는 한쪽 눈이 거의 실명 상태였으며 이 무렵부터 인지능력도 떨어지기 시작했다고 증언하고 있다.[5] 아산이 일간신문을 읽는 것으로 하루를 시작했으며 항상 책읽기를 했다는 것을 고려하면 적어도 1991년 이후 아산의 학습 생활에 적지 않은 변화가 있었을 것으로 보인다. 물론 시력과 인지능력이 저하되어도 학습활동을 지속할 수 있다. 그러나 학습활동이 위축되었을 것으로 짐작되는 이 시기를 이 연구에서는 제외하였다.

---

4 정치 참여에 대한 아산의 자기 성찰은 다음 내용이 거의 유일하다. "혹자는 나의 대통령 출마에서의 낙선을 두고 '시련은 있어도 실패는 없다'라고 주장하던 내 인생의 결정적 실패라 하는 모양이지만, 나는 그렇게 생각하지 않는다. 쓰디쓴 고배를 들었고 보복 차원의 시련과 수모도 받았지만 나는 실패한 것이 없다. 오늘의 현실을 보자. 5년 전 내가 낙선한 것은 나의 실패가 아니라 YS를 택했던 국민들의 실패이며, 나라를 이 지경으로 끌고 온 YS의 실패이다. 나는 그저 선거에 나가 뽑히지 못했을 뿐이다. 후회는 없다."(정주영, 1998, p.428).

5 "정 회장과 야유회를 간 적이 있는데, 1991년쯤으로 설악산 단충 놀이를 갔을 때다. 당시 정 회장은 한쪽 눈이 거의 실명 상태였다. 그는 산에 오르는데 자꾸만 넘어지곤 했다. 주변에서는 회장의 연세 때문에 다리 힘이 없는 줄 알고 곁에서 부축해주었다. 그러나 사실은 시력이 안 좋아 자꾸만 헛발을 디딘 것이었다. 어느 순간 뒤돌아서서 날 쳐다보는 정 회장의 눈빛과 마주쳤을 때, 내 가슴은 찢어질 듯이 아팠다. 한쪽 시력으로만 산길을 오르는 것은 여간 어려운 일이 아니다. 사물의 깊이와 높이는 물론, 거리도 가늠이 제대로 안 되기 때문이다. 돌이켜 보면 이때부터 정 회장은 이른바 인지능력이 떨어지기 시작했다."(민병철, 2006, pp.174-175).

이 연구에서는 학습생애사의 네 가지 분석 단위인 학습 조건, 학습 사건, 조건화된 학습자, 학습자 자세 가운데 학습자 자세를 중심으로 자료를 분석하였다(강대중, 2009, pp.212-214; Kang, 2015, pp.38-43). 첫째, 학습 조건learning conditions은 제보자인 학습자와 독립적으로 존재하는 외적 사실이다. 예를 들어, 일제 식민 지배 시기 소학교와 부기학원을 다녔던 아산의 경우 당시의 학교 제도나 직업교육과 관련된 내용들은 아산의 자서전에 기술된 내용 외에도 관련 자료를 살펴볼 수 있다. 둘째, 학습 사건learning events은 삶의 다양한 사건 경험 가운데 학습활동과 관련된 것이다. 학습 사건은 학습이 일어난 시간과 공간 및 구체적인 학습 내용을 포함한다. 학습 사건은 학습에 영향을 미친 사람, 학습이 일어난 배경과 경로 등 줄거리가 있는 이야기로 구성된다. 셋째, 조건화된 학습자conditioned learner는 구체적인 학습 사건의 맥락에서 학습 조건이 작동하는 모습이다. 즉, 외적인 학습 조건이 학습자가 경험하는 개별 학습 사건의 맥락 속에서 학습활동을 구체적으로 규정하는 모습이다. 넷째, 학습자 자세learner positions는 조건화된 학습자가 학습 조건과 학습 사건에 대해 취하는 행동의 양상이다.

분석 단위로서 학습자 자세는 다음 세 가지 측면이 서로 연결되어 있다(Kang, 2015, p.40). 첫째, 학습자의 지리적 위치이다. 한국 혹은 농촌에서 태어난 학습자는 미국이나 유럽 혹은 도시에서 태어난 학습자와는 다른 학습 조건과 학습 사건을 경험한다. 학습자는 생애 전개 과정에서 한 지역에서 다른 지역으로의 이주를 통해 새로운 학습 조건과 학습 사건을 만나기도 한다. 둘째, 학습자는 연령, 성별, 계급과 계층, 인종 등 다양한 요인에 의해 발생하는 권력 관계에서 상대적인 위치를 점유한다. 이 상대적인 위치는 학습자가 경험하는 학습 사건의 속성에 영향을 미친다. 셋째, 학습자는 학습 기회에 대해 나름의 관점과 태도를 보인다. 개별 학습자는 동일한 학습 기회에 대해 서로 다른 관점과 태도를 가질 수 있다. 한 학습자가 인생의 서로 다른 시기에 경험하는 유사한 학습 기회를 정반대의 관점과 태도를 가지고 대할 수도 있다. 이러한 세 측면이 서로 연결되어 있는 학습자 자세는 한 개인의 삶에서 끊임없이 변화한다.

분석 과정

자료 분석의 구체적인 과정은 다음과 같다. 첫째, 수집한 모든 자료를 전체적으로 읽으며 아산의 생애를 전반적으로 이해하였다. 학술 저작물들의 관점을 살피며 이 연구의 연구 문제와 이론적 관점을 다듬었다. 둘째, 1차 자료와 2차 자료만 두 차례 정독하며 아산의 학습활동 관련 내용이 기술된 부분을 추출하였다. 1차 자료와 2차 자료에는 반복해서 등장하는 내용들이 다수 있었다. 셋째, 학습활동 관련 내용을 추출하며 1차 분석 메모를 작성하였다. 분석 메모는 서지 관리 소프트웨어인 Sente를 활용하여 아산의 생애 전개 및 〈현대〉의 성장 과정과 관련된 핵심 단어와 의미 분석을 담았다. 개별 분석 메모는 한두 단어에서 한 두 단락에 이르기까지 다양한 분량으로 작성되었다. 넷째, 학습 활동을 담은 추출 자료와 1차 분석 메모를 질적 연구 소프트웨어인 MAXQDA에 입력한 뒤 포스트모던 내용 분석 방법(강대중, 2009; Kang, 2015)에 따라 형상화figuration의 범주를 구성하였다. MAXQDA의 메모 기능을 활용해 2차 분석 메모를 작성하였다. 2차 분석 메모는 주로 연구 문제와 이론적 관점을 염두에 두고 작성하였다. MAXQDA의 코딩과 검색 기능을 이용하여 추출 자료들을 비교하는 과정이 병행되었다.

4. 연구 결과

아산의 평생에 걸친 학습활동과 학습자 자세는 순응, 확장, 관리로 형상화할 수 있었다. 이 세 가지 학습자 자세를 아산의 인생 전개와 생활 영역 차원에서 살펴보면, 순응의 학습자 자세는 주로 생애 초기 고향에 머물 때와 가출 후 자영업에 종사하던 시기의 학습활동에서 두드러지게 나타났다. 확장의 학습자 자세는 가출부터 〈현대〉의 계열사를 창업하는 시기의 학습활동에서 주로 나타났다. 관리의 학습자 자세는 〈현대〉가 안정적으로 발전하는 단계에 접어들고, 첨단산업에 진출하면서 부각되었다. 각각의 학습자 자세는 아산의 삶의 형성과 평생학습의 인생 의미 차원과 긴밀하게 연결된다. 아산의 학습자 자세는 삶에의 집중(순응), 생활의 자립(확장), 인생의 향상(관리)이라는 측면에서 그의 삶을 형성하는 기능을 하였다. 이 세 측면은 아산의 평생학습을 인생 의미 차원에서 포착하는 핵심 개념이기도 하다.

순응: 삶에의 집중

주어진 삶

아산은 소학교에 입학하기 전 서당에서 《천자문》, 《동몽선습》, 《소학》, 《대학》, 《맹자》, 《논어》와 《무제시無題詩》, 《연주시聯珠詩》, 《당시唐詩》를 배웠다. 한문 공부를 상당히 한 셈이지만 아산은 공부가 재미있었다고 기억하지 않았다.

> 서당에서는 새벽서부터 전날 배운 글을 외워 바치고 못 외우면 종아리를 맞고, 그러고 나서 다시 종일 배워가지고 그걸 또 다음 날 새벽에 달려와서 책을 덮고 외워 바쳤지요. 그때에 만약 못 외워 바치면 틀리는 대로 훈장이 종아리를 때리니까 맞는 게 무서워서 외웠지만 지금 생각해도 어린아이들한테 대단히 어려운 글을 외우게 한 거죠. 한문에 어려운 글자가 한없이 나오지 않습니까.[6]

---

6 이호, 1997, p.21.

매가 무서워 외운 한문의 문장들은 "일생을 살아가는데 있어서 내 지식 밑천의 큰 부분이 되었다"(정주영, 1991, p.22)고 고백할 만큼 그의 가슴에 깊이 새겨졌다. 인생에서 어려움에 처할 때면 그는 한문 글귀를 통해 자신을 성찰하였다. 가령, 고령교 공사에서 큰 손해를 입어 동생들의 집을 팔아야 했을 때를 '득의지시 변생실의지비(得意之時 便生失意之悲, 뜻을 이룰 때 실패의 뿌리가 생긴다)'라는 글귀에 비추어 생각하며 배움의 기회로 삼았다.

소학교 시절부터 아산은 '일등 농사꾼'으로 훈련받기 시작한다. 부친은 아산이 근면 성실하게 논밭을 일구어 형제들을 돌보는 장자의 임무를 감당하기를 원했다. 소학교 졸업 뒤에도 2년 동안 계속되었던 부친과의 농사일을 통해 아산은 그에게 주어진 장자의 삶에 순응하는 것을 자신도 모르는 사이에 배웠다.

> 그때를 생각하면 내가 오늘날 사업을 하지만 내 자신도 모르게 아버지의 정신을 본받은 것 같애요. 피는 못 속이는 거지요. 내가 맨 처음에 생산 공장으로서 단양에 시멘트 공장을 만들었습니다. 그런데 그걸 셋째 동생한테 아낌없이 주었던 겁니다. 그뿐 아니라 세상 사람들이 다들 알고 있겠지만 회사를 만들면 동생들한테 전부 하나씩 줬습니다. 내가 그렇게 줄 수 있었던 것이 어떻게 보면 아버지의 정신을 받아서 한 거죠.[7]

---

7 이호, 1997, p.24.

농사일은 자연의 섭리에 순응하는 삶, 자연을 경외하는 삶을 아산에게 가르쳐 주었다. 아무리 힘들여 농사일을 해도 가뭄이나 때 이른 서리라는 자연적인 현상 때문에 빈곤한 삶을 벗어날 수 없었던 괴로운 시절이었지만, 이 시절 아산은 자연에 순응하는 삶의 태도를 체득했다.

> 본인은 소년 시절 농촌에서 성장하면서 참담한 빈곤을 경험했습니다. 그러나 가난한 소년기의 너무나 많은 쓰라린 경험으로 인하여 그 후 본인의 성장 과정에 도움이 되는 여러 가지 교훈을 익혔다고 봅니다. 그 교훈은 한마디로 해서 "자연의 섭리"라고 할까, "자연에 대한 경외"라고 할까, 그러한 것이 아니었는가 생각합니다. 본인은 모든 능력이 자연의 섭리 가운데서 발휘되어야 한다고 생각합니다. 또한 본인은 경제에도 자연의 섭리에 유사한 원리가 작용하는 것으로 생각하며 사생활에 있어서나 기업의 경영에 있어서나 항상 자연의 섭리에 따르지 않으면 안 된다고 생각합니다.[8] 〔1985년 8월 3일〕[9]

어린 시절 아산은 주어진 조건에 만족하며, 주어진 삶에 최선을 다해 집중하는 것의 소중함을 배웠다. 그가 부친으로부터 물려받은 정신적 유산이라 자부하는 근면과 성실은 주어진 일에 집

---

8 정주영, 1997b, pp.191-192.

9 아산의 인터뷰나 연설을 직접 인용하는 경우에는 인터뷰 혹은 연설 일자를 표기했다.

중하는 동안 자연스럽게 자기의 것이 되었다.

주어지지 않은 삶

아산은 가난한 집안 형편 때문에 소학교를 다니며 꿈꾸었던 학교 선생님이 되는 것을 포기할 수밖에 없었다. 상급 학교에 진학하거나 도회지로 취직한 동기들이 있었지만, 그것은 소학교를 전체 2등으로 졸업했어도 그에게 주어진 삶이 아니었다. 열다섯 살 아산은 동네 이장 댁에서 구독하던 신문을 얻어 읽으며 아버지처럼 사는 삶이 아니라 도시에서 변호사로 살아가는 상상을 했다. 신문에 실린 소설과, 기사, 광고를 보며 공사판 노동자 혹은 경리 일을 하면서라도 도시에서 살고 싶어졌다. 신문은 소년 아산에게 주어지지 않았던 삶을 꿈꿀 수 있었던 통로였다. 이때부터 신문은 그에게 삶의 지침을 제시하는 역할을 했다. 훗날 '신문대학'을 졸업했다는 말로 자신의 학력을 얘기할 정도였다. 젊은 시절 아산은 "신문에 게재된 격언을 매일 노트에 담아서 나의 뜻으로 하도록 힘써"(정주영, 1997a, p.68) 공부하기도 했다.

아버지의 소 판 돈 70원을 훔쳐 나선 세 번째 가출 때 아산은 서울에서 부기학원을 다니며 위인전을 읽기 시작했다. 위인들의 이야기는 그에게 주어지지 않은 삶을 개척할 수 있다는 용기와 희망을 주었다.

> 특히 나와 비슷하게 가난한 집안에서 태어나 백절불굴百折不屈의 강인

한 정신력과 용감무쌍한 투쟁력만으로 마침내 프랑스 공화국 황제가 된 '나폴레옹전'은 나에게 무한한 희망과 용기를 북돋워 주어 수 없이 반복해 읽었다. 링컨 역시 나와 비슷하다고 생각했다. 산골에서 태어나 도시로 온 것도 비슷했고 노동을 한 것도 비슷하고, 나처럼 항상 책에 굶주려 있었던 것도 비슷했다. (…) 위인들의 전기를 읽다가 특별히 마음에 와 닿는 구절은 공책에 일일이 베껴놓았다가 틈틈이 반복해 읽기를 거듭했다. 첫 새벽에 일어나 밤늦도록 위인전에 도취되어 읽기를 거듭했다).[10]

아산은 위인전 읽기를 평생 지속했다. 나폴레옹의 전기는 다 헤어져 떨어진 것을 권기태(1959년 현대건설 입사, 현대건설 부사장 역임)에게 선물하고 자신은 새 것을 사서 다시 읽기 시작할 정도였다(조상행, 2012, p.26). 1984년 작가 최일남과의 대화에서도 매일 새벽 신문을 읽는 것과 함께 주로 전기를 읽는 습관을 말했다.

최일남 독서는 주로 어떤 종류를 하십니까?

아산 전기를 주로 읽습니다.

최일남 어떤 전기입니까?

아산 역사적인 인물들의 전기죠. 플루타크 영웅전에서부터 나폴레옹의 전기까지 많이 읽었고 근래에는 일본에서 발행하는 경제인

10 정주영, 1991, p.50.

의 전기를 많이 읽습니다. 그 외에 일본 경제의 성공 실례들도 많이 읽고요. 그리고 신문을 열심히 읽습니다. 조간은 한 시간 정도 보고 석간은 30분쯤 보니까요. 아침 다섯 시에 일어나면 곧바로 신문을 보죠. 〔1984년 10월 9일〕[11]

아산은 "첫째가는 스승이 나의 부모님이셨다면 둘째 스승은 책읽기였다(정주영, 1998, p.416)"고 할 만큼 평생 책읽기를 계속했다. 젊은 시절 책읽기의 중심에 있었던 위인들의 이야기를 공책에 베껴 두고 집중적으로 읽으며 아산은 당장은 주어지지 않았던 삶이지만 그 삶을 개척하는 마음가짐을 다졌다.

개척하는 삶

인간은 과거를 회고하며 자신의 경험 중 특정한 것들을 골라내어 이야기로 엮어 낸다. 아산이 가출 이후 도회지에서의 삶을 개척하던 시기를 회상하는 이야기에 등장하는 사건들을 고르는 기준 가운데 하나는 배움의 유무이다. 가장 대표적인 것이 마지막 네 번째 가출 당시 인천 부두의 노동자 숙소에서 있었던 빈대 이야기이다.

빈대들이 벽을 타고 까맣게 천장으로 올라가고 있었다. 그러고는 천

---

11 정주영 1986, p.389.

장에서 사람 몸을 향해 툭 떨어지고 있는 게 아닌가. 그때 느꼈던 소름끼치는 놀라움을 잊을 수가 없다. 그리고 생각했다. '하물며 빈대도 목적을 위해서는 저토록 머리를 쓰고 저토록 죽을힘을 다해 노력해서 성공하지 않는가. 나는 빈대가 아닌 사람이다. 빈대한테서도 배울 건 배우자. 인간도 무슨 일에든 절대 중도 포기하지 않고 죽을 힘을 다한 노력만 쏟아 붓는다면 이루지 못할 일이 없다.' 돌이켜보면 내 인생은 줄곧 '더 하려야 할 게 없는 마지막까지의 최선'의 점철이 아닌가 싶다.[12]

아산이 빈대에게서 배운 것은 주어진 조건이 아무리 불리하고 어렵더라도 삶을 살아내기 위해 최선의 집중을 하는 것이었다. 다른 사람에게는 사소한 일로 보이더라도, 때로는 불가능해 보이더라도 아산은 자신에게 주어진 일이라면 최선을 다해 집중했다. 민병철(아산중앙병원장 역임)은 1990년 방한 중 담석증 발작을 일으킨 소련상공회의소 골라노프 부회장을 아산이 병원 현관에 서서 한 시간 넘게 기다린 일화를 소개한다. 원장실에서 기다리자는 민병철의 말에 아산은 "무엇이든지 한번 하기로 하면 분명하고 철저해야 한다. 누구를 도와주는 것도 마찬가지다. 조금 편하면 무엇하냐? 내가 기다리다 직접 차문을 열어주겠다(민병철, 1997, p.158)"고 답했다. 많은 이들이 불가능하다고 생각했던 올

12 정주영, 1998, pp.41-42.

림픽 유치도 아산의 주어진 일에 최선을 다하는 자세 때문에 실현되었다고 해도 과언이 아니다.

생애 첫 고정된 직장이었던 풍전엿공장을 일 년 만에 그만 둔 이유 중 하나는 배움의 기회를 가질 수 없었기 때문이었다. 배우지 못하면 장래가 없었다. 반면, 아산이 두 번째 직장이었던 쌀가게 배달원 생활을 돌아볼 때면 쌀가마를 싣고 자전거 타는 법을 배우기 위해 사흘 밤낮을 연습한 이야기가 등장한다. 아산은 "단순하기 짝이 없는 자전거 쌀 배달에도 공부해서 익혀야 하는 게 몇 가지는 있었다(정주영, 1998, p.35)"고 회상한다. 아도서비스를 운영할 때에도 아산은 주로 영업을 하고 수리는 동업한 기술자들이 맡았지만, 그는 배우는 일에 힘썼다. 공장에 불이 나던 새벽 전날에도 그는 밤늦도록 페인트칠하는 것을 배우다가 숙직실에서 잠을 잤었다. 다시 빚을 얻어 무허가 수리 공장을 하면서도 그는 낮에는 영업을 하고 밤에는 직공들과 함께 수리 일을 도우며 자동차에 들어 있는 기계의 기능을 공부했다. 이 공부는 단순한 기계의 원리에 그친 것이 아니었다. 그는 그때 서양의 합리성까지 깨우쳤다.

25-6세 때 자동차 수리업을 하게 되었습니다. 거기서 자동차라는 기계와 씨름을 하면서 농사하고는 다른 서양문물의 이치와 합리정신을 공부하게 되었으며, 이것은 확실히 그 후에 내가 건설업이나 중공업의 여러 분야를 하는데 직접 간접으로 아주 결정적인 도움이

되었습니다. 이를테면 건설업이 커지려면 기계화해서 많은 중장비를 다뤄야 하는데 우리 회사가 일찍이 본격적으로 사회간접시설이나 국가기간산업건설에 앞선 것도 나 자신 기계나 기계의 원리와 실제를 좀 알고 있던 덕분이고 그 이후에 자동차와 조선에 손을 댄 것도 그런 기초를 가늠할 능력이 있다고 자부했기 때문이었습니다.
〔1983년 10월 2일〕[13]

가출 이후 도시의 삶을 개척하는 아산은 자신에게 주어진 학습 기회에 집중했다. 그리고 그 과정에서 그는 근면과 성실, 서구 문명의 합리성을 체득했다. 아산의 가출 이후 개척의 삶은 최선을 다해 학습하는 삶과 다르지 않았다.

집중과 독선

순응의 학습자 자세는 주어진 삶에 집중하며 가치관을 체득하는 사건들과 주어지지 않은 삶을 개척하기 위해 배움의 기회를 놓치지 않는 형태로 나타났다. 아산은 새벽에 일어나 신문을 읽는 것으로 하루를 시작하고, 항상 라디오에 귀를 기울이며 정보를 취득하는 삶을 살았다. 아산은 그렇게 감지한 삶의 조건 변화에 능동적으로 순응하며 새로운 도전을 할 것을 강조했다.

---

13 정주영, 1985, pp.393-394.

> 오늘날 세계 경제사회는 유례없는 변화에 직면하고 있습니다. (…) 발전이란 변화를 올바로 수용하는 데서 비로소 가능한 것이라고 나는 믿습니다. 한마디로 오랜 세월 수직적인 분업체제로 구성되었던 세계경제가 보다 복잡하고 정교한 수평적인 분업 체계에 근거한 경제사회로 탈바꿈하려는 변화 때문에 고통을 당하고 (…) 실업문제로 고민하고 있는 선진국들은 그 활로를 식량, 에너지, 교통문제 등 많은 문제가 산적해 있는 세계의 모든 개발도상국과 손을 잡고, 개발도상국의 장기적인 생산증대를 통한 진정한 상호의존의 새로운 경제 구조와 순환체제를 만들어내는 데서 찾아야 합니다. 이를테면 미국은 이제 보다 넓은 시야에서 세계를 재발견해야 한다고 저는 생각하는 것입니다. [1982년 5월][14]

순응의 학습자 자세는 삶에 대한 무서운 집중력으로 아산의 삶 곳곳에서 나타났다. 그는 이 집중력이 불가능을 가능하게 한다고 믿었다. 아산은 울산 조선소 건설과 동시에 두 척의 배를 건조했을 때를 자기 생애의 전성기로 꼽는다. 이때를 회상하며 아산은 "인간의 정신력이라는 것은 계량할 수 없는 힘을 가지고 있고 모든 일은 실제로 그 정신력이 성패를 좌우하게 된다는 것을 배웠[1977년 11월 23일](정주영, 1997b, p.38)"다고 말한다. 이런 집중력은 나이보다는 시간을 살았던 일생이었다는 고백에서도 읽을

14 정주영, 1997a, p.13.

수 있다.

> 나는 또 나이라는 것에 별 의미를 두는 사람이 아니다. 나에게 가장 큰 의미가 있는 것은 언제나 내 앞에 놓여 있는, 내가 쓸 수 있는 '시간'이었다. 나에게 주어진 시간을 어떻게, 무슨 일로 얼마만큼 알차게 활용해서 이번에는 어떤 '발전'과 '성장'을 이룰 것인가 이외에는, 실상 내가 관심을 가진 것은 별로 없었다. 나는 나에게 주어진 시간이라는 자본을 꽤 잘 요리한 사람이라고 할 수 있다. 언제나 남보다 빠른 시간에 새로운 일을 계획하고, 뛰어들고, 마무리하고, 남이 우물쭈물하는 시간에 벌써 나는 돌진하면서, 그렇게 나는 대단히 바빴기 때문에, 나이 대신 '시간'만이 있었던 일생이었다고 해도 과언은 아니다.[15]

삶에의 집중이 항상 긍정적으로 나타난 것은 아니다. 아산은 어떤 사안에 대해 자신이 가장 많이 생각하기 때문에 가장 좋은 의견을 가지고 있다고 자신했다. 그런 자신감은 언제든 독선적인 사고와 행동으로 이어질 수 있었다. 아산이 정치에 뛰어들었을 때 그와 뜻을 같이했다가 떠난 정치인들은 그의 독선적 정당 운영에 불만을 토로했다(허영섭, 1993). 아산은 공사 현장에서 주어진 일에 집중하지 않는 노동자들에게 때로 손찌검과 욕설을 마다

---

15 정주영, 1998, p.199.

하지 않았다. 70년대 말 시작된 노사분규가 80년대 후반 민주화 항쟁을 거치며 노동조합이 결성되었다. 아산은 노사분쟁을 주제로 열린 한 간담회에서 "옛날 나는 주는 대로 받고 시키는 대로 일해 왔는데(김종규, 1997, p.116)"라고 말한 적이 있다. 〈현대〉는 어느 사업장보다도 극렬한 노사분규를 겪었다. 아산은 10년 동안 전경련 회장을 역임하며 한 번도 안건을 표결에 부치지 않았다. 순응의 학습자 자세는 아산이 삶에 집중하는 근본적인 힘이었지만 동시에 독선에 치우치게 만들기도 했다.

확장: 생활의 자립

아버지와 다른 삶

세 번째 가출 당시 부기학원을 다니며 위인전과 소설 읽기에 몰두해 있는 아산에게 아버지가 나타난다. 아버지는 그에게 고향에서 일등 농사꾼이 되어 집안을 돌보는 '주어진 삶'으로 돌아가자고 설득한다.

> 아버님께서는 한참 동안 아무 말씀 없이 우두커니 계시다가 (…) 우리 집안에도 집 버리고 서울로 온 사람은 하나같이 다 패가망신하고 끝났다. (…) 너는 보통학교〔소학교〕밖에 못 나온 촌놈이란 걸 알아야지 (…) 부기학원 나와 봤자 고작 '고쓰가이(사환)'밖에 더해? (…) 그러나 아버님처럼만 산다면 나폴레옹도 나올 수 없었을 것이다.[16]

"나폴레옹도 나올 수 없었을 것"이라는 생각은 들었지만 아버지의 눈물을 이길 수 없었던 아산은 고향으로 돌아가 농사에 진력했다. 그러나 다시 흉년이 들어 가정불화까지 일어났다.

> 흉년이 들면 집집마다 부부싸움이 잦아진다. (…) 지금도 생생히 기억하는 우리 부모님의 싸움은 언제나 양식 문제였다. (…) 성격이 강한 어머님은 한 마디도 지지 않으셨다. 그러다 보면 점점 감정이 격해지고 결국 밥상이 날아가곤 했다. '이대로는 안 되겠다.' 나는 다잡았던 마음이 도로아미타불이 되어버렸다. 무슨 일이 있어도 서울로 가서 농사가 아닌 다른 일로 성공하고 말겠다고 결심했다. 열아홉이 되던 해 늦은 봄, 나는 네 번째로 집을 떠났다. 이번에는 서울로 직행했다.[17]

아버지와는 다른 삶을 찾던 마지막 가출에서 아산이 자립의 기반을 다진 곳은 쌀가게 복흥상회였다. 배달꾼으로 일하며 아산은 신용의 중요성을 학습한다. 아산이 복흥상회 주인에게 신용을 얻으며 그 중요성을 배우는 데에는 그 이전에 학습한 두 가지가 결정적인 역할을 했다. 첫째, 그는 세 번째 가출 때 부기학원에서 잠시 배운 것을 쌀가게 재고와 장부 정리에 활용했다. 둘째, 농사

---

16 정주영, 1991, pp.52-53.

17 정주영, 1998, pp.26-27.

일을 하며 체득한 성실한 자세였다. 경리 사원이 되려고 다닌 부기학원이라는 생활 영역과 농사일이라는 생활 영역에서의 학습 결과가 쌀가게 배달꾼이라는 생활 영역에서의 새로운 학습으로 이어진 것이다. 신용은 아산이 사업가로 자립할 수 있는 기반을 구축하는 원동력이었다. 복흥상회 고객을 물려받아 생애 첫 사업으로 시작한 쌀가게 경일상회를 아산은 신용에 기초한 외상 거래로 운영했다. 일제의 배급제 실시로 경일상회 문을 닫은 뒤 아산은 신용으로 자동차 정비업체 아도서비스를 인수했다. 불의의 화재를 만났지만 그는 사채업자에게 신용을 얻어 이를 극복했다.

홀동광산의 운수 하청을 맡아 징용을 피한 아산은 해방 후 현대자동차공업사와 현대토건사를 잇달아 설립해 본격적으로 사업에 뛰어든다. 그런데 아산이 토건업으로 사업을 확장하는 것에 주변 모든 사람이 반대했다. 무작정 덤비는 것은 무모하다는 이유였다.

> 그러나 나는 전혀 무모하다는 생각이 안 들었다. 토건업이 그렇게 생소하지도 않았다. 우선 토목 공사판에서 노동도 했었고 무엇보다도 당시의 토건업이래야 대부분 수리나 영선이 고작이었는데 '까짓것, 견적 넣어 수리하고 돈 받기는 마찬가지지 뭘 그래?'라는 생각이 들었다.[18]

---

18 정주영, 1998, p.54.

해봤다는 자신감, 그리고 해봤기 때문에 된다는 것을 알고 있으며, 알고 있기에 어려움을 극복할 수 있다는 사고는 아산이 사업을 확장해 나가는 힘이었다. 현대자동차공업사와 현대토건을 현대건설주식회사로 합병한 1950년 한국전쟁이 일어났다. 전쟁은 새로운 전기가 되었다. 미군 통역으로 취직한 동생 정인영의 도움으로 미군 공사를 도맡아 하면서 사업 자본을 착실히 축적한 것이다. 고물상을 뒤져 아이젠하워 대통령의 숙소를 꾸며내고, 보리밭을 떠다가 한겨울에 유엔군 묘지를 푸르게 단장하는 등 아산과 주변 인물들의 임기응변이 빛을 발하던 시기였다.

스물다섯 살에 쌀가게로 자기 사업을 시작했던 아산은 해방 공간과 한국전쟁을 통해 건설업자로 자기정체성을 확립하며 생활의 자립에 성공한다. 아버지처럼 농사를 지으며 자연에 순응해서 사는 삶으로부터 인간의 무한한 가능성의 실험장이라 할 수 있는 건설업자의 삶으로 자신을 확장한 것이다.

> 본인의 본격적인 기업 경영은 건설업의 착수에 의하여 시작되었습니다. 그 건설업은 인간이 직접 자연을 극복하고 그것을 개조하는 업이므로 그러한 사업을 하는 가운데 본인은 인간 능력의 무한한 가능성에 대하여 눈을 뜨게 되었습니다. (…) 인간의 능력이 "자연의 섭리"를 다 극복할 수는 없다고 하겠지만 인간의 창의와 능력의 위대함을 체득했던 것입니다. [1985년 8월 3일][19]

자립의 위기: 실패 학습

현대건설은 한국전쟁 참전 미군 관련 공사로 자본을 축적하는 과정에서 아산과 김영주 등 소수의 핵심 구성원들의 역량에 의존하였다. 개인에 의존하는 경영의 한계는 1953년 4월 착공한 낙동강의 고령교 복구 공사에서 막대한 손해를 입는 것으로 나타났다. 계약 금액이 5,478만 환이었는데 적자 금액만 그보다 많은 6,500만 환에 달했다. 비슷한 시기에 벌인 조폐공사 공사에서도 7,000만 환의 적자를 보았다. 고령교 공사의 실패 원인을 아산은 세 가지로 성찰하고 있다. 첫째, 한국전쟁 말기와 전후 물가 상승이 두 배 정도에 그칠 것이라고 마음대로 판단해 연차적인 분할 계약을 하지 않고 일괄 계약을 했다. 실제 쌀 한 가마 가격은 공사가 진행되는 동안 40환에서 4,000환으로 100배 폭등했다. 둘째, 낙동강 바닥의 토질도 제대로 모르고 공사비를 계산했다. 셋째, 당시 국내 장비가 고령교 공사를 감당할 수 있는 수준이 되지 않는다는 것도 몰랐다(정주영, 1998, p.68). 아산의 이 성찰을 뒤집어 보면 현대건설의 초기 운영은 아산 자신을 포함해 소수 몇 명의 생각과 판단에 전적으로 의존했다는 해석이 가능하다.

아산은 이 위기 상황에서 공사를 포기하자는 주변의 주장을 신용을 지켜야한다는 일념으로 이겨 나갔다. 경일상회와 아도서비스를 운영하며 학습한 신용의 중요성을 지키려고 막대한 손해를

19 정주영, 1997b, p.192.

감수하는 길을 택한 것이다. 그리고 이 실패 경험을 "비싼 수업료를 내고 공부한 셈"(정주영, 1998, p.68)이라며 학습의 기회로 여겼다. 건설업에서 기계화와 장비화의 중요성을 경쟁 업체보다 더 빨리 학습한 기회였다는 것이다. 실제 장비에 대한 선제 투자의 결과는 수업료 이상이었다. 미군의 국내 장기 주둔을 위한 시설 공사에서 현대건설은 앞선 기계 장비로 큰 이득을 보았다. 이 경험 이후 그는 실패를 실패로 보지 않았다.

> 나는 사람에게 생명이 남아있는 한 실패란 있을 수 없다고 생각합니다. 그것은 왜냐? 모든 일에는 좋고 나쁜 면이 항상 공존하기 마련이고 또 그것은 항상 변하기 때문입니다. (…) 우리는 좋지 않은 일이 닥쳐오더라도 '이 시련은 나로 하여금 더 큰 일을 감당할 수 있도록 하기 위한 것이다' 이렇게 생각해야 합니다. [1983년 7월 29일][20]

큰 실패를 통해 큰 학습을 할 수 있다면, 실패는 더 큰 성취와 확장의 디딤돌일 뿐 끝이 아니었다. 실패 학습은 이후 〈현대〉의 성장에 큰 기폭제가 된다.

집단학습으로 확장

소수의 개인 역량에 의존하던 현대건설은 전후 복구 사업에 참

20 정주영, 1985, pp.38-39.

여하며 구성원들의 집단학습에 의존하는 경영으로 일대 전환을 한다. 특히 1950년대 말부터 시작된 미군 발주 공사는 현대건설의 첫 집단학습 터전이 되었다. 공사 초기에는 "시방서를 뜯어 합숙소 불쏘시개로 쓰기도 하고, 심지어는 설사병에 휴지로 쓰기도 하는, 웃을 수도 울 수도 없는 일들이"(정주영, 1998, p.73) 벌어질 정도로 형편없는 수준이었다. 아산은 미군이 발주한 오산비행장 활주로 공사와 인천 제1도크 복구공사를 실무 교육장을 활용하기 위해 최대한 많은 직원들을 현장으로 보냈다. 서울대 공대에 재학 중이던 한국전쟁 시기부터 현대건설에 참여했던 이춘림(현대중공업 회장 역임)은 당시의 큰 변화를 다음과 같이 회고한다.

> 얘기하고자 하는 건 기술입니다. 미군 공사를 주로 했기 때문에 정치 바람도 덜 탔지만 문제는 기술 축적이었지요. 웬만한 비행장 공사는 다 제가 참여했었습니다만 그런 걸 할 때마다 뭐냐 하면 새로운 기술, 새로운 공법, 그리고 '미국 연방시방서'에 대한 이해, 이런 기술들이 굉장히 급진적으로 늘어갔다 이거죠. 그러면서 새로운 기계를 도입했고 (…) 모든 걸 미군 감독관한테 테스트를 받고 검사를 받을래니 오죽했겠어요? 그게 전부 미국 연방 규격에 따라서 이뤄지는 것이고 그때마다 기술적 노하우가 쌓여지는 겁니다. (…) 이게 엄청난 일이고 경험 없이는 절대 못 해요. 그걸 우리가 미군들한테 배워가면서 새로운 장비도 투입하고 다 했습니다. 그러면서 기술자들은 영어를 하게 되고 관리자는 관리 능력이 늘고.[21]

현대건설은 1958년부터 대학 졸업자를 대상으로 기술직과 관리직 공채를 시작했다. 우수한 공채 인력이 미군 발주 공사 현장으로 나가 경험을 쌓으면서 회사의 기틀이 다져졌다. 미군 공사는 경영 수지의 개선과 더불어 회사의 면모를 일신하는 계기였다. 아산은 "미군 군납공사로 현대건설은 근대화를 앞당길 수 있었고 이 공사들을 하면서 미래 현대그룹이 그 윤곽을 드러내기 시작했다.〔1982년 5월 4일〕(정주영, 1986, p.43)"고 말한다. 현대건설은 미군 공사를 집단학습 기회로 삼아 근대적인 기업으로 발전한 것이다. 현대건설은 1957년 한국전쟁 이후 최대 단일 복구공사였던 한강인도교 공사를 수주해 고령교 실패의 악몽을 떨쳐냈고, 1960년 국내 건설업체 중 도급 한도액 1위를 차지한다.

확장의 수업료

4·19와 5·16의 정치적 격변기에 불거진 건설업계 정경유착 비판에 아산은 또 다른 차원에서 회사의 자립을 도모한다. 1963년부터 해외로 사업을 확장한 것이다. 아산은 "학생들의 비판이 옳았고 그에 대한 변명은 설득력이 없다"〔1990년 9월 18일〕(정주영, 1997a, p.163)고 생각해 "권력과 유착해서 공사를 하는 것이 아니라 실력이 있어서 공사를 따낸다는 것을 보여주려고"〔1977년 11월 23일〕(정주영, 1997b, p.27) 해외로 눈을 돌렸다. 그러나 당시

---

21 이호, 1997, pp.116-117.

현대건설의 기술력은 국제 수준에서 보면 여전히 보잘 것 없었다. 1965년 국내 기업 최초로 해외 수주에 성공했던 태국 파타니 나라티왓 고속도로 공사에서 무려 3백만 달러의 적자를 보고 말았다. 522만 달러에 수주한 공사에 820만 달러가 든 것이다. 국제 수준에 맞는 공사를 하기에는 모든 것이 부족했다. 당시 공사 현장에 사원으로 파견됐던 이명박(현대건설 회장 역임)의 회고다.

> 비싼 돈 들여서 공사를 다 해놓으면 감독관들이 와보고는 전부 뜯으라고 하는데, 우리나라에서는 조금 잘못돼도 적당히 하던 때인데 세계은행에서 나온 감독관들이 시방서대로 안됐다고 뜯으라고 하니까, 그게 뭐 1미터 2미터 잘못된 걸 뜯으라는 것도 아니고 1킬로 2킬로씩 다 해놓은 걸 뜯으라고 하니까 속이 안 뒤집어져요? (…) 당시 정주영 사장이 의자를 들고 나가서 길바닥에 앉아가지고 나는 못 뜯는다고 버티고 감독관은 뜯으라고 난리고 (…) 생각해봐요, 그 광경을.[22]

큰 손실이 예상되면서 고령교 복구 공사 때처럼 공사 중단 건의가 나왔다. 아산의 매제 김영주는 이때도 아산이 "여기서 우리가 중단한다고 하면 앞으로 대한민국 기업의 해외 진출은 길이 막히는 게 아니냐(이호, 1997, p.214)"며 손해를 보더라도 신용을

22 이호, 1997, p.310.

지키는 길을 택했다고 회고한다. 그리고 이 공사는 국내 미군 공사에 이어 현대건설의 두 번째 집단학습 터전이 되었다. 태국 고속도로 공사에서 "당시 젊은 토목 기사 김국, 김용재, 백대명, 이종득 등은 미국 기술회사 현지 감들관들로부터 미국 표준시방서에 관한 과외 공부까지 받아가면서 선진국 건설 기술을 습득"(조상행, 2012, p.168)했고, 아산 자신도 크게 발전했다.

> 해외 진출 첫 무대인 태국에서 얻은 귀중한 경험은 건설회사로서의 시공능력과 경영관리 체제 그리고 무엇보다도 그때까지 가지고 있던 구태의연한 사고방식을 혁신시키는 데 크게 기여했다고 생각합니다. 이 공사에서의 온갖 시행착오를 거쳐서 비로소 국제적인 건설업체로 탈바꿈할 수 있었기 때문에 나는 이 파타니 나라티왓 고속도로 공사는 말하자면 현대건설의 성인식이었다고 보고 있습니다. 〔1982년 5월 4일〕[23]

그것은 건설업자로서 아산 자신의 성인식이기도 했다. 그렇지만 현대건설이 본격적으로 해외로 사업을 확장하기 위해서는 더 많은 집단학습 기회가 필요했다. 세 번째 집단학습 기회는 베트남 전쟁 이후 태평양 괌에 주둔한 미군의 시설 공사 수주가 제공했다. 현대건설은 베트남 전쟁 중 메콩강 준설공사, 캄란 소도시

23 정주영, 1986, pp.60-61.

건설공사, 세탁 용역 사업 등을 통해 태국에서의 손실을 만회하면서 미군의 신용을 얻었고, 이를 바탕으로 1969년 괌에 진출했다. 베트남 현장 인력이 괌으로 옮겨가 국제 표준에 맞는 시공과 관리 경험을 더 쌓았다. 아산은 "완전한 미연방 시방서에 의한 경험은 이 괌도에서 얻었다"며 "그곳에서 PC공법과 조립식 주택 건설 경험 등 건축분야에서 괄목할 만한 기술을 축적"(1982년 5월 4일)(정주영, 1986, p.63)했다고 말했다. 괌에서의 집단학습 결과는 1970년대 중반 중동 진출에 결정적인 원동력이 되었다.

해외 확장 과정에서 실패와 시련을 통한 학습 사례는 더 있었다. 베트남 메콩강 준설 공사 성공 경험을 이어가려 수주했던 호주 번버리항 준설 공사(1970년 수주)는 현지의 엄격한 노동법과 노동조합과의 갈등으로 공사를 마치지 못하고 철수를 했다. 미국 알래스카 허리케인교량 공사(1969년 수주)도 하청회사 관리를 잘못해서 부도가 나는 바람에 수십만 달러의 손해를 보고 공사를 마쳤다. 이 두 공사에 직간접적으로 관여했던 음용기(현대종합상사 사장 역임)는 이 경험을 "비싼 수업료"였다고 회고한다. 해외건설 현장의 다양한 측면을 이해하는 것의 중요성을 배울 수 있었기 때문이다. 호주 공사 실패는 이후 파푸아뉴기니의 지하발전소 건설공사 성공의 밑거름이 되었다. 허리케인 교량 공사 경험도 중동 진출에 집중하지만 않았더라면 북미 진출 교두보가 됐을 것이다(음용기·장우주 외, 2005, pp.183-186).

요컨대, 아산과 현대건설은 해외 확장 과정에서 재정적 손실을 입는 몇 차례의 공사 경험을 통해 돈으로 살 수 없는 집단학습의 기회를 얻었다. 이 과정에서 '실패로 인한 손실은 값비싼 수업료'라는 집단 의식도 확고하게 형성되었다.

국가 자립과 동행

현대건설이 해외 확장 과정에서 습득한 기술과 정보는 국내 기간시설 공사 현장으로 환류되었다. 특히, 태국 고속도로 공사에서 학습한 결과는 경부고속도로 건설에 크게 기여했다. 현대건설은 공사비 계산과 설계에 참여한 것은 물론 전체 구간의 40% 시공을 맡았다. 태국의 파손댐 건설 수주 경쟁에 참여하기 위해 전 세계의 댐 공사 현황을 조사한 내용을 기초로 소양강댐을 일본공영이 설계한 콘크리트댐에서 사력댐으로 바꾸어 공사비를 크게 줄이기도 했다.

현대건설은 미국과 독일 등 선진국 건설업체가 국내에서 시공하는 플랜트와 발전소 공사에도 하청업체로 참여해 기술 습득을 계속했다. 국내 플랜트와 발전소 공사 참여는 미군 공사, 태국, 괌에 이어 선진 기술을 배우는 네 번째 집단학습의 터전이었다(정주영, 1998, pp.93-96). 초창기 국내 공사를 맡은 외국 회사들은 국내 회사들을 믿지 않았다. 1954년 당인리화력발전소 증설 공사를 맡았던 미국 벡텔은 용접공도 미국에서 데려다 썼다. 1959년 호남비료 공장 건설에 참여한 서독 루르기 열공업주식회사는 국내 기술진의 탱크 용접 길이를 하루 18미터로 제한했을 정도였다.

현대건설은 1960년대 외국 기업의 하청업체가 되어 외국 기술자들로부터 플랜트와 발전소 공사 기술을 학습해 사회간접시설 건설 기술의 자립에 성공했다. 아산은 "그때 만약 우리들에게 모든 건설 공사의 자국화에 대한 의지와 사명감이 없었거나 약했다면 신생 한국의 건설 시장은 그대로 오랫동안 외국 건설업체들의 해외 건설 시장이 돼버렸을 것"(정주영, 1998, p.95)이라고 평가한다. 국내에서 습득한 기술력이 중동에 진출하는 기반이 된 것은 물론이다.

국내 건설 공사의 자국화 과정을 거치며 '현대건설은 국가와 더불어 성장한다'는 정신이 확고해졌다. 가출 이후 개인의 자립에 몰두했던 아산의 사고가 국가의 자립으로 확장한 것이다. 아산은 이 정신이 부산 피난 시절에 싹트기 시작했다고 말한 바 있다.

> 노동을 하면서, 쌀가게 주인이 되어서, 자동차 수리 공장을 하면서 나라를 위해서 나는 무엇을 할 것인가를 생각하지는 않았다. 솔직히 말해 그때까지는 내 가족들, 내 직원들만 챙기면서 나 자신의 발전만을 생각하며 살았다. 나이를 먹으면서, 또한 하는 일이 달라지거나 커지면서 생각의 테두리도 점점 커지는 것이 아닐까? '현대건설은 국가와 더불어 성장한다'는 목표가 내 마음 속에 심어진 것은, 굳이 시점을 집어내라면 아마도 6·25 피난 시절 무렵이었을 것이다. 만약 내 이익만을 추구하면서 오늘까지 왔다면 도저히 지금의 '현대건설'만큼 성장할 수는 없었을 것이다[24].

아산은 1975년 본격적인 해외 진출 무대로 중동을 선택한다. 오일 파동으로 국가가 부도 위기에 처한 상황을 타개하기 위해서는 중동에 진출해 오일 달러를 벌어들이는 길밖에 없다고 판단했기 때문이다. 동생 정인영을 비롯해 적지 않은 회사 간부들이 중동 진출에 반대했지만 그의 신념을 꺾을 수는 없었다. 아산은 동생과 결별하고 1976년 국가 예산의 절반이 넘는 9억 3천만 달러에 사우디아라비아 주베일 산업항 공사를 수주했다. 이후 현대건설의 성공적인 중동 진출은 국가와 함께 성장한다는 정신을 현실로 일구어 낸 역사였다.

국가의 성장과 동행하는 아산의 신념은 조선과 자동차 산업 진출 과정에서도 나타났다. 조선소 건설을 위한 차관 협상이 난항에 부딪히자 절망한 아산은 당시 박정희 대통령을 만나 포기 의사를 전한다. 그런데 그 자리에서 아산은 국가 발전을 위한 박 대통령의 의지에 감동해 유럽으로 발길을 돌려 차관과 유조선 수주에 성공한다. 현대자동차가 독자 모델 포니를 개발하고 후속 사업을 벌이던 1977년, 아산은 당시 주한 미국 대사인 스나이더로부터 자동차 독자 개발 포기 압력을 받는다. 이때 아산은 자동차 산업은 "한국이 앞으로 선진공업국으로 진입하는데 반드시 필요한 것"이라며 "그동안 건설에서 번 돈을 모두 쏟아 붓고 실패한다 하더라도 후회하지 않을 것"(박정웅, 2007, p.23)이라고 답했다.

24 정주영, 1998, pp.105-106.

요컨대, 아산의 확장의 학습자 자세는 개인과 회사의 자립을 넘어 국가의 자립이라는 큰 이상과 연결되었다.

신뢰와 긍정

아산의 삶에서 확장의 학습자 자세는 신뢰와 긍정을 통해 견고하게 유지되었다. 첫째, 아산은 인간의 능력을 절대적으로 신뢰했다. 인간의 여러 능력 가운데 그가 가장 크게 신뢰한 것은 학습 능력이었다. 회사가 존망의 기로에 섰던 고령교 복구 공사 실패를 그는 학습의 기회로 생각했다. 국내외의 공사 현장을 자신의 경영 능력과 회사 구성원들의 선진 기술 습득을 위한 집단학습의 장으로 활용했다. 그는 하급 기능공들이 교육 수준과 무관하게 자기 앞가림을 하는 학습 능력이 있다는 점을 특별히 신뢰했다.

> 우리나라가 선진국과의 〔비교에서〕 자질이 모자라는 것은 경영인들입니다. 최고 경영인들입니다. 최고 경영인들의 인격이라고 하든지, 사고든지, 국가를 생각하고, 국민들의 측면이든지, 사고가 부족한 점이 제일 많고, 그 다음이 중견 관리자, 중견 지도자들입니다. 우리나라의 기능자〔기능공〕는 오랜 문화적 측면과 혜택으로써 (…) 교육을 많이 받았든 적게 받았든 가장 짧은 시일에 전부 자기 앞가림은 할 수 있고, 능력을 가지고 있습니다. 이것이 한국 경제가 세계의 경제를 따라갈 수 있는 가장 큰 요소라고 생각하고 있습니다.[25]

둘째, 아산은 어떤 상황에서도 긍정적인 마음을 유지했다. 현대토건사를 설립할 때, 중동에 진출할 때, 조선소 건설 차관을 구하러 다닐 때, 주베일 산업항 공사에 필요한 자켓을 보험도 없이 해상 수송할 때 등 아산은 새로운 일을 추진할 때마다 부정적 시각과 반대에 부딪혔다. 그때마다 아산이 긍정적인 마음을 견지할 수 있었던 것은 경험을 통해 학습했던 것으로 해낼 수 있으며 필요하다면 새로 학습하면 된다고 생각했기 때문이었다. 아산은 조선소 건설에 마음이 있던 초창기에 전문가들과의 대화 모임에서 "왜 쇠가 물에 뜨냐"(방일영, 1997, p.212)고 물었을 정도로 선박 건조에 무지했었다. 그럼에도 아산은 건설 현장에서 집단학습한 결과로 충분히 조선업에서 성공할 수 있다고 판단했다.

> 비록 우리가 조선업에 대한 경험은 없지만 발전소나 정유공장 등을 많이 해 보아서 어떤 형태든 철판에 대한 설계나 용접은 자신이 있고 내연기관을 장착시키는 일도 아무것도 아니라는 생각이 들었습니다. (…) 정유공장을 세울 때처럼 탱크를 도면대로 구부려서 용접을 하면 되고, 속의 기계도 우리가 건물을 지을 때 냉온방 장치 다 따로 넣듯이 (…) 그동안 산업플랜트를 하면서 많은 기술을 습득했고 기계, 강전, 약전 등 어떤 계통이든지 각급 기술자가 다 있기 때문에 선박이 아무리 어렵다 하더라도 다 해낼 수가 있다고 생각했습

---

25 1982년 10월 28일 현대중공업 특별 훈시.

니다. 〔1977년 11월 23일〕[26]

채수삼(금강기획 사장 역임)은 항상 "된다, 된다"를 강조하는 아산 때문에 처음에는 부정적인 직원들도 "나중에는 전부 최면술에 걸린 것처럼 확신을"(이호, 1997, p.87) 하게 되었다고 말한다. 노년의 아산은 긍정의 마음이 인생의 방향을 정하고 인류 발전에 기여한다고 확신했다.

> 우리는 성장하면서 사회를 알고 배우고 체득해가면서 자기 형성을 하는데, 사물을 보는 관점이나 사고의 방향, 마음 자세에 따라서 일생이 크게 달라진다. (…) 긍정적인 사고가 절대적으로 중요하다. 인류의 모든 훌륭한 발전은 긍정적인 사고를 가진 사람들에 의해 주도되어왔다는 것을 잊어서는 안 된다.[27]

관리: 인생의 향상

일터는 학습터

1970년대 건설과 조선에서 대성공을 거두면서 〈현대〉는 중소기업에서 대기업으로 변신한다. 학습의 힘으로 〈현대〉를 일구어

---

26 정주영, 1997b, pp.28–29.

27 정주영, 1998, p.411.

낸 아산은 직장을 학습하는 곳으로 관리하려고 했다. 그는 기업을 돈벌이만을 위한 집단으로 보는 것은 유치한 사고라고 생각했다(정주영, 1997a, p.82). 아산에게 기업은 "인간 생활의 현장이요 인격의 수련장이며 인간을 위한 인간의 단체"〔1985년 8월 3일〕(정주영, 1997b, p.192)였다. 그는 초중등학교에서 기초적인 학습을 마친 사람은 직장에서 지속적으로 학습하며 참된 인격의 형성과 발전을 이룬다고 보았다. 그렇기 때문에 기업은 '생활의 집단'이라는 게 아산의 생각이었다. 생활의 집단에 속한 구성원들은 자기 자신과 동료의 성장을 더 중시한다. 돈벌이는 학습을 통해 성장하면 자연스럽게 해결된다.

> 기업은 이익 추구의 집단이 아니라 생활의 집단입니다. 거기 모여서 자기가 얼마나 성장했느냐가 중요한 것이지 거기서 받는 급료가 얼마냐가 더 중요한 것이 아닙니다. 자기의 직장을 통해 전문지식이 향상되고 자기의 분야가 향상되면 물질적인 문제는 정비례해서 다 해결되기 마련입니다. 그러므로 우리 생활에서 가장 중요한 것은 직장에서 얼마나 빠른 시간 안에 자기가 성장하고 있으며 자기 부하를 얼마나 성장시키고 있느냐가 중요한 것입니다. 〔1985년 1월 12일〕[28]

누구나 학습을 통해 자신의 잠재력을 실현할 수 있기 때문에

---

28 정주영, 1985, p.461.

아산은 직장인들의 평등 의식을 강조했다. 누구나 성실히 일하며 성장하는 것은 동일하기 때문이다. 직장 내 지위의 높낮이는 일을 효율적으로 하기 위한 수단일 뿐이었다. 그래서 아산은 소위 학력이 높은 관리자들이 그렇지 못한 사람들을 낮춰보는 태도를 경계했다.

> 본인의 생각으로는 인간은 누구나 다 위대한 잠재력을 가지고 있다고 믿고 있습니다. 기업에 있어서도 중간 관리자들이 학교 교육을 제대로 받지 못한 사람들을 경시하는 것을 간혹 봅니다만 그것은 전혀 잘못된 생각이라고 봅니다. 기업에 있어서 또 사회나 국가에 있어서도 발전을 주도하는 것은 자본이나 기술이 아니라 인간이며, 인간 중에서도 오직 지식이나 학교 교육만을 갖춘 사람보다도 못 배웠어도 성실한 마음자세를 가진 인간이라고 생각합니다. 성실한 마음을 지니고 확신에 넘쳐 있는 사람은 정치의 벽이나, 국적의 벽이나, 기술의 벽도 능히 극복할 수 있다는 것을 본인은 수많은 경험을 통하여 체득하고 있는 터입니다. [1985년 8월 3일][29]

'일터=학습터'라는 아산의 생각은 현대건설이 국내외 현장에서의 집단학습을 통해 성장한 경험과 맞닿아있다. 아산은 특히 해외 건설 현장에서 혹독하게 훈련받은 직원들을 절대적으로 신

---

29 정주영, 1997, pp.192-193.

임하며 중용했다. 아산에 따르면, 해외 건설 현장은 네 가지 측면에서 인격을 갖춘 인재를 양성하는 요람이었다. 첫째, 건설 현장이 있는 나라의 언어, 습관, 풍속, 법률 등을 성공적으로 학습해야 한다. 둘째, 공사 발주처, 기술회사 등 이해관계가 다른 사람들과 원만한 관계를 유지하는 역량을 키워야 한다. 셋째, 일이 끝나면 흩어질 기능공들의 의욕을 불러일으키며 지휘할 수 있어야 한다. 넷째, 자연적인 악조건을 극복해내야 한다(정주영, 1985, p.70). 요컨대, 아산에게 인재란 단순히 학력이 높은 사람이 아니라 현장 경험을 통해 자신과 구성원들의 성장을 관리하는 학습에 성공한 사람이었다.

학습하는 문화

〈현대〉에서 인재가 되는 길은 따라서 자기 성장을 위한 최대한의 학습 기회를 만들어 내는 것이었다. 아산은 젊은 사원들에게 그 방법을 다음과 같이 제시한다.

> 가장 참된 지식을 가지고 있는 사람만이 가장 큰 일을 감당해낼 수 있는 인재가 됩니다. 그 참된 식견은 어려운 처지에 있는 사람들의 생활도 직접 경험해 보고 해야만 생기는 것입니다. 그렇기 때문에 젊은 시절에는 한 자리에 편안히 오래 앉아 있으려고 하지 말고, 가장 빠른 시간 안에 열심히 더 많은 것을 경험하고, 더 많은 지식을 터득해서 폭넓은 식견을 구비해야 합니다. 스스로 원해서 어려운 일

을 맡고, 힘든 지역에 가고 해서 어려운 시련을 이겨 내는 경험을 젊을 때에 미리미리 쌓아야 합니다. 그것이 미래를 사는 젊은이들의 바람직한 자세라고 나는 확신합니다. [1983년 10월 24일][30]

어렵고 불가능해 보이는 일에 도전해 큰 학습 기회를 만드는 것은 확장의 학습자 자세에서 살펴본 대로 아산의 기업 경영 전략이기도 했다. 문제는 경험을 통한 학습이 쉽지 않다는 점이다. 초창기 해외 건설과 선박 영업에 참여했던 음용기(현대종합상사 사장 역임)는 "가르쳐 주는 노련한 선배도 없었고 참고할 만한 서적을 찾을 수도, 읽고 익힐 시간도 없었다"(음용기, 2009, p.65)고 회상한다. 현대중공업이 1980년대 해양개발로 사업 영역을 확장할 때에도 관리자들은 계약서를 이해할 수 없었고, 기술자들은 해양설비에 대한 지식이 전무했다. 배운 사람도 가르쳐 줄 사람도 없는 상태를 "혹독한 공부"로 이겨낼 도리 밖에 없었다(음용기, 장우주 외, 2005, pp.127-136).

아산이 이런 상황에서 회사 조직을 관리한 방법은 "다소 어렵고 경험이 부족하더라도 내가 노력해서 공부를 하고 언어를 익혀가면서 무슨 일이든 내가 수행해보겠다는 진취적인 생각"[1975년 2월 13일](정주영, 1985, p.244)을 요구하는 것이었다. 그것은 항상 학습하는 자세를 〈현대〉 내부에 문화로 정착시키는 것이

---

30 정주영, 1985, p.60.

었다. 학습 문화가 생활공간에도 뿌리내리도록 하는 한 방편으로 아산은 1990년대 들어 울산 현대중공업 사원 주거 지역에 모두 6개의 평생학습시설을 조성하기도 했다.[31] 지역사회가 학습의 터전이 되어야 한다는 아산의 생각은 1960대말부터 지역사회 교육운동에 참여한 것이 직접적인 계기였다. 아산에게 지역사회 교육은 사회복지보다도 근 10년을 앞서 시작한 사회 공헌 활동이었다. 아산은 1968년 학교 시설을 주민교육에 활용하는 미국 다큐멘터리를 교육계 인사들과 함께 시청하였다. 당시 학교 시설을 개방하는 것이 한국에서는 시기상조라는 의견이 대두되자, 아산은 "내 회사 시설을 지역사회에 개방하여 우리 사회 전체가 잘 살 수 있는 계기를 만들겠다"(한국지역사회교육중앙협의회, 1992, p.43)고 나섰다. 아산은 이듬해 한국지역사회학교후원회를 조직하고, 아동과 청소년, 학부모, 노인 등을 위한 교육 프로그램 제공, 강사 양성 등 지역 사회에 학습 문화를 확산시키는 운동에 헌신했다.

기술 동승 학습

건설, 자동차, 중공업, 전자 등 아산이 〈현대〉의 주력으로 삼은 네 분야는 창업 당시 선진국과의 기술 격차가 매우 컸다. 건

---

31 평생학습시설 조성에는 80년대 말 극렬하게 전개된 노사 분규의 결과로 각종 사원 복지가 확대된 것도 영향을 미쳤을 것이다.

설은 1950년대부터 다양한 규모의 국내외 공사 현장에서 비교적 장기간 기술 습득을 했지만, 1970년대 이후 진출한 다른 세 분야는 국제 수준의 기술을 단기간에 확보하기 위한 전략이 필요했다. 아산이 택한 방법은 힘들더라도 처음부터 해당 분야 세계 최고 기업들의 발전 수준에 동승하는 것이었다. 아산은 "날아가는 비행기에 뛰어 올라 동승하지 않고는 선진국 수준으로 따라간다는 것은 불가능하다"〔1984년 10월 15일〕(정주영, 1997b, p.48)고 생각했다. 따라가는 동안 선진국은 또 앞서갈 것이기 때문이다. 아산은 자동차, 중공업 창업 초기에 세계 최고 수준의 외국인 기술자들을 중역으로 기용했다. 단기간에 최신 기술을 습득하기 위해서였다. 공장 시설도 세계 최고와 최대 규모를 염두에 두고 만들었다. 1980년대 자동차 투자를 확대할 때도 세계 일류 기업들과 어깨를 나란히 하는 것을 목표로 했다. 1983년 전자산업에 진출할 때는 아예 미국 캘리포니아에 법인을 설립하고 제품 설계와 공정 개발을 시도하기도 했다. 〈현대〉의 핵심 계열사들은 아산의 이런 전략하에서 단기간에 세계 최고 수준의 기술을 보유할 수 있었다.

기술 동승을 목표로 〈현대〉의 학습을 관리하는 모습은 순응의 학습자 자세 혹은 확장의 학습자 자세와는 다른 차원의 상황 인식에 근거하고 있었다. 관리의 학습자 자세는 삶에의 집중이나 생활의 자립을 넘어 개인과 국가 사회의 한 단계 높은 향상을 추구하는 것과 맞닿아 있다.

이제까지 우리의 발전의 원동력이었던 근면과 용기만으로는 선진국이 될 수 없다는 것입니다. 이에 더하여 기술과 자원의 확보를 선진국 수준으로 향상시켜야 합니다. 경제발전 수준의 격차는 기술의 격차와 정비례하는 것입니다. 새로운 기술이 발전되면 이를 빨리 도입해서 기업화하는 시간을 단축하는 것이 선진국과의 발전 격차를 줄이는 첩경입니다. 따라서 기술혁신을 정책역점과 경영전략의 최우선에 두어 기술혁신의 시대를 이룩해야 할 것입니다.〔1979년 7월 26일〕[32]

향상심과 창의

아산은 인생의 향상을 위해 지속적으로 학습했다. 소학교 시절 창가唱哥를 못해서 늘 성적이 2등이었던 아산은 스스로 음치라고 자부했다. 그런데 장년의 아산은 신입 사원 수련회나 사적인 여러 모임에서 유행가를 한두 시간 동안 20여 곡이나 내리 부르곤 했다. 그의 노래에 감탄한 사람들에게 아산은 여럿이 모인 분위기를 해치지 않기 위해 국내외 공사 현장을 오가는 차 안에서 같은 노래를 수백 번씩 반복해 들으며 익혔다고 말하곤 했다. 권기태(현대건설 부사장 역임)는 아산이 왈츠를 배운 일화도 소개한다.

노르웨이의 항구도시 바겐에 있는 조선소를 아산과 같이 견학했다.

---

32 정주영, 1997b, p.171.

저녁에 바에서 사람들이 춤을 추고 있는데 처음부터 끝까지 왈츠다. 우리는 보기만 하고 나왔다. 얼마 후 괌에 갔다. 아침에 호텔방 커튼을 젖히니, 아산이 해안에서 왈츠 스텝을 연습하고 있었다. 그 사이에 왈츠를 배운 것이다.[33]

신문과 책 읽기 외에도 아산은 문인, 예술가, 교육자, 언론인, 종교인, 학자 등 다방면의 인사들과 교류하며 새로운 학습의 기회를 지속적으로 만들었다. 책의 저자나 신문 칼럼의 집필자들에게 독후감을 써서 보내거나 전화로 소감을 전하기도 했다. 아산과 교류했던 이들은 호기심과 배움의 열의로 가득한 이로 그를 기억하고 있다(구상, 1997; 김인자, 1997; 김자경, 1997; 정원식, 1997).

아산은 〈현대〉의 학습을 관리하는데도 향상심을 강조했다. 아산은 직원들에게 "자신의 생활의 향상뿐만 아니라 밑에 있는 사람들을 이끌어 올리고 그 가정을 향상시킬 의무를 가지고"(정주영, 1977.10.8, 현대중공업 현장 조 반장 훈시)있다고 강조했다. 아산은 기업의 일상 활동인 결재 과정에서도 향상심이 항상 발휘되어야 한다고 보았다. 결재란 아랫사람을 감독하는 게 아니라 가르치고 배우며 성장하는 과정이기 때문이다.

33 권기태, 1997, p.49.

웟사람이란 아랫사람에게 많은 것을 가르쳐 주고 아랫사람을 발전 시켜 줄 수 있는 역량을 가지고 있어야 합니다. 그렇지 못할 때는 윗사람으로서 제대로 앞가림을 한다고는 볼 수 없는 것입니다. 아무 생각 없이 회사에 나와 앉아서 서류 결재를 했다면 그것은 쓸모없는 사람입니다. 왜? 결재라는 것은 밑의 사람들을 감시하자고 만든 기능이 아니고 진취적이고 창의적인 발전을 기하기 위해서 만든 기능이기 때문입니다. 서류가 올라오면 종횡으로 대비해보고 구상해보고 하는 것이 윗사람의 할 일입니다. 〔1981년 5월 7일〕[34]

향상심은 새로운 것을 궁리해 내는 창의력과 다르지 않다. 창의력은 스스로 부족한 것을 아는 것에서 비롯된다. 아산은 자녀 교육에서 이 점을 특히 강조했다. 부족한 것을 채워주는 것이 아니라 무엇이 부족한지를 알게 해주는 것이 교육적이며, 창의력이 있는 자녀로 키우려면 늘 모자란 듯 키워야한다고 생각했다. 부모의 절제하는 삶이 자녀 교육에 매우 중요하다는 것이다.

나는 좀 더 큰집에서 좀 더 호화롭게 살 수 있는 능력은 있지만 그렇게 안 합니다. (…) 젊은 사람들 교육을 위해서, 우리 집안의 애들 교육을 위해서도 나는 항상 부족한 듯 모자라게 사는 것이 좋다고 생각합니다. 애들이 부족한 걸 모르고 성장하면 절대 창의력이 없고

34 정주영, 1985, p.98.

미래가 없는 법이에요.[35]

자녀 교육에서 창의력 강조는 생명의 무한성, 인류의 무한한 발전에 대한 그의 신념과 맞닿아 있다. 아산은 생명 그 자체의 무한한 향상을 믿었다. 유한한 인간은 앞 세대로부터 물려받은 일을 더 발전시켜 더 나은 세상을 후손에게 물려주는 데에서 인생의 의의를 찾는다. 아산은 인간은 이 발전의 영원한 과정에 참여해 기쁨을 누린다고 생각했다.

> 개인으로서의 자기밖에 모르는 사람은 현실에 안주하고 찰나적인 향락에 빠져들지 모르지만 인간의 의지란 자기 자신을 넘어 영구히 존재하는 것이고 무한히 발전한다는 확신, 자기가 못다 한 일은 자기 자손이 해낼 것이라는 확신, 우리 세대의 숙제는 우리 다음 세대에 풀어진다는 확신을 가진 사람은 오로지 성취를 통해서 이 영원한 자기를 확인하고 그런 과정 속에서 보람을 찾아 진정한 삶의 기쁨을 누리게 되는 것 같습니다. 〔1983년 10월 2일〕[36]

서산간척지의 영농 사업을 직접 챙기기도 했지만 아산은 〈현대〉의 경영 자체가 부친이 논밭 일구던 정신과 정성을 이어받은

---

35 이호, 1997, p.19.

36 정주영, 1985, p.393.

것으로 생각했다. 그의 존재 이유와 의무는 부친의 근면과 성실을 이어받아 더 큰 향상을 이루는 것이었다. 아산에게는 "자기에게 주어진 임무를 주위의 기대에 어긋나지 않게 완수해내고, 늘 행복감을 가지고 미래의 향상을 바라보면서 즐겁게 일해 나가는 사람이 가장 잘 사는 사람"〔1981년 5월 7일〕(정주영, 1985, p.101)이었다.

5. 논의

이 연구에서 탐색한 아산의 학습활동과 학습자 자세가 삶에서 기능하는 모습은 그림 1의 학습생애모형으로 표현할 수 있다. 이 모형은 아산의 학습자 자세의 세 측면을 꼭짓점으로 하는 정삼각형과 학습자 자세의 삶에서의 기능을 꼭짓점으로 하는 역정삼각형이 겹쳐진 것이다. 각각의 학습자 자세와 삶에서의 기능은 서로 마주보고 있다. 아산의 학습생애모형은 평생학습과 학습생애경로 연구에 있어 두 가지 점을 시사한다.

첫째, 학습자 자세는 학습생애에서 비선형적으로 작동한다. 순응, 확장, 관리의 학습자 자세는 아산의 생애에서 출현한 시기에 차이가 있다. 순응의 학습자 자세가 비교적 생애 초기에, 확장과 관리의 학습자 자세는 청년기와 장년기에 나타난다. 각각의 학습자 자세의 출현과 부각 시기에 차이가 있지만, 세 가지 학습자 자세가 그의 학습생애경로를 단계별로 구분하는 것은 아니

그림 1 아산 정주영의 학습생애모형

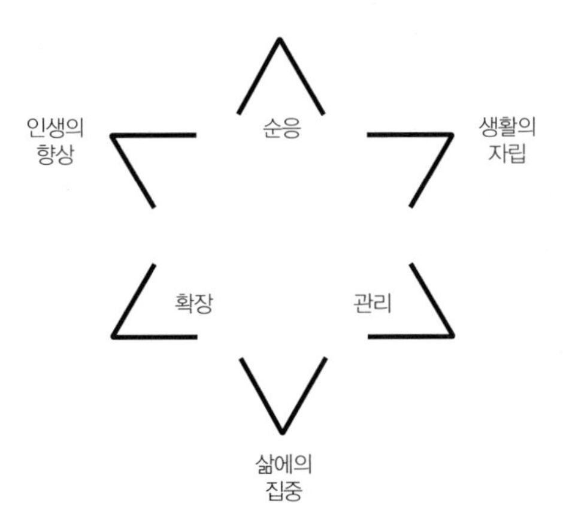

다. 순응의 학습자 자세가 확장과 관리의 학습자 자세가 출현하기 위한 조건이었다고 볼 수도 없다. 세 가지 학습자 자세는 청장년기 아산의 생애 전개 과정에서 복합적으로 나타난다. 여러 학문 분야에서 전 생애에 걸친 발달을 다루는 이론—가령, 심리사회적 발달이론(Erikson & Erikson, 1998), 도덕발달이론(Kohlberg, 1978), 영성발달이론(Fowler, 1981), 성인발달이론(Levinson, 2004; Levinson, et al., 1996) 등은 선형적인 단계론 형태로 제시된다. 반면, 학습생애경로의 이론화는 아산의 학습생애모형의 관점에서 본다면 학습자 자세의 비선형적 역동으로 접근하는 것이 더 적합하다고 여겨진다.

세 가지 학습자 자세의 역동은 아산이 활동했던 공간의 변화, 〈현대〉의 성장에 따른 학습 기회의 성격 변화, 학습 조건을 둘러싼 권력관계의 변화 등에 영향을 받았다. 고향에서 네 번의 가출을 시도해 마지막에 서울에 정착하는 과정에서 순응의 학습자 자세는 주어진/주어지지 않은 삶에의 집중을 불러왔다. 한국전쟁에 따른 부산 피난, 베트남 전쟁 파병에 이은 미군 공사 수주는 확장의 학습자 자세와 〈현대〉의 자립에 결정적인 기여를 했다. 동남아, 북미, 중동 진출로 인한 〈현대〉의 대기업화는 아산이 자영업을 운영할 때에는 찾아볼 수 없던 관리의 학습자 자세의 출현을 가능하게 했다. 공사 수주에서의 정경유착이라는 권력 관계 시비는 해외 진출을 추동하였다. 자동차와 전자 분야에서 독자 기술의 소유 여부에 따른 기업 간, 국가 간 권력 관계 속에서 아산은 기술 동승 학습이라는 관리의 학습자 자세를 취했다. 아산의 학습생애모형은 학습자 자세의 비선형적 역동 양상을 이해하는데 유용하다.

둘째, 학습생애경로의 무정형성이다. 아산의 학습생애모형의 두 삼각형은 각 변의 중간 부분들이 끊겨진 형태로 제시되었다. 이는 각각의 학습자 자세가 아산의 삶의 형성 과정에서 유동적으로 기능하는 것을 표현한다. 가령, 순응의 학습자 자세는 삶에의 집중 외에도 생활의 자립, 인생의 향상과도 관계가 있다. 순응의 학습자 자세를 통해 아산이 자기화한 근면과 성실은 생활의 자립 시기에 신용의 중요성을 학습하는데 큰 영향을 미쳤다. 아산이 지속적으로 학습 기회를 만드는 모습을 형상화한 관리의 학습자 자세는 인생의 향상을 도모하기 위해 주어진 삶에 집중하는 것과 긴밀하게 관련된다.

아산의 학습생애모형은 매끄러운 자동차 바퀴가 아니라 덜컹거리며 구를 수밖에 없는 모가 난 바퀴 모양이다. 모형이 구르는 것을 인생의 전개에 비유한다면, 모형의 열려진 부분들이 안팎으로 요동치며 구를 수밖에 없듯 아산의 삶은 한국 현대사의 거친 굴곡과 시련, 위기 속에서 전개되었다. 경일상회와 아도서비스는 일제의 전시동원령으로 그만두어야 했고, 한국전쟁, 베트남전쟁, 군사정변 등은 〈현대〉에게 위기와 기회를 동시에 제공했다. 아산의 학습생애모형의 빈 선 부분을 가상으로 연결한 외부가 사회적, 역사적 맥락이라면, 그 내부는 〈현대〉와 나눌 수 없는 그의 삶이라고 할 수 있다. 아산의 학습자 자세(순응, 확장, 관리)를 모형의 내부에, 삶에서의 기능(삶에의 집중, 생활의 자립, 인생의 향상)을 모형의 외부에 표기한 것은 삶과 맥락의 관계를 보여주기 위한 것이다. 그의 삶, 나아가 소위 아산정신은 외부의 맥락에 의해 결정되지도 않았으며, 그 자신이 가지고 있던 특성에 의해 고정되어 있었던 것이 아니라는 점을 모형의 열려진 부분들은 강조한다. 인간의 학습활동은 개개인의 삶은 물론 그가 속해 있는 사회적, 역사적 맥락을 변화, 발전시키는 동력이다.

이 연구에서는 아산의 학습생애경로에서 나타난 학습자 자세들을 제시하며 그의 전반적인 삶과 성취를 교육학적 안목에서 이해하고자 했지만, 생애 시기나 개별 학습 사건에서 학습자 자세들이 어떻게 상호작용했는지를 구체적으로 탐색하지는 못했다. 이는 구체적인 학습 사건에 대한 미시적인 자료 수집과 분석을 통해 시도해볼 수 있을 것이다.

한편, 아산의 학습생애에서 뚜렷이 부각된 학습 결과의 연결 접속 현상은 평생학습의 개념적 이해에 매우 중요한 측면을 드러내고 있다. 첫째, 아산의 실패 경험을 통한 학습이다. 평생학습은 삶에서 길어 올린 학습과 삶을 길러내는 학습의 역동에 주목한다(강대중, 2013). 아산은 삶의 실패로부터 학습을 길어 올리고, 그 학습의 결과가 이후의 삶을 길러내는 것을 반복적으로 경험했다. 이 점에서 '시련은 있어도 실패는 없다'는 교훈은 아산의 평생학습 철학이라고 할 수 있다. 둘째, 한 생활 영역 차원에서의 학습 결과가 다른 생활 영역에서의 학습을 촉진하는 현상이다. 쌀가게 배달꾼으로 학습한 신용의 중요성은 고령교 공사의 손해를 감당하는 실패 학습을 촉진했다. 건설 분야에서 학습한 결과는 조선 분야 진출에 결정적인 역할을 했다.

이 연구에서 충분히 해명하지는 못했지만 아산이 사업과는 무관해 보이는 여러 분야의 전문가들과 모임을 지속하며 학습한 결과도 여러 형태로 기업 경영에 접속되었을 것이다. 평생학습 연구에서 학습 결과가 다른 학습과 연결되고 접속하는 양상에 대한 보다 깊은 탐색이 요청된다.

6. 나가며

아산은 1980년대 초반 〈현대〉 사원들에게 한국 경제의 성장 원인에 대해 말한 적이 있다. 그 내용은 아산의 학습자 자세가 어떻게 한국 경제의 성장과 연결되어 있는지를 보여준다.

> 한국의 경제는 원칙론적으로 따지고 보면 전부가 안 될 것뿐이지 될 것은 하나도 없습니다. 자본도, 자원도 없고 경제전쟁을 치를만한 기술 축적도 없고, 경영자도 우선 내 자신부터 경험도 관리능력도 부족합니다. 이것이 현실입니다. 그런데도 오늘날 산업을 이만큼 끌어온 것은 오로지 사고와 자세가 남달랐기 때문입니다. 우리는 부족한 모든 부분을 창의성과 진취적인 모험심으로 노력하면서 메워온 것입니다. 〔1983년 10월 12일〕[37]

아산이 말했던 남달랐던 사고와 자세의 핵심은 창의, 모험, 노력이다. 창의는 인생의 향상을 위한 관리의 학습자 자세, 모험은 자립을 위한 확장의 학습자 자세, 노력은 주어진 삶에 집중하는 순응의 학습자 자세와 다르지 않다. 아산과 〈현대〉가 한국 경제를 일으키는데 공헌을 했다면, 그것은 불가능한 상황에서도 이러한 학습자 자세를 견지했기 때문이라 할 수 있다.

---

37 정주영, 1985, p.54.

이 연구는 자료의 한계로 주로 1980년대 말까지 아산의 삶과 〈현대〉의 성장 과정에서 나타난 학습활동과 학습자 자세만 살펴본 한계가 있다. 그런데, 아산 인생의 마지막 10년 남짓 동안에는 이전에는 찾아보기 어려운 사건들이 펼쳐졌다. 정치 참여, 〈현대〉 상속, 러시아 및 동구권 진출, 북한과의 교류 등 아산 생애 마지막 단계에서 일어난 사건들은 그에게 새로운 학습 기회를 제공했을 것이다. 그리고 그 가운데 또 다른 학습자 자세가 생성되었을 수 있다. 1990년대 이후 평생학습자로 아산의 모습을 추가적으로 탐구할 필요가 있다.

기업가정신과 문학

- 아산의 독서 경험

소래섭(울산대학교)

학력

서울대학교 외교학과 졸업, 서울대학교 대학원 국어국문학과 석사 및 박사.

경력

한국시학회 이사, 울산광역시 문화예술진흥위원회 위원, 현 울산대학교 국어국문학부 교수.

저서 및 논문

《백석의 맛》(프로네시스, 2009), 《불온한 경성은 명랑하라》(웅진지식하우스, 2011), 《시는 노래처럼》(프로네시스, 2012), 《백석, 외롭고 높고 쓸쓸한》(우리학교, 2014).

1. 서론

최근 들어 아산 정주영에 관한 논의는 다양한 분야로 확장되고 있다. 아산의 삶을 다룬 여러 단행본이 출간되었고, 경영학계를 중심으로 아산의 경영철학에 관한 학술적 연구도 심화되고 있다. 아산을 경유하지 않고는 한국 근대의 경제, 경영, 기업을 거론하기 어렵다는 점에서 이는 당연한 현상이며 앞으로도 더욱 진전될 것으로 전망된다.

아산에 대한 연구가 더욱 확산·심화되기 위해서는 아산에 관해 더 다양한 관점에서 접근할 필요가 있다. 주로 경영학계를 통해 진행된 연구가 아산의 경영철학, 기업가정신, 리더십 등의 성격을 규명하는 데 기여했지만, 아산이 한국 근대사에 영향을 미친 바는 비단 경제와 경영 영역으로만 한정되지 않는다. 주지하다시피 기업가로 출발한 아산은 1977년 아산사회복지 사업재단을 설립하여 각종 복지 사업을 펼쳤으며, 1990년대에 들어서는 정치 일선에도 뛰어든 바 있다. 또 1990년대 후반부터는 남북 관계 개선을 위한 기념비적 발자취를 남기기도 했다. 따라서 아산의 면모를 입체적으로 파악하기 위해서는 경제와 경영 이외의 분야에서 아산이 남긴 발자취에도 주목할 필요가 있다. 아산의 면모가 입체적으로 드러날 때 그가 경제와 경영 분야에서 남긴 유산에 대한 연구 또한 더 진전될 수 있을 것이다.

아산의 입체적 면모를 조명하기 위한 과정의 하나로 이 글에서는 문화예술에 관한 아산의 언행에 주목하고자 한다. 문화예술 분야 중에서도 아산이 특히 관심을 보였던 것은 문학과 문인들이다. 아산은 기업 경영 초기부터 문인 및 예술가와 지속적인 교유를 유지했다. 1950년대 후반부터 시인 모윤숙이 주관하는 문인 모임에 자주 참석했으며, 해변시인학교 운영을 후원하고, 문인 및 예술가들을 기업 현장에 초청하는 등 문인들에 대해 각별한 관심을 보였다. 아산은 문인뿐만 아니라 문학 자체에도 깊은 관심을 보였다. 아산은 문인과의 모임에서 시를 암송하기도 했고, 젊은 시절에는 이광수의 《흙》과 박화성의 《백화》에 열광했으며, 김남조의 수필에도 심취한 것으로 알려져 있다. 문학에 대한 그의 관심은 여느 기업가나 평범한 일반 독자의 수준을 넘는 것이었다. 그를 곁에서 지켜본 지인들의 증언에 따르면 아산은 "사업을 하지 않았으면 문학을 했을 것"이라고 말할 정도였다.

그러나 문인들과 수십 년이 넘도록 지속적으로 교유하고 기업인으로서는 유별나게 문학에 대한 관심이 남달랐음에도 그러한 교유와 관심이 어떤 의미가 있었는지에 관해서는 연구된 바 없다. 문화예술과 관련된 아산의 행적이나 그의 문화예술론에 관한 학문적 연구는 전무하다 해도 무방할 정도이다. 현재로서는 아산과 교유했던 문인들이 그에 얽힌 일화를 회고한 단편적인 글[1], 아

---

1 1997년 발간된 《100인 문집 아산 정주영과 나》에는 아산의 삶을 기리는 김남조의 시와, 아산과의 만남을 회고하는 구상, 구혜영, 김자경, 박경리, 전숙희 등 예술가들의 글이 실려 있다. 이후에 아산과 예술가들의 관계를 소개하는 글은 대부분 이 책에 기록된 바를 반복해서 소개하는 데 그치고 있다.

산의 삶을 다루면서 문인들과의 교유 양상을 간략하게 소개한 글들만이 전부인 형편이다. 예컨대 조상행은 아산의 삶을 다룬 단행본에서 '문인과의 이색 교류'라는 제목 아래 아산과 문인들과의 교유를 짤막하게 소개하고 있다.[2] 제목에서도 알 수 있듯이 조상행은 아산과 문인들 간의 교유를 아산이 사회적 인간관계를 중시했다는 관점에서 접근하고 있다. 이는 적절한 지적이기는 하지만, 아산과 문인들과의 교유에 대한 심층적인 해석이라고 보기는 어렵다. 홍하상의 저서 또한 아산과 문인들 간의 교유에 대해 짤막하게 소개하고 있는데, 홍하상은 조상행과는 달리 '예술가에서 상상력을 배우다'라는 제목으로 이를 다뤘다.[3] 홍하상은 아산이 501마리의 소 떼를 이끌고 북한을 방문하는 이벤트를 벌인 것이나 서산호 방조제 공사에서 누구도 생각해 내지 못했던 '유조선 공법'을 즉흥적으로 구상해 낸 것이 모두 아산의 상상력이 빚어낸 결과이며, 아산이 상상력의 발현을 알고자 했기 때문에 문인들과 가까워지려 했다고 평가한다.[4] 이 또한 적절한 지적일 수 있으나 논의가 소략해서 학문적 논의보다는 추론에 가깝다. 그 밖에 아산과 문인들과의 관계를 언급하고 있는 서적들이 더 있으나 그 역시 조상행과 홍화상이 소개한 바를 넘지 못하는 수준이어서

---

2 조상행, 《정주영 희망을 경영하다》, 바이북스, 2012, pp.17-19.

3 홍하상, 《정주영 경영정신》, 바다출판사, 2006, pp.282-285.

4 정대용 또한 비슷한 견해를 제시한 바 있다. 정대용은 아산이 가장 싫어한 것 중의 하나가 고정관념에 얽매이는 것이었다며 아산을 인간의 무한한 상상력과 창의력에 대한 철저한 신봉자이며 실천자라고 평가했다.(정대용, 《아산 정주영의 기업가정신과 창업리더십》, 삼영사, 2007, p.269.)

학술적 연구로 보기는 어렵다.

그간 문화예술에 대한 아산의 언행과 그 의미에 대한 학술적 연구가 진척되지 못한 데에는 몇 가지 원인이 있다. 첫 번째 이유로 들 수 있는 것은 아산에 대한 연구가 시작된 지 오래지 않아 그에 관한 연구가 주로 경영학 방면에서 진행되었기 때문이다. 앞서 언급했듯이 지금까지의 아산 관련 연구는 주로 아산의 경영철학이나 기업가정신을 규명하는 데 초점이 맞춰져 있었다. 두 번째 이유로는 기업인과 문화예술의 관계를 다룰 만한 방법론 및 시각이 부족했기 때문이다. 아산이 일군 현대그룹의 기업문화에 대한 연구, 문화에 대한 기업의 관심을 메세나의 차원에서 다룬 연구는 있었으나 문화예술에 관련된 아산의 언행에 대한 분석은 시도된 바 없다. 그와 관련된 자료도 체계적으로 수집된 바 없고, 그 자료를 분석할 방법론에 대한 고민 또한 이뤄지지 못했다. 세 번째 이유는 두 번째 이유와 관련된 것으로 문화예술 분야에서 기업과 기업인에 대한 관심이 부족했기 때문이다. 관심이 부족하다보니 연구에 대한 시도도, 연구를 수행할 방법론에 대한 고민도 이뤄질 수 없었다. 근대문학은 그 속성상 자본주의에 대해 어느 정도 비판적 거리를 유지하려는 경향이 있기 때문에 작가는 물론 문학 연구자들 또한 기업이나 기업인에 대한 관심이 부족할 수밖에 없었고 기업이나 기업인을 바라보는 시각 또한 편중될 수밖에 없었다.[5] 물론 최근에는 경영학 분야 외에도 역사, 철학 등 인문학 분야에서 아산에 관해 접근한 연구들이 발표되고 있으나

유독 문학 분야에서만은 진전이 없는 형편이다.[6]

따라서 이 글에서는 아산의 문학 독서 경험, 아산과 문인들과의 교유 양상, 문화예술 관련 아산의 언행 등에 대한 실증적 정리를 토대로 문화예술에 관한 아산의 언행이 지닌 의미와 그 가치를 밝혀 보고자 한다. 논의는 주로 문학과 문인을 중심으로 진행할 것인데, 이는 문화예술 분야 중에서도 아산이 깊이 관심을 보였고 자료가 많이 남아 있는 분야가 문학이기 때문이다. 우선 2장에서는 아산이 젊은 시절 감명 깊게 읽었다고 회고했던 문학작품들을 분석하여 그 작품들이 아산의 언행에 미친 영향을 분석해보고자 한다. 이 과정에서 주로 다룰 것은 이광수의 장편소설 《흙》, 박화성의 장편소설 《백화》이다. 어떤 작품이 독자에게 미친 영향을 분석하는 것은 쉽지 않은 일이다. 작품의 영향으로 해석될 수 있는 독자의 언행에 대한 자료가 충분하지 않은 경우가 대부분이고, 작품과 독자의 언행 사이의 인과 관계에 대한 논리적 분석 또한 어렵기 때문이다. 그러나 다행하게도 아산의 경우에는 작품과 아산의 언행 사이의 인과 관계를 추론할 만한 자료가

---

5 이와 관련해 기업문학을 연구하는 모임이 조직된 바 있다. 기업문화 및 산업평화의 활성화를 목적으로 1989년 구성된 한국기업무화협의회는 《기업문학》 발간, 기업순회문예강좌 등의 사업을 벌였으나 소기의 성과를 거두었다고 보기는 어렵다.

6 아산과 문학의 관련 양상을 다룬 것은 아니지만, 문학적인 관점에서 아산의 정신에 접근한 논의로 김정수의 〈아산 정주영의 아산정신 연구—한국적 자본주의 정신의 토대로서 아산정신과 무한의 이념〉(《아산리더십연구원저널》 Vol.1, 2014.)이 있다. 김정수는 이 논문에서 장사를 통해 자본을 증식하고 기업을 확장하려는 자본주의적 욕망이나 어떻게든 성공하려는 단순한 마음가짐의 수준을 넘어 인간에게 내재된 무한으로서의 본질을 '경영'을 통해 실현하고자 하는 아산의 정신이 한국적인 무한의 이념과 맞닿아 있다고 보고 있다.

충분하다. 따라서 이 부분에서는 감정사회학의 논의를 토대로 문학 작품과 아산의 언행 사이의 관계를 분석해 보고자 한다. 이어 3장에서는 아산과 문인들과의 교유 양상에 대한 실증적 정리를 토대로 아산과 문인들과의 교유가 지닌 특징과 그 의미를 분석할 것이다. 이 과정에서 주목하고자 하는 것은 아산과 문인과의 교유를 위해 가장 먼저 찾은 것이 왜 모윤숙이었는가 하는 점이다. 4장에서는 문화예술과 관련된 아산의 주요한 행적 중 하나인 '문인 초청 간담회'의 양상과 그 의미를 분석하고자 한다. 아산은 전국경제인연합회 회장으로 재직하던 1979년과 1983년 두 차례 '문인 초청 간담회'를 개최했다. 이는 문학과 기업, 문인과 기업의 관계 설정을 위한 최초의 모색이라는 점에서 그 의미가 결코 간단치 않다. 마지막으로 결론에서는 본론에서 논의된 바를 종합적으로 정리하고, 문화예술에 관한 아산의 언행이 현재와 미래에 어떤 의미와 가치가 있는지를 분석할 것이다.

2. 아산정신의 바탕을 형성한 문학 독서 경험

어릴 적 독서 경험이 이후의 삶에 영향을 미치는 것은 흔히 있는 일이지만, 아산의 경우에는 조금 더 특별한 바가 있다. 아산은 소학교 이외에는 정규교육과정을 마치지 못했기 때문에 그는 정규교육보다는 개인적인 독서를 통해 더 많은 지식을 습득했다.

이는 아산이 스스로 밝힌 바이기도 하다. 그는 평생 '좋은 책 찾아 읽기'를 게을리 하지 않았으며, "첫째가는 스승이 나의 부모님이셨다면 둘째 스승은 책 읽기였다"라고 말한 바 있다.[7] 또 그는 "책을 읽다가 내 뜻과 일치하는 문장을 발견할 때 나는 희열을 느끼고 행복을 느낀다."라고 말하기도 했다.[8]

아산의 최초 독서 경험은 서당에서 시작된다. 소학교에 들어가기 전 3년 동안 할아버지의 서당에서 《천자문》, 《동몽선습》, 《소학》, 《대학》, 《맹자》, 《논어》와 함께 한시를 익혔다고 한다.[9] 이 시기의 독서 경험은 아산에게 인간의 능력에 대한 무한한 신뢰와 함께 전통에 대한 존중 및 자긍심을 부여한 것으로 평가되고 있다.[10]

이어 아산은 젊은 시절 가장 기억에 남는 독서 경험으로 이광수가 〈동아일보〉에 연재한 《흙》을 읽었던 기억을 꼽고 있다.[11] 소학교만 졸업하고 문학 독서 경험이 거의 없었던 아산은 신문 연재소설이 허구가 아니라 매일매일 실제로 일어난 일을 기록한 것으로 여겼다고 회고했는데, 이는 당시 독자들 수준으로서는 흔히

---

7 정주영, 《이 땅에 태어나서–나의 살아온 이야기》, 솔출판사, 1998, p.411.

8 정주영, 《이 땅에 태어나서–나의 살아온 이야기》, p.412.

9 정주영, 《이 땅에 태어나서–나의 살아온 이야기》, p.23.

10 이와 관련해 조병두는 아산의 창업정신, 즉 미래지향적인 사고로 새롭고 신선함을 추구하는 창조적 예지, 투철한 주인의식과 능동적으로 대응하는 적극의지, 목표를 달성하기 위하여 온 힘을 기울이는 자세와 강인한 추진력 등이 논어의 인간경영론에서 영향을 받은 것으로 평가한다.(조병두, 〈논어의 인간경영론과 현대 기업경영에서의 활용에 관한 연구〉, 성균관대학교 박사학위논문, 2009.)

11 1992년 대선 후보 인터뷰에서 아산은 감명 깊게 읽은 책을 묻는 기자의 질문에 여러 책을 열거했는데, 그 수는 열 권이 채 되지 않았다고 한다. 그리고 그중에 절반은 신문연재소설이었고, 절반은 위인전이었다. 이 인터뷰에서 아산은 가장 감명 깊게 읽은 책으로 《삼국지》를 꼽았다.(〈대선 후보 연구 14– 독서〉, 〈경향신문〉, 1992년 8월 14일)

있는 일이었다. 소설을 현실로 착각했던 아산은 《흙》의 주인공인 변호사 허숭의 삶에 감동하여 도회로 나가 공부를 하고 변호사가 될 꿈을 품었다고 한다. 실제로 그는 도회로 나가 노동을 하는 틈틈이 변호사가 되기 위해 법률 공부를 하고 보통고시에 응시했지만 낙방했다고 밝히고 있다.[12] 기억에 남거나 감명 깊은 독서 경험을 묻는 질문을 받을 때마다 아산은 항상 《흙》을 거론했다. 그는 《흙》을 여러 번 읽었다고 밝히기도 했고,[13] 어릴 적 가출을 결심하게 된 가장 큰 계기로 《흙》을 지목하기도 했으며,[14] 《흙》을 읽고 작가가 되려는 꿈을 품었다고 말하기도 했다.[15]

《흙》은 춘원 이광수가 41세 때인 1932년 4월 12일부터 1933년 7월 10일까지 291회에 걸쳐 〈동아일보〉에 연재한 장편소설이다. 이 무렵 아산은 고향과 경성을 오가고 있었다. 아산은 1932년 4월 10일 세 번째 가출에 나선다. 아버지가 소를 판 돈 70원을 훔쳐 경성으로 가출한 그는 '경성실천부기학원'에서 부기를 공부하다가 몇 달 뒤 아버지의 손에 이끌려 다시 고향으로 돌아온다. 이듬해인 1933년 늦은 봄 아산은 네 번째 가출이자 마지막 가출

---

12 정주영, 《이 땅에 태어나서–나의 살아온 이야기》, p.25. 아산은 네 번째 가출 후 안암동의 보성전문학교 신축 공사장에서 막노동을 했는데, 그때서야 허숭이 그 학교 학생이 아니라는 사실을 깨달았다고 한다.(〈대선 후보 연구 14– 독서〉, 〈경향신문〉, 1992년 8월 14일)

13 〈정주영 통일국민당 대통령후보 초청 관훈클럽 특별회견〉, 1992년 12월 3일.

14 〈시사저널〉, "대선 주자 초청 패널 토론", 1992년 6월 18일.

15 정규웅, 〈정규웅의 문단 뒤안길〉 31호, 〈중앙SUNDAY〉, 2009년 9월 13일. 이 글에 따르면, 1970년대 말 울산에 문인들을 초대한 자리에서 아산은 "어렸을 때 품었던 문학에 대한 동경 때문에 지금도 문인들을 보면 부럽고 존경스럽다"라고 말했다고 한다.

을 단행한다. 《흙》의 연재 시기와 아산의 행적을 비교해보면 《흙》이 가출을 결심하게 된 가장 큰 계기였다는 아산의 말은 맞지 않는 것처럼 보인다.[16] 최초의 가출은 《흙》을 읽기 전에 이루어졌기 때문이다. 그러나 《흙》을 접하기 전에 이루어진 세 번의 가출이 실패로 끝난 반면, 《흙》을 접한 후에 이루어진 네 번째 가출이 마지막 가출이 되었던 것을 보면 《흙》이 아산이 가출을 결심하게 된 최초의 계기가 된 것은 아닐지라도 《흙》을 통해 아산의 가출이 완성되었다고 볼 수 있다. 기업인으로서의 아산의 삶이 《흙》의 독서 경험과 함께 시작되었던 셈이다. 그런 이유 때문에 아산은 평생에 걸쳐 자신의 가장 중요한 독서 경험으로 《흙》을 꼽았을 것이다.

그렇다면 도대체 《흙》은 어떤 내용을 담은 소설이기에 아산에게 깊은 감명을 준 것일까? 44회로 1회분 연재를 끝내고 난 후 이광수는 〈'흙'에 대하여〉라는 글에서 집필 동기를 다음과 같이 밝히고 있다.

> 나는 오늘날 조선 사람이   특히 젊은 조선 사람이   그중에도 남녀 학생에게 고하고 싶은 것이 있다. 그중에는 민족의 협상과 장래에 대한 이론도 있고, 또 내가 우리의 현재와 장래에 대하여 느끼는 슬

16 아산의 삶을 다룬 책들에서 아산의 말을 인용해 아산이 결행한 최초의 가출이 《흙》을 읽은 것이 계기가 되었다고 서술하고 있는 경우가 많은데, 이는 오류이다. 예컨대 송준호의 책이 그러하다.(송준호, 《대한민국 기업인 정주영》, 영림카디널, 2005, p.16.)

픔과 반가움과, 기쁨과 희망도 있고, 또 여러분의 속속맘과 의논해 보고 싶은 사정도 있다. 나는 이 모든 것을 서투른 소설의 형식을 빌려 여러분의 앞에 내어놓는 것이다.[17]

이광수는 《흙》이 조선의 젊은이, 그중에서도 남녀 학생에게 주는 작품이라고 밝히고 있는데, 이는 이 소설이 당시 한창이던 브나로드운동과 관련되어 있기 때문이다. 《흙》을 집필하던 당시 이광수는 동아일보사의 편집국장이었고, 동아일보는 브나로드 운동의 주관기관이었다. 이와 같은 분위기에 편승해 당시 많은 농촌소설이 창작되었고, 《흙》 역시 동아일보사의 입장을 반영한 작품이었다. 브나로드는 '민중 속으로'라는 뜻의 러시아 말로 러시아 말기의 지식인들이 이상사회를 건설하기 위해서는 민중을 깨우쳐야 한다는 취지로 만든 구호이다. 이 구호를 앞세워 수많은 러시아 학생들이 농촌으로 들어가 계몽운동을 벌였고, 이를 모델로 1931년 동아일보는 '농민 속으로'라는 구호 아래 문맹퇴치운동과 농촌봉사활동을 전개한다. 당시 동아일보가 운동의 목표로 제시한 것은 학생들의 "봉공적 정신의 함양" 혹은 "근로의식의 고취"였으며, 동아일보는 계몽운동을 "자력갱생운동의 조조(早朝)"로 간주하였다.[18] 농민의 계몽과 생활 향상, 민족주의 고취 등

---

17 이광수, 《흙》, 동아출판사, 1995, p.105.

18 지수걸, 〈식민지 농촌현실에 대한 상반된 문학적 형상화-이광수의 《흙》과 이기영의 《고향》을 중심으로〉, 《역사비평》 22, 1993. 2, p.193.

을 통해 농민 스스로 자립할 길을 모색하게 하는 것이 브나로드 운동의 목표였다.

《흙》의 줄거리 역시 철저하게 브나로드 운동과 도산 안창호의 준비론에 입각한 작품이었음을 보여주고 있다. 주인공 허숭은 개명한 인텔리 허겸의 외아들로 태어나 고학으로 보성전문학교 법과를 졸업한 뒤 고등문관시험에 합격하여 변호사가 된 인물이다. 자수성가한 그는 만석꾼인 윤참판집 외동딸 정선을 부인으로 맞는다. 허숭은 또한 학창 시절 우연히 만난 한민교라는 스승의 감화로 변호사가 되기 전부터 고향 살여울에서 농촌활동을 시작했던 인물이다. 그는 변호가 된 후에도 살여울에서 야학, 소비조합 및 유치원 설립, 위생계몽 등의 활동을 전개한다. 이 과정에서 허숭은 청년농민인 한갑이와 작은갑이를 포섭하고 부인인 정선과 기생인 산월이도 농촌운동가로 변신시킨다. 그러나 이들의 노력에 의해 계몽의 기운이 감돌던 살여울은 마을 유지의 아들인 유정근의 등장으로 위기에 처한다. 동경 유학생 출신의 타락한 인물인 유정근의 모함으로 허숭과 작은갑이는 치안유지법 혐의로 수감된다. 이후 살여울은 다시 과거의 암울하고 궁핍한 시절로 되돌아간다. 유정근은 식산조합을 활용하여 주민들을 무자비하게 착취하고 작은갑이의 처까지 유린하는 만행을 저지른다. 그러나 작은갑이의 출옥 이후 상황은 반전된다. 유정근의 만행을 알아챈 작은갑이는 유정근을 찾아가 칼을 들고 위협하며 간통 및 무고혐의로 고발하겠다고 협박한다. 이에 유정근은 1만 8천 원의 채권을 포기하는 동시에 재산의 거의 전부인 6만 원을 동네 교육 기금과 협동조합기금으로 내놓겠다고 약속한다. 그뿐만 아니라 갑작스레 개과천선한 유정근은 희생정신에 가득한 허숭의 인품에 감화되어 자신도 살여울을 위해 협력할 것을 다짐한다. 누명이 풀린 허숭은 풀려나고 모든 인물이 농촌활동가로 변신하면서 살여울에는 농촌진흥운동의 새 지평이 열리게 된다.

삼각관계를 축으로 한 애정서사의 비중이 적지 않지만, 기본적으로 《흙》은 계몽운동의 당위와 자력갱생의 희망을 담고 있는 작품이다. 현실을 도외시한 잦은 우연의 남발, 특히 유정근의 돌연한 개과천선이 그러한 성격을 여실히 보여주고 있다. 미래에 대한 낙관적인 전망과 계몽의식의 고취라는 주제 의식은 주인공 허숭의 발언을 통해서도 선명하게 드러난다.

'옳다, 어려운 일이 아니다!'

하고 허숭은 생각하였다.

'농민 속으로 가자. 돈이 없으면 없는 대로 몸만 가지고 가자. 가서 가장 가난한 농민이 먹는 것을 먹고, 가장 가난한 농민이 입는 것을 입고, 그리고 가장 가난한 농민이 사는 집에서 살면서, 가장 가난한 농민의 심부름을 하여 주자. 편지도 대신 써주고, 주재소, 면소에도 대신 다녀 주고 그러면서 글도 가르치고 소비조합도 만들어 주고, 뒷간, 부엌 소제도 하여 주고, 이렇게 내 일생을 바치자.'

이러한 평소의 결심을 한 번 더 굳게 하였다. 대규모로 많은 돈을 얻어 가지고 여러 사람을 지휘하면서, 신문에 크게 선전을 하면서 빛나게 하자는 꿈을 버리기로 결심하였다.

'나부터 하자!'

하는 한선생의 슬로건의 맛을 더욱 한번 깨달은 것같이 느꼈다.[19]

허숭은 '하면 된다'는 의지와 낙관주의를 품고 있는 인물이다. 당시 실제로 전개된 야학운동과 협동조합운동은 일제의 탄압과 운동 자체의 한계로 시련을 겪고 있었지만, 《흙》에서는 그러한 현실이나 부정적 전망이 드러나지 않는다. 그래서 《흙》은 "식민지 치하에서 조선을 구제하기 위하여 도시의 안락한 생활을 버리고 농촌으로 내려가 식민지 치하와 관리 그리고 부자의 횡포에 피폐된 농촌을 낙원화하려는 집요한 의지가 집약되어 나타나 있는 소설"로 평가되고 있다.[20] 공리공론을 일삼는 성리학적인 사고에서 벗어나 누구나 논밭에 나가 일하는 실천궁행의 실학사상, 교육을 통해 민족을 살리겠다는 도산의 준비론과 조선주의 등이 서사의 흐름을 지배함으로써 서사의 전개가 부자연스러워졌을 뿐만 아니라 실제 농촌운동의 실상과도 거리가 생긴 것이다. 그 결과 《흙》은 당대의 또 다른 농촌소설인 이기영의 〈고향〉이나 심훈의 〈상록수〉에 비해 문학사적으로 높은 평가를 받지는 못하고 있다.

---

19 이광수, 《흙》, p.42.

20 구인환, 〈귀농과 농촌의 낙원화〉, 《흙》, 동아출판사, 1995, p.579.

그러나 문학사적 평가와 당대 독자의 평가는 다를 수 있다. 당시로서는 소설이 허구라는 사실조차 인식하지 못하는 독자가 많은 상태였고, 아산 역시 그러한 독자 중의 하나였다. 그러한 독자들, 특히 교육에 대한 갈증과 궁핍한 농촌 현실을 타개할 생각에 골몰했던 당시의 아산에게 《흙》은 감명을 줄 만한 요소를 충분히 갖추고 있다. 미래에 대한 낙관적 전망, 농촌을 낙원으로 만들 수 있다는 이상주의, 이론이나 사상보다 실천을 앞세우는 실용주의, 국가와 민족을 중시하는 조선주의와 민족주의 등은 농촌을 벗어나 새로운 삶을 모색하고 있던 아산에게는 분명히 매력적인 것으로 다가왔을 것이다. 비록 《흙》은 지식인이 귀농해 농촌에서 낙원을 건설한다는 내용을 담고 있지만, 오히려 그것이 아산에게는 농촌을 살리기 위해서라도 고향을 떠나 성공해야 한다는 의미로 다가왔을 가능성이 높다. 그뿐만 아니라 《흙》의 주조를 이루고 있는 사상들은 이후 아산의 기업가정신에도 반영된다. 아산의 기업가정신을 설명하면서 빠지지 않고 등장하는 요소들, 즉 근면성실 혹은 근검절약주의, 도전과 개척 정신, 사업보국주의(국익사상), 추진력과 적극적인 의지 등은 모두 《흙》에서 내세우고 있는 바와 상통한다.[21] 물론 아산의 기업가정신에 영향을 미친 책은 더

21 김성수는 아산의 기업가정신으로 창조적, 예지, 적극의지, 추진력, 근검절약주의, 인간존중주의, 신용제일주의, 고객만족주의, 창조와 기술주의(장인정신), 인내와 신념주의, 산업평화주의(대등사상과 화합정신), 도전과 개척 정신(개척자 정신), 사업보국주의(국익사상)' 등을 제시한다.(김성수, 〈아산 정주영의 생애와 경영이념〉, 《경영사학》 14:1, 한국경영사학회, 1999./ 김성수,〈전후 한국경제성장을 이끌어온 현대그룹의 창업자 정주영 회장 연구—경영이념과 사상, 경영전략을 중심으로〉, 《경영사학》 20:5, 한국경영사학회, 2005.) 고승희는 아산의 기업가정신을 '사업보국주의, 근면성실주의, 신용제일주의, 기술우선주의, 책임주의, 도전주의, 창조주의' 등으로 정리하고 이 각각

있다. 예컨대 아산은 나폴레옹 전기를 거듭해서 읽었으며, 강인한 정신력과 용감무쌍한 투쟁력으로 황제가 된 나폴레옹의 이야기가 무한한 희망과 용기를 품게 해 주었다고 밝힌 바 있다.[22] 나폴레옹 전기 외에 아산이 언급했던 몇 권의 책 또한 아산의 기업가정신 형성에 영향을 미쳤음은 부인할 수 없는 사실이지만, 그 몇 권의 책 속에 《흙》 또한 주요한 위치를 차지하고 있다는 사실 또한 분명하다.

그런데 흥미로운 것은 《흙》의 표면에 등장하는 사상 외에도 《흙》이 아산에 영향을 미친 부분은 더 있다는 점이다. 도전 정신과 추진력 등은 누구나 갖출 수 있는 요소이지만, 그것을 평생에 걸쳐 일관되게 유지하기는 쉽지 않은 일이다. 따라서 그러한 정신을 유지하기 위해서는 그것을 뒷받침하는 또 다른 요소가 있다고 보아야 할 것이다. 감정사회학에서는 그러한 요소를 '배후의 감정'이라는 개념으로 설명한다. 막스 베버는 몇몇 감정들을 '태도attitude'로 규정한 바 있다. 그는 미신처럼 보이는 온갖 것들에 대한 청교도의 격렬한 증오가 합리적 금욕주의에 기여한다고 설명하면서, 그러한 증오를 감정이 아닌 태도로 분류한다.[23] 이에 대

의 요소가 '경제정신(창업정신), 사회정신(사회적 책임정신), 문화정신(문화의 창조정신)' 등의 기업가정신으로 승화되었다고 설명한다.(고승희,〈아산정신과 현대그룹의 기업문화〉, 《경영사학》 14:1, 한국경영사학회, 1999.) 정대용은 '창의성, 혁신, 가치창출'의 세 가지 기준을 토대로 아산의 경영철학을 시기에 따라 '창의성: 시장 감각 · 문제해결능력 · 독립욕구 · 설득력, 혁신: 책임의식 · 활동에너지 · 적극성 · 주도성 · 끈기와 각오 · 설득력, 가치창출: 자신감 · 자부심' 등의 요소로 나누어 설명한다.(정대용, 《아산 정주영의 기업가정신》, 삼영사, 2001.)

22 〈경향신문〉, "대선 후보 연구 14– 독서", 1992년 8월 14일.

23 J. M. 바바렛, 박형신 · 정수남 옮김, 《감정의 거시사회학》, 일신사, 2007, p.74에서 재인용.

해 사회학자 바바렛은 베버가 '합리성·감정'이라는 전통적인 이분법에 갇혀 있었다고 지적한다. 그러한 이분법 안에서 감정은 항상 합리성에 비해 열등하고 비합리적인 것으로 간주된다. 감정은 합리성을 실현하는 데 아무런 역할도 할 수 없고, 오히려 합리성의 실현을 가로막는 방해물로 취급된다. 따라서 전통적인 이분법 안에서는 때로 '증오'와 같은 감정이 목표를 설정하고 동기를 부여함으로써 합리성의 실현에 기여할 수 있다는 점을 설명하기 어렵다. 그러한 맹점을 비켜가기 위해 베버는 증오를 '감정'이 아닌 '태도'로 규정하려 했다는 것이다.[24]

바바렛은 '합리성·감정'이라는 이분법을 벗어날 필요가 있다고 주장한다. 그에 따르면 시장경제의 바탕을 이루고 있는 도구적 합리성은 비인격적 상품을 추구하게 만드는 감정을 전제하지 않고서는 제대로 작동할 수 없다.[25] 합리성을 기반으로 한 상품 교환은 많은 감정과 연루된 인간 행위자들을 요구한다. 예컨대 시장경제는 당면 목적에 대한 헌신, 고용되어 있는 조직에 대한 충성, 더 많은 성공을 자극하는 성공의 기쁨과 실패에 대한 불만, 협력이 필요한 사람들과의 신뢰, 업무에 박차를 가하는 경쟁자들에 대한 시기심, 출세하고자 하는 욕구 등과 함께 움직인다. 또 어떤 사람이 자기에게 주어진 일을 한 치도 빈틈없이 수행하

---

24 23)의 책, p.75.

25 23)의 책, p.109.

게 만들기 위해선 오로지 자신의 사명에만 전념하게 만드는 감정들이 필요하다. 즉 전문성과 기술에 대한 자부심, 일에 대한 만족감, 물질과 시간의 낭비에 대한 혐오 등과 같은 감정이 업무를 효과적으로 수행하는 데 긍정적인 영향을 미친다. 반면 사랑, 증오, 공포, 분노와 같은 감정들은 시장경제의 합리성을 파괴하는 위험한 것들로 지목되어 배척당한다. 요컨대 감정을 배제하는 도구적 합리성이 구현되기 위해서는, 역으로 도구적 합리성의 실현에 방해가 되는 감정들을 피하게 만드는 특정한 감정들이 필요하다. 바바렛은 그러한 감정을 '배후의 감정들'이라고 명명한다.[26]

바바렛의 논의를 참고하면 아산이 평생토록 《흙》을 비롯해 여러 책에서 영향을 받은 기업가정신을 유지할 수 있었던 데에도 역시 어떤 '배후의 감정'이 작용했다고 보아야 할 것이다. 그리고 그러한 배후의 감정을 파악하기 위해서는 역시 《흙》을 참고해야 할 것이다. 《흙》에서 허숭의 행위를 추동하는 동력이 되는 것은 분노라는 감정이다.

> ① 신참사의 말은 갈수록 더 사람들의 분노감을 일으킨다. 제 것 남의 것을 잊고, 다만 흙을 사랑하고, 볏모를 사랑하는 단군 할아버지 적부터의 정신으로 버릇으로 일하던 이 농부들은, 아아 우리는 종이로구나 하는 불쾌한 생각을 금할 수 없었다.

---

26 23)의 책, p.109.

모를 내는 사람들은 갑자기 홍이 깨어지고 일하는 것이 힘이 들게 되었다. 물에서 오르는 진흙 냄새 섞인 김, 볏모의 향긋한 냄새, 발과 손에 닿는 흙의 보드라움, 이마로부터 흘러내려서 눈과 입으로 들어오는 찝찔한 땀, 숨을 들이쉴 때마다 콧속으로 들어오는 제 땀 냄새, 남의 땀 냄새, 쉬지근한 냄새, 굵은 베옷을 새어서 살을 지지는 햇빛, 배고픔에서 오는 명치 끝의 쓰림, 오래 구부리고 있기 때문에 생기는 허리 아픔조차도 즐거운 것이건마는 신참사의 말 한마디에 이런 것도 다 괴로움이 되고 말았다.[27]

② 일생에 너무도 슬픔을 많이 경험하여서 감수성이 무딤인가, 인생만사를 다 팔자로 여겨서 운명에 맡겨 버리고 맒인가, 그보다도 기쁨이나 슬픔을 남에게 보이지 아니하려는 조선 사람의 성격인가.[28]

③ '속으로는 견딜 수 없는 분함과 슬픔을 품으면서도 남성적인 의지력으로 그것을 꾹 눌러 두었음일까. 마치 단단하고 두터운 땅거죽이 땅 속의 지극히 뜨거운 불을 꾹 눌러 싸고 있는 모양으로, 숭의 강한 인격의 힘이 질투와 분노의 몇천 도인지 알 수 없는 불을 가슴 속에 눌러 품고 있음이 아닐까.'[29]

---

27 이광수, 《흙》, p.112.

28 27)의 책, p.146.

29 27)의 책, p.363.

인용문 ①은 기차가 지나가는 것을 구경하느라 잠시 한눈을 파는 소작인들에게 지주인 신참사가 모욕적인 언사를 내뱉은 데 대한 반응이다. 신참사의 말로 인해 소작인들은 자신의 계급적 처지를 자각하고 분노를 표출한다. 그들은 자신들이 정당한 대우를 받지 못하고 있는 것과 오랫동안 이어져 오던 노동의 보람을 신참사가 뭉개버린 것에 대해 분개한다. 사회학적으로 분노라는 감정은 사회적 권리와 사회적 결과 간의 분리에 대한 개인적 통찰에 근거한다. 분노는 받아들일 만하고 바람직하고 적절하고 정당한 결과와 절차로부터의 이탈에 대한 감정적 판단이다. 분노는 이해관계를 초월한 권리형태와 더 관련되어 있고, 그러한 권리의 무시 내지 상실에서 발생하는 부당한 이익에 의해 유발된다.[30] 《흙》에서 선량한 농민들을 수탈하고 허숭의 계몽운동을 가로막는 것은 악덕 지주 및 일제 관리의 횡포와 돈과 위엄으로 마을에 군림하는 유정근이다. 이들은 모두 농민들에게 "우리는 종이로구나"하는 인식, 즉 부당하게 권리를 침해당했다는 인식을 유발함으로써 분노의 대상이 된다.

②의 인용문은 아들이 일제에 잡혀 갔는데도 태연한 여유를 보이는 한갑 어머니에 대한 허숭의 반응이다. 허숭은 한갑 어머니를 보며 모든 것을 팔자로 여기는 농민들의 패배주의적 정서와 순응적 운명론에 대해 안타까움과 불쾌감을 드러낸다. ①과 ②의

---

30 23)의 책, pp.232-233.

인용문에서 분노라는 감정을 일으키는 대상은 서로 다르지만, 분노가 표출되는 원인은 유사한 사고방식에 연유하고 있다. ①이 소작이라는 억압적인 제도로 인해 권리가 침해당한 데서 비롯된 분노를 보여주고 있다면, ②는 패배적 사고에 사로잡혀 자신의 권리를 인식하지 못하는 상황에 대한 분노를 보여주고 있다. 즉 두 인용문에서 분노는 부당하게 권리를 침해당한 사실에서 비롯된다는 공통점이 있다. 《흙》에서 허숭이 전개하는 계몽운동은 결국 농민들이 겪고 있는 부당한 권리 침해를 바로잡고, 그들이 패배주의적 사고와 순응적 운명론에 빠져 인식하지 못하고 있는 당연한 권리에 눈뜨게 함으로써 농촌을 낙원으로 만들려는 것이다. 부당한 권리 침해에 대한 분노가 허숭의 의지와 행동을 자극하는 매개가 되는 동시에 그 의지와 행동을 지속하게 하는 동력이 되고 있는 것이다. 허숭의 내면에 거대한 분노가 잠재해 있다는 사실은 ③의 인용문을 통해서도 확인할 수 있다. ③의 인용문은 아내인 정선이 김갑진과 불륜의 관계를 맺게 된 사실을 알고도 아내에게 내색을 하지 않는 허숭에 대한 정선의 반응이다. 정선은 자신에 대한 분노를 내면으로 삭이는 허숭의 모습을 바라보며 그 때에서야 비로소 허숭이 "힘 있고 높은 사람"이라는 사실을 깨닫게 된다. 아내의 불륜을 목격하고도 허숭은 살여울에 내려가 계몽운동에 더 매진할 뜻을 품는데, 이는 허숭의 내면에서 분노가 계몽운동의 지속적인 동력으로 작용하는 배후의 감정임을 나타낸다.

아산이 탐독했던 작품 중에 분노가 배후의 감정으로 작용하고 있는 또 다른 작품으로 박화성의 《백화》를 들 수 있다. 전숙희는 아산과의 대화를 소개하면서 아산이 《백화》에 깊이 빠져 있었다고 회고했다. 당시 아산이 살던 마을에는 이장댁 한 군데에만 신문이 배달되었는데, 아산은 거기 게재되던 박화성의 《백화》를 읽고 싶어 학교에서 돌아오는 길에 이장댁 담 뒤에 숨어 있다가 다 읽은 신문지가 나오자마자 그 소설을 읽고서야 집에 와 잠을 잤다는 것이다.[31] 그러나 전숙희의 증언은 아산의 이력과는 일치하지 않는다. 아산은 송전소학교를 1930년 3월에 졸업했는데, 《백화》가 〈동아일보〉에 연재된 것은 1932년 6월부터 11월까지이다. 이 시기는 아산이 세 번째 가출에서 돌아와 고향에 머무를 때이고 같은 신문에 연재되던 이광수의 《흙》에 빠져 있을 때이다. 전숙희는 아산이 박화성에게 해마다 새해 선물을 보냈다고 증언하고 있으므로 아산이 《흙》과 함께 《백화》에도 빠져 있었다는 것은 사실로 보이지만, 《백화》를 학교에서 돌아오는 길에 읽었다는 말은 오류임이 분명하다.

《백화》는 한국 여성이 쓴 최초의 근대 장편소설이다. 《백화》가 이광수의 손을 거쳐 〈동아일보〉에 연재되자 여자로서는 결코 쓸 수 없는 작품이며 누군가 대신 써 준 작품일 것이라는 추측이

---

31 전숙희, 〈기업과 함께 진덩 문화를 사랑하는 그분〉, 《100인 문집 아산 정주영과 나》, 1997, pp.373-374. 이 글에서 전숙희는 아산을 굶주리고 헐벗었던 어린 시절부터 시와 소설 등 문학을 미치도록 사랑한 문학 소년이라고 말한다.

나돌 만큼 《백화》는 작품성을 인정받은 소설이다. 《백화》의 시대적 배경은 고려 말이다. 주인공 일주(백화)는 임 처사의 무남독녀로서 임 처사가 충간을 하다 옥사하자 기생이 된다. 기생이 되어서도 베필이 되기로 언약했던 왕 공자를 기다리던 백화는 우왕을 비롯한 수많은 남성들의 횡포를 견디다 못해 죽기로 결심하고 강물에 뛰어든다. 백화의 투신을 목격한 왕 공자도 죽음을 택하지만 지인들이 백화와 왕 공자를 구출함으로써 두 사람의 시련은 끝나게 된다. 《흙》과 마찬가지로 애정 서사를 기본 축으로 하면서도, 박화성은 《백화》에서 부와 권력을 가진 지배층이 힘없는 피지배층 약자를 짓밟는 사실에 대한 분노를 드러내려 하였다. 주인공 백화는 "인간의 모든 죄악과 불행의 원인은 부력과 권력과 그리고 횡포한 남성"에 있다고 말한다.

> 부귀와 권력을 얻기 위하여 개인과 개인, 국가와 국가는 싸움을 그칠 줄을 모른다. 그 통에 많은 빈약한 사람들이 짓밟히는 반면에 강대하고 잔인하고 간교한 몇 놈이 부와 귀를 독점한다. 그리하여 그 부력과 권력이 그놈들의 주색을 만족하기 위한 이용물이 될 때, 또한 애매한 많은 희생자를 내는 것이다.[32]

백화는 아버지의 옥사 이후 기생이 되면서 부와 권력을 가진

---

32 박화성, 서정자 편, 《박화성 전집1–백화》, 푸른사상, 2004, p.150.

남성들에 의해 유린당하는 신세가 된다. 그러면서 백화는 자신의 권리를 부당하게 억압하는 현실에 대해 강력한 분노를 표출한다. 지식인이 주인공으로 등장하는《흙》의 분노가 부당한 권력과 순응적 운명론을 지닌 민중 양자 모두를 향하는 반면, 피지배층이 주인공으로 등장하는《백화》의 분노는 철저하게 타락한 지배계급을 향하고 있다.《백화》는 소재에 제약을 받을 수밖에 없는 식민지 현실 속에서 역사를 소재로 차용하여 검열을 피하면서 지배자와 피지배자, 착취와 피착취의 문제를 다루고 있는 작품으로 평가받고 있다. 또한 애정서사라는 통속적 서사 장치를 이용하여 대중들에게 정서적 연대감을 주면서 그 기저에 저항의 메시지를 쉽게 전달하려 하였다.[33] 이러한 사실을 감안하면 아산이《백화》에 깊이 몰입하였던 까닭도 이해될 수 있다.《백화》는《흙》과 마찬가지로 부당하게 권리를 침해당한 피지배자의 삶과 이상적인 사회 건설에 대한 희망을 담고 있으며, 애정 서사를 기본 서사로 설정함으로써 독자들의 흥미를 유발하고 있다. 두 소설은 모두 아산이 자신의 현실을 자각하고 이상적인 세계에 대한 동경을 품게 하기에 충분한 작품이었던 것이다.

두 작품에서 배후의 감정으로 작용하고 있는 분노는 이후 아산의 행적에 영향을 미친다. 아산은 "우리는 다 같이 평등하다는 것을 잊어서는 안 된다. 위대한 사회는 평등 의식 위에 세워지는

---

33 김성연, 〈공동체 지향과 아나키즘적 상상력-박화성의 《백화》론〉, 《국제어문》 46집, 2009. 8, p.246.

법이다"라고 말한 바 있다.[34] 그는 자본주의 초기의 청교도들이 그랬던 것처럼 봉건적 계급의식이나 비합리적 권위 의식을 혐오했다. 또 아산은 끊임없이 비합리적인 관치경제의 폐해를 지적하고 민간주도형 경제로 나아가야 함을 지적했는데, 부조리한 사회와 부당한 권력의 횡포에 대한 그의 분노는 결국 정치 참여로 표면화된다.

> 그러나 나는 이와 같은 사회복지 사업이나 자선사업만으로는 이 나라를 잘 살게 할 수 없다는 현실적인 결론에 이르렀습니다. 우리의 기성 정치인들이 너무나 잘못된 생각을 가지고 있기 때문에, 기업인들이 아무리 많은 재산을 정치자금이나 사회기금으로 환원하더라도 개선될 여지가 보이지 않았던 것입니다. 그래서 나는 지난 1992년에 직접 정치를 하기로 결심하기도 했습니다. (…) 그동안 나는 경제 정책을 집행하는 당국자들에게 국가 경제를 활성화할 수 있는 여러 가지 방안을 건의해 왔습니다. 그러나 그들은 집단적 이기주의와 정략적 이해에 집착함으로써 나라의 살림을 어렵게 만들고, 기업 활동은 갈수록 위축될 수밖에 없었습니다. 이와 같은 안타까운 정황 때문에 기업에 종사해야 할 나 역시 정치선언을 하게 되었던 것입니다.[35]

---

34 정주영, 《이 땅에 태어나서-나의 살아온 이야기》, p.358.

35 정주영, 《새로운 시작에의 열망》 서문, 울산대학교출판부, 1997.

정치에 참여하게 된 계기를 회고하는 글에서 아산은 기업의 자선사업이 가진 한계를 토로하는 동시에 기업 활동을 억압하는 정치 체제와 관료 및 정치인들에 대한 분노가 정치에 뛰어든 계기가 되었다고 술회한다. 그의 정치 참여는 《흙》과 《백화》에서 배후의 감정으로 작용하고 있던 분노가 최종적으로 표출된 형태라고 볼 수 있다.[36] 아산은 《흙》의 허숭이 그랬던 것처럼 기업인으로서 부당한 현실에 대한 분노를 사회복지 사업을 통해 극복하려고 시도한다. 그러나 그러한 노력이 의도한 결실을 내지 못하자 《백화》에서 백화의 무리가 시도했던 것처럼 새로운 공동체를 실현하려는 정치 참여에 나서게 된다. 이렇듯 《흙》과 《백화》는 아산의 삶에 막대한 영향을 미친 작품이라고 볼 수 있다. 두 작품에 깔려 있는, 정당한 권리에 대한 부당한 억압과 비합리적인 행태에 대한 지극한 분노는 아산이 패배주의적 사고와 순응적 운명론을 극복하고 창조적 예지, 적극적 의지, 추진력이라는 기업가정신을 평생토록 유지하는 동력이 되었고, 끝내는 정치 참여에 나서게 하는 계기로 작용했던 것이다. 아산은 정치에 나설 무렵 이렇게 말한 바 있다.

"또 내 버릇의 하나는 유치환 시인의 푯대에 매달려 먼 바다를 바라보는 깃발처럼 스스로의 미래를 향해 손짓하는 끝없는 갈망의 부풀

---

36 정진홍은 "정 회장만큼 분노를 도전과 창조로 터뜨릴 수 있는 역량을 지닌 사람은 없었다"라고 평가한 바 있다.(정진홍, 〈정주영, 고약한 사람인 줄 알았는데 창조적 예술가더라〉, 〈이데일리〉, 2012년 3월 5일)

어 오름이 있다는 점이다."[37]

짧은 말이지만, 아산의 내면에 문학이 얼마나 깊이 작용하고 있었는지, 이상적인 미래에 대한 그의 동경이 얼마나 깊었는지 잘 드러나 있다. 그리고 여기서 아산이 말한 '깃발'은 분노라는 대지에 깊이 박혀 있었다고 보아야 할 것이다.

3. 기업 경영의 창의적 에너지로 작용한 문인과의 교유

젊은 시절의 강렬한 문학 독서 경험 이후 기업가로 성장한 아산은 문인들과의 직접 교유에도 나서게 된다. 전숙희의 회고에 따르면 아산이 문인들의 모임에 최초로 참가한 것은 1950년대 중·후반이다. 전숙희는 "6·25전쟁을 치르고 휴전협정 이후 살아남은 모 선생 자신과 문우들이 가끔 모이던 자리에 키가 크고 건장한 사업가라는 분이 종종 자리를 같이 했다"라며 아산과의 최초 만남을 회고한다. 여기서 '모 선생'은 시인 모윤숙을 가리킨다.

당시 모윤숙은 여류 문인을 대표하는 시인이었을 뿐만 아니라 원로 문인으로 대접받고 있었다. 1909년 함남 원산에서 출생한 모윤숙은 아산보다 연상이었다. 1931년 이화여전을 졸업하고 간

---

37 〈경향신문〉, "김수현 정리, "대선후보연구34", 1992년 11월 28일.

도에서 영어 교사로 근무하면서 문단에 등장한 모윤숙은 1933년 첫 시집 《빛나는 지역》을 발간하면서 본격적인 여성 시인으로 주목 받는다. 이후 그는 최정희, 이선희, 장덕조 등과 더불어 1930년대 중반부터 여류문단을 형성하며 전문 엘리트 여성으로 입지를 굳혀 나갔다. 모윤숙은 1935년 당시 한국 여성으로는 유일하게 경성제국대학 선과를 2년 수료했고, 여성 최초로 경성중앙방송국에 취직하기도 했다. 그러다 1940년대에 들어서 친일의 대열에 합류함으로써 이력에 오점을 남긴 모윤숙은 해방 후 정치활동에도 참여한다. 해방 직후 〈독립촉성애국부인회〉를 결성해 활동했으며, 1947년에는 남한 단독 선거를 위한 외교 활동에 나섰다. 뛰어난 영어 실력으로 1948년에는 파리에서 열린 유엔 총회에 한국 대표의 일원으로 참가하였다. 한국전쟁 중에는 〈대한여자청년단총본부〉의 단장으로 전쟁을 후방에서 지원했으며, 여성 엘리트들이 참여하는 사교 모임 〈낙랑클럽〉을 조직하여 미국과 이승만 정부를 매개하는 역할을 담당하기도 했다. 1955년에는 〈한국자유문학자협회〉 창립에 주도적으로 참여하여 〈한국문학가협회〉와 함께 문단을 주도적으로 이끌었으며 그해 〈한국펜클럽협회〉도 창립한다. 1971년에는 문화계 비례대표로 국회의원에 선임되기도 했다.

모윤숙의 이력을 보면 아산이 문인과의 교유를 위해 왜 하필 모윤숙을 찾아 나섰는지 짐작할 수 있다. 모윤숙은 당시 문단의 중심이었을 뿐만 아니라 이승만 정부와도 각별한 관계를 유지하고 있었다. 따라서 모윤숙과의 만남은 문인과의 폭넓은 교유를 위한 출발점으로 적절했고, 더불어 이승만 정부와 우호적인 관계를 맺기 위한 교유 대상으로도 적합했다. 그러나 아산이 눈에 보이는 이득을 위해 문인들과의 교유에 나선 것 같지는 않다. 아산은 평생에 걸쳐 다양한 분야의 인사들과 폭넓게 교유했는데, 그러한 교유의 의미를 아산은 이렇게 설명한 바 있다.

> 폭넓은 인간 교류는 나에게 유머를 잃지 않게 하고, 편견에 사로잡히지 않게 한다. 인생을 따뜻한 시선으로 바라보게 하며, 공감대를 확대시키고, 그들의 정서를 이해해서 사고가 경직되지 않도록 도와준다. 인간 교류를 통해 나는 많은 소득을 얻었으며 그것을 기업 경영의 창의적 에너지로 활용한다. 기업은 인간을 위한 인간의 단체이기 때문이다.
>
> 이기심을 버린 담담한 마음, 도리를 알고 가치를 아는 마음, 모든 것을 배우려는 학구적인 자세와 향상심 등을 갖춘다면 올바른 기업으로 발전할 수 있다.[38]

문인들과의 교유가 아산이 기업을 경영하는 데 있어 직접적인 도움을 주었다는 자료를 발견하기는 어렵다. 모윤숙으로 대표되는 문인집단이 당시 정치 세력과 긴밀한 관계를 맺고 있었던 것

---

38 김윤영 지음, 한경아 엮음, 《아산의 꿈, 아산의 열정 성공을 넘어》, 미래출판기획, 2008, p.62.

은 분명하지만, 그들과의 교유가 아산의 기업 경영에 반드시 필요한 요소는 아니었다. 그러한 교유로 인해 부수적으로 얻는 혜택이 있었을 수도 있지만, 아산이 반드시 그런 것을 노리고 문인들과의 교유에 나섰다고 보기는 어렵다.[39] 오히려 인용문에서 드러나 있는 것처럼, 아산은 폭넓은 교유를 통해 얻는 무형의 이익을 염두에 두고 있었다. 그에게는 다양한 인물들과의 교유가 기업 경영에 직접적인 이득은 주지 못할지라도 기업 경영을 위한 '창의적 에너지'를 제공해 준다는 믿음이 있었다. 아산은 소학교밖에 마치지 못한 학력으로 인해 평생 배움의 갈증에 목말라 있었다. 아산은 그러한 갈증을 신문을 비롯한 다양한 유형의 독서와 인간적 교유를 통해 해소하려 노력했다. 문인들과의 교유에 나선 가장 근본적인 이유 또한 거기에 있었을 것이다.

아산이 문인들과의 교유를 위해 가장 먼저 모윤숙을 찾아 나선 또 다른 이유를 추측해볼 수 있는 자료가 있다. 정치 일선에 나선 1992년, 아산은 언론과의 인터뷰에서 모윤숙의 시를 두 번이나 언급한다. 그해 6월에 있었던 〈시사저널〉과의 인터뷰에서 아산은 이광수의 《흙》을 읽고 변호사를 꿈꾸며 가출했던 때 접했던 모윤숙의 시를 기억한다며 한 대목을 소개하고 그 작품이 무척 애국

39 아산에게는 부당한 방법에 의존하지 않고 깨끗하게 기업을 일구었다는 자부심이 있었다. 그는 이렇게 말한 바 있다. "나는 정치의 변환기에 무지한 권력자들에게 기업을 강탈당하기는 했어도 권력을 끼고 성장한 적은 전혀 없다. 국회 일해청문회에 나가서도 밝힌 바 있지만 우리 '현대'는 국가에 대해서, 이 나라 경제발전에 대해서 떳떳하지 않은 일은 한 번도 하지 않고 성장했다."(정주영, 《이 땅에 태어나서-나의 살아온 이야기》, p.388.)

적인 시라고 말한다.[40] 이어 12월에 열린 〈관훈클럽 특별회견〉에서도 감명 깊게 읽은 구절을 묻는 질문에 동일한 시를 암송한다. 이때 아산이 언급한 작품이 모윤숙의 〈이 봄이 그저야……〉라는 시[41]이다.

강 위에 흩어진 봄 여울져 구비치고
살구꽃 담 넘어 시내를 이즈리니
굳이 닫힌 철창엔들 봄소식 무디 오리
삼가 이 땅의 봄소식을 두어 자 적으롭니다.

기운 없는 이 땅에 햇빛이 웃고
맥 빠진 거리엔 봄 향기 퍼지오나
심장 없는 해골처럼 이 시절 모르오니
오는 봄을 쓸어안고 통곡이나 하오리까

무너진 기둥 앞엔 식은 한숨이 흐르고
힘 잃은 지평선에 낯설은 치마감이 춤추나니
어색한 이 땅에 버들피리 혼자 울어
능력 없는 이 겨레의 간장을 두다리오이다

---

40 〈대선 주자 초청 패널 토론〉, 〈시사저널〉, 1992년 6월 18일.

41 모윤숙, 〈이 봄이 그저야……〉, 〈동아일보〉, 1933년 4월 29일.

찬란한 옛 서울은 망각 속에 숨겨지고
남은 산천에 혼 없는 향락이 소리지르나니
이 땅의 봄철은 이뿐이런가?
이 나라의 사람은 여기에서 끊지려나?

인왕산 허릿가엔 세기말의 청춘이 울고
분산한 종로엔 그릇 가는 벗이 보이나니
이 나라 청춘은 이것이 장기런가
이 땅의 봄철은 이것만을 맞고 있는가

나는 이빨을 문 채 꼽힌 칼을 빼어
이 땅 한복판을 찔러 보았노라
분노에 터지는 조선의 고함을
나 혼자 가만히 듣고 서 있네

치마폭 걱정에 간 열핀 맘ㅁ(해독 불가: 인용자)
좀 더 크게 싸울 충동에
사사로운 열정을 버렸소이다
한 몸만 생각든 것 돌이켰소이다

이 봄이 그저야 내 문 앞을 지나오리
이 꽃이 말없이야 조선 뜰에 날리오리

이 땅의 청춘이 씩씩히 싸울 재는

저 꽃 저 잎에도 새 삶의 약속이 있사오리

이 작품이 발표된 1933년 4월은 아산이 네 번째이자 마지막이 된 가출을 결행할 무렵이다. 아산은 마지막 가출이 1933년 늦은 봄이라고 회고하고 있으므로 이 시를 읽고 얼마 지나지 않아 집을 나섰을 것이다. 대개 대통령 후보 토론회나 인터뷰의 경우 예상되는 질문이 있고, 감명 깊게 읽은 내용을 묻는 것도 빠지지 않는 질문이므로, 토론회나 인터뷰를 위해 아산이 급하게 이 작품을 암기했을 가능성도 제기할 수 있다. 그러나 여러 정황을 따져보면 아산은 이 작품을 작품이 발표된 1933년 〈동아일보〉 지면에서 읽었음이 분명하다. 아산은 언론과의 인터뷰에서 이 작품을 두 번 암송했는데, 두 번의 암송은 작품 원문과 상이한 부분이 있고, 두 번의 암송 사이에도 약간의 차이가 있다. 〈시사저널〉과의 인터뷰에서 아산은 "인왕산 허리간에는 세기말의 청춘이 울고, 번잡한 종로에는 그릇 가는 벗이 보이고, 이 나라 젊은이는 이것뿐이려나, 이 나라의 사람은 여기서 마치려나"라고 암송했다. 6개월 후에 있었던 〈관훈클럽 특별회견〉에서는 "인왕산 허리간에는 세기말의 청춘이 울고, 번화한 종로에는 그릇 가는 벗이 보이나니, 이 나라의 사람은 여기서 마치려나, 이 나라의 청춘은 이것으로 끝나려나"라고 암송했다. 아산이 암송한 부분은 이 작품의 4연과 5연인데, 아산은 그중 일부 행의 순서를 뒤바꿔서 암송하고 있다. 또 두 번의 암송 사이에도 시어와 구절의 순서 사이에 차이가 있다. 대통령 선거를 앞두고 의도적으로 암기한 내용이었다면 평소 비상한 기억력의 소유자로 이름난 아산이 차이가 나게 암송할 리는 없었을 것이다. 더구나 작품의 첫 부분이나 끝 부분도 아니고 중간 부분을 암송하고 있는 것을 보면, 아산은 이 작품을 최초 발표된 지면에서 읽고 그중 가장 감명 깊은 부분만을 기억해 두었을 것이다. 그렇게 판단할 수 있는 또 다른 이유는 이 작품이 모윤숙의 시를 거론할 때 거의 언급되지 않는 작품이기 때문이다. 이 작품은 모윤숙의 시집이나 전집 어느 곳에도 수록되지 않았고, 모윤숙에 관한 연구에서도 언급된 바가 없는 작품이다. 따라서 다른 지면을 통해서 아산이 이 작품을 접했을 가능성은 거의 없다고 보아도 무방하다.

이 작품에는 "이 글을 옥중에 계신 안창호 선생께 올립니다"라는 부제가 붙어 있다. 본래 이 작품은 '심금을 울린 문인의 이 봄'이라는 주제 아래 여러 문인이 돌아가며 연재한 기획에 게재되었다. 모윤숙은 청탁을 받고 안창호를 떠올리며 이 작품을 썼을 것이다. 모윤숙은 이광수의 소개로 안창호와 인연을 맺었으며 안창호의 '항상심'과 '민족애'를 존경했다고 밝힌 바 있다.[42] 태평양전쟁이 발발하면서 일제에 협력하기도 했지만, 등단 초기 모윤숙은 민족주의 사상과 투철한 역사의식을 기반을 둔 현실인식과 저항

---

42 모윤숙, 〈안창호 선생〉, 《湖畔의 密語》, 문호출판사, 1982, p.217.

정신을 강렬한 의지로 담아내는 시를 발표하였다. 〈이 봄이 그저 야……〉 역시 그러한 경향을 유감없이 보여주고 있다. 이 작품은 이상화의 널리 알려진 시 〈빼앗긴 들에도 봄은 오는가〉를 떠올리게 한다. 그 이유가 구체적으로 명시되지는 않았지만, 이 작품의 화자가 찬란한 봄 풍경 속에서 탄식과 슬픔만을 느끼고 있는 것은 식민지 체제로 인한 억압 때문일 것이다. 이 작품이 시집에 수록되지 못한 것도 일제의 검열 때문이었을 것으로 짐작된다. 아산이 기억하고 있는 부분은 당대의 억압적 현실과 그에 대한 젊은이의 탄식을 담고 있는 부분이다. 《흙》과 《백화》를 읽으며 형성된 강렬한 민족주의가 그 부분을 아산의 뇌리 속에 뚜렷이 각인시켰을 것이다. 또한 모윤숙의 시 역시 《흙》과 《백화》와 마찬가지로 현실에 대한 강렬한 분노 및 저항정신을 표출하고 있다. 사사로운 이익보다는 조선과 민족을 위한 치열한 싸움에 대한 열정을 중시하는 것과 미래에 대한 낙관적 전망을 담고 있는 점 또한 동일하다. 요컨대 아산은 1950년대에 모윤숙과 본격적으로 교유하기 전부터 모윤숙의 시를 암송할 정도로 모윤숙에 대해 잘 알고 있었던 것으로 보인다. 그런 이유로 아산은 문인과의 교유를 위해 제일 먼저 모윤숙을 찾았을 것이다.

여러 문인의 증언에 의하면 아산은 문인들과의 만남에서 그들의 시나 소설을 줄줄 외워 좌중을 즐겁게 하였다고 한다.[43] 그가

43 김자경, 《100인 문집 아산 정주영과 나》, 1997, p.98.

암송한 것으로 가장 널리 알려진 작품 역시 모윤숙의 장시 〈렌의 애가〉이다.[44] 아산이 〈이 봄이 그저야……〉의 일부만을 암송했던 것처럼 〈렌의 애가〉 역시 일부만을 암송했을 것이다. 시집 《렌의 애가》는 1937년 초판이 발간되었는데, 총 39쪽 분량에 일기체 형식의 편지글 8편이 수록되어 있다. 이후 《렌의 애가》는 다섯 번의 수정을 거치면서 그 내용이 점점 불어났다. 완결판이라고 할 수 있는 것이 1976년에 발간되었으므로 《렌의 애가》가 완성되기까지는 40년이 걸린 셈이다. 아산이 암송했던 것은 1937년 초판에 실린 편지글 형식의 장시일 것이며, 각각의 편지글 또한 길이가 상당히 길기 때문에 아산은 그 일부만을 암송했을 것이다. 《렌의 애가》의 일부를 소개하면 다음과 같다.

> 시몬! 나의 理想 속에 당신의 歡喜가 있습니다. 조선을 아끼시는 뜨거운 정열을 잊어버리지 않으시기 바랍니다. 당신이 바라는 義의 세계, 울음의 전당을 그 땅 위에 세우시도록 노력하소서. 의로운 병사가 되어, 최후 소원을 위해 싸우시고 건전한 시몬으로 평생을 마치소서.[45]

인용한 부분에서 알 수 있듯이 〈렌의 애가〉는 서간체라는 산문

---

44 전숙희, 《100인 문집 아산 정주영과 나》, 1997, p.373.

45 모윤숙, 《렌의 애가》, 일월서방, 1937, p.33.

형식을 취하고 있기 때문에 암송하기가 쉽지 않다. 운문 형식에 비해 길이도 길고 운율을 느끼기 힘들어 기억하기에도 용이하지 않기 때문이다. 따라서 문학과는 거리가 먼 기업인이었던 아산이 〈렌의 애가〉의 일부를 낭송한 것만으로도 문인들에게는 놀라운 일이었을 것이다.

흥미로운 점은 〈렌의 애가〉가 아산이 주로 읽었던 문학작품이나 서적들과는 그 경향이 다른 듯하면서도 유사하다는 사실이다. 〈렌의 애가〉는 여성 화자를 등장시켜 한 남자에 대한 여성의 내밀한 사랑을 고백하고 있는 작품이다. 《흙》이나 《백화》와 같이 남녀 간의 애정이 주요 소재이지만, 낭만적 성격이 짙고 유장하고 부드러운 산문체로 이루어져 있다는 점에서 두 소설과 차이가 있다. 또 인용문에서 알 수 있듯이 〈렌의 애가〉 역시 표면적으로는 남녀 간의 사랑을 다루고 것처럼 보이지만, 그 이면에는 민족주의적 세계관이 짙게 깔려 있다. 〈렌의 애가〉에서 렌이 그리워하는 남성인 시몬은 의로운 세계를 위해 헌신해야 하는 지사적 인물이다. 렌 또한 시몬 못지않게 국가와 사회, 민족의 미래를 자기 운명의 짐으로 여긴다. 〈렌의 애가〉는 한 남자에 대한 여성의 내밀한 사랑을 보여줌과 동시에 개인보다 민족을 우위로 하는 민족주의적 세계관을 드러내고 있다.[46] 이러한 성격으로 인해 〈렌의

46 안미영, 〈앙드레 지드 《좁은 문》과 조선적 전유방식-모윤숙의 산문집 《렌의 애가》를 중심으로〉, 《어문론총》 59호, 2013. 12, p.650.

애가〉는 대중들의 열광을 이끌어냈다. 1978년까지 53판이 발행되는 베스트셀러가 되었고, 1967년에는 가요로, 1969년에는 영화로 만들어지기도 했다. 아산의 문학 독서 경험에 비추어 보면 〈렌의 애가〉는 아산이 충분히 관심을 가졌을 만한 작품이다. 소설 《흙》과 《백화》, 시 〈이 봄이 그저야……〉와 다른 듯하면서도 결국은 유사한 세계관을 담고 있기 때문이다.

모윤숙과의 만남 이후로 아산은 다양한 문인들과 교분을 이어간다. 김남조, 정연희, 김양식, 김수현 등 여류문인들과 자주 만났고, 구상, 이병주, 한운사, 김주영, 황금찬 등과도 가깝게 지냈다. 아산은 문인들을 산업 현장에 초대하기도 했는데, 이 역시 모윤숙과 관련이 있었다. 모윤숙이 한국펜클럽 회장을 지낼 당시 부회장을 역임했던 시인 성기조는 문인들이 울산의 조선소를 방문했던 일화를 다음과 같이 소개하고 있다.

> 이때 팬클럽의 일을 도와 준 분들은 〈동아일보〉 회장 김상만, 현대그룹 정주영 회장, 국제문화협회 홍성철 회장, 김경원, 부완혁 씨 등이었다. 이들은 대체로 모윤숙 회장의 뜻을 짐작했고 그들이 해야 할 일이 무엇인가를 알았기 때문에 내가 말하는 일에 선선하게 응해 주었다.
>
> 78년 봄, 후줄근하게 어깨가 늘어진 사람을 보면 영락없이 글 쓰는 사람이란 말이 나돌던 때, 단군 이래 경제가 호황이라는데 문인들은 맥주값이 없었다. 빈주머니를 뒤져봐야 먼지만 날 뿐, 별 도리 없

었다. 그때 생각해낸 것이 정주영 회장에게 떼를 써 하루 저녁 모임을 만들어 보자는 것이었다. 실제로 얼마나 경제가 호황인가, 그리고 우리나라의 생산력이 얼마나 신장되었는가 눈으로 직접 보자는 목적도 있었다. 뽕도 따고 임도 본다면 더없이 좋은 일, 이 뜻을 전하자 현대에서 O.K.였다. 나는 공문을 발송하여 2백 명에 가까운 문인들로 산업시찰단을 구성했다. 울산까지 전세 버스로 갔고 현대조선소 영빈관에 여장을 풀었다. 정회장이 작업복을 입고 공장에 나와 직접 안내를 맡은 것은 물론이었다. 이 행사에 참가한 문인들은 입이 딱 벌어졌다.[47]

성기조는 이날의 산업시찰이 국내 최초였다고 소개하면서 그 시찰을 계기로 생산공장과 산업에 관한 글이 쏟아져 나왔고 다른 기업에서도 종종 소규모의 시찰단을 초청했다고 회고하고 있다. 문인들과 각별한 관계를 유지했던 아산이 문인들이 산업시찰에 나서는 계기를 마련한 것은 사실이지만, 1978년의 산업시찰이 최초는 아니었다. 시인 구상의 회고에 따르면 1975년 봄에 이미 아산은 최정희, 정비석, 백철, 송지영 등 20여 명의 문인을 울산조선소에 초대한 바 있었다.[48] 비록 1978년의 산업시찰에 비하면 작은 규모였지만, 성기조의 증언과는 달리 1975년에 이루어

---

47 성기조, 〈한국 펜클럽의 대모 영운 모윤숙〉, 《문예운동》 121, 2014. 3, pp.81–82.

48 구상, 〈아산과 시심〉, 《100인 문집 아산 정주영과 나》, 1997, p.27.

진 것이 문인들이 참여한 최초의 산업시찰이라고 보아야 할 것이다. 성기조의 글에서 확인할 수 있는 또 하나의 사실은 아산과 모윤숙의 각별한 인연이 여러 문인들이 산업 현장을 체험하는 기회를 제공했다는 점이다.

아산과 모윤숙의 인연은 1990년 모윤숙이 세상을 떠날 때까지 이어졌다. 시인 이근배의 회고에 따르면, 1984년 추석 전날 아산은 모윤숙을 위해 추석상을 차려주었다고 한다.[49] 당시 모윤숙은 몇 해째 병석에 누워 있었다. 당시 아산은 잔디밭에 천막을 치고 추석상을 차렸으며, 이 자리에는 전숙희, 김자경, 김남조, 정영희 등이 참석했다. 성기조와 이근배가 소개한 일화에서 보듯, 아산과 모윤숙의 교유는 기업 경영의 편의를 도모하기 위한 목적으로 이루어진 것이 아니라 문학 및 문인에 대한 아산의 존경심을 바탕으로 한 인간적인 성격을 띤 것이었다.

아산이 문인들과 교유하는 또 다른 장이 되었던 것은 '해변시인학교'였다. 해변시인학교는 한국에 예술학교를 만들고 싶어 했던 시인 박목월의 유지를 그 아들인 박동규가 이루기 위해 1979년 최초로 시작되었다. 매년 여름 해변에서 열리는 이 행사는 '시를 이해시킨다, 시인과의 만남, 시의 독자를 확대시킨다, 시를 통하여 나라를 사랑한다'라는 기치를 내걸고 여러 문인과 독자가 직접 만나는 기회를 제공했으며 현재까지도 지속되고 있다. 아산

49 이근배, 〈문학동네에 살고 지고 38-영운의 추석잔치〉, 《중앙일보》, 2003년 2월 27일.

은 해변시인학교 초기부터 장소와 물품을 후원했고 거의 매년 행사에도 참여했다. 1998년에는 83세의 나이에도 참여하여 화제가 되기도 했다. 특히 1987년 강원도 양양에서 열린 해변시인학교에는 예고도 없이 참석하여 문인과 독자를 놀라게 하기도 했다. 이날 아산은 즉석에서 독자를 위한 특강을 열고 경제와 시의 관계를 이야기하면서 경제발전의 궁극적 목표는 문화라고 말해 참가자들의 박수를 받았다고 한다.[50]

이상과 같이 살펴본 아산과 문인과의 교유에서는 몇 가지 특징을 발견할 수 있다. 첫째, 아산은 주로 문단의 중견이나 원로 문인과 교유했다는 사실이다. 아산 역시 독자의 한 사람이었다는 점에서 명망 있는 문인들과 교유하려 했던 것은 당연한 일일 수도 있지만, 여기에는 다른 이유도 작용했던 것으로 보인다. 아산은 다음과 같이 말한 바 있다.

> 나는 자기가 하고 싶은 일을 성취한 사람은 부를 가진 사람이라고 생각한다. 자신이 뜻한 바의 성취가 바로 부의 성취이지 꼭 재물만이 부의 척도가 되는 것은 아니다. 남이 부러워할 만한 깊은 지식을 가지고 사회적인 지위도 높은 사람이지만 재물이 많이 없으니 가난하다든지 서민이라든지 하는 식으로 생각하는 사고방식이 팽배하다면 이 사회는 대단히 위험하다. 지식은 쟁탈해서 분배할 수 없지만

50 〈경향신문〉, "현대 정회장, '문화가 경제발전의 궁극적 목표'", 1987년 8월 7일.

재물은 쟁탈할 수 있다. 돈만을 최고의 가치로 삼는 황금만능사회는 위험하다. 건전한 발전을 기대할 수 없다. 돈만이 부가 아니다.[51]

아산은 재물뿐만 아니라 지식과 사회적 지위를 가진 사람도 부자이며, 그 모두는 평등하다고 말한다. 아산이 지속적으로 문인들과의 교유를 이어가며 그들을 존경했던 것도 문인들 또한 자신과 마찬가지로 부자라고 생각했기 때문이다. 아산이 문인들과 교유하던 때만 해도 문인들의 사회적 지위가 높던 때였다. 그들은 당대 최고의 지식인이자 사회 주도층으로 인식되었다. 1983년 아산은 문인 100명을 울산 산업시찰에 초대했는데, 누군가 그 만남의 의미를 묻는 질문에 아산은 한 치의 망설임도 없이 이렇게 대답했다고 한다. "사람과 돈의 만남이지요."[52] 아산은 문인들을 사람에, 자신을 돈에 비유한 것이다. 겸양과 농담이 섞여 있는 표현으로 보이지만, 아산의 평소 생각에 비추어 보면 그가 자신을 돈에 비유한 것이 자신을 낮춘 것이라고 보기도 어렵다. 돈을 추구하는 일이나 사람을 추구하는 일이나 커다란 성취를 이루면 모두 똑같다는 것, 그러므로 돈만을 추구하거나 사람만을 추구해서도 안 되고 돈과 사람은 만나야 한다는 것, 그것이 바로 아산의 생각이었기 때문이다.

51 정주영, 《이 땅에 태어나서-나의 살아온 이야기》, pp.396-397.

52 한운사, 〈사람과 돈의 만남이죠〉, 《100인 문집 아산 정주영과 나》, 1997, p.461.

둘째 아산이 교유한 문인들은 주로 우파나 민족주의 성향의 작가들, 혹은 이른바 '순수문학'을 표방하던 문인들이었다는 사실이다. 이는 해방 이후 한동안 민족주의적 경향의 작가들이나 순수문학을 추구했던 작가들이 한국 문단의 주류를 차지했던 데에 일차적인 원인이 있을 것이다. 그와 더불어 아산의 언행이나 문학 독서 경험에 비추어 보면 그러한 성향의 작가들이 아산의 성향에 부합했던 것을 원인으로 들 수 있다. 아산은 예술이 인간의 심성을 표출하는 것이며 아름다운 영혼을 표현하는 일이라고 생각했다.[53] 아산은 이렇게 말한 바 있다.

> 나는 상식에 얽매인 고정관념의 테두리 속에 갇힌 사람으로부터는 아무런 창의력도 기대할 수 없다고 생각하는 사람이다. 내가 믿는 것은 하고자 하는 굳센 의지를 가졌을 때 발휘될 수 있는 잠재능력과 창의성, 그리고 뜻을 모았을 때 분출되는 우리 민족의 엄청난 에너지뿐이다.[54]

아산은 예술을 아름다운 영혼을 표현하는 일인 동시에 창의적 사고를 통해 고정관념에서 벗어나는 작업으로 인식했다. 그리고 아름다운 영혼과 창의성은 유구한 민족문화에서 발원하는 것이

---

53 정주영, 〈한국 미술의 발전을 위하여〉, 《새로운 시작에의 열망 서문》, 울산대학교출판부, 1997, p.85.

54 51)의 책, pp.231-232.

며, 그것을 통해 국가와 민족의 발전에 기여하는 것이 예술의 역할이자 기업의 역할이라고 여겼다. 앞서 아산의 문학 독서 경험에서 살펴본 바와 같이 아산에게 문학은 국가나 민족의 행로와 뗄 수 없는 관계에 있는 것이었다. 이와 같은 점을 고려하면 아산이 인간 존재에 대한 깊은 탐구를 보여주는 순수문학이나 민족문화에 대한 자긍심을 고양하려 했던 민족주의 경향의 작가들과 주로 교유했던 것은 당연하다 할 수 있을 것이다.

4. 기업과 문학의 동반 성장을 모색했던 문인 간담회

아산은 1977년 4월부터 1987년 2월까지 전국경제인연합회(이하 전경련) 회장직을 5선 연임했다. 이 기간에 전경련은 '기업인과 문인의 간담회'를 두 차례 개최했다. 두 차례의 간담회 중 첫 번째 간담회는 기업인과 문인이 만난 최초의 공식적인 간담회였고, 두 번째 간담회는 마지막 간담회가 되고 말았다. 1983년 열린 두 번째 간담회 이후 30여 년이 흘렀지만 당시와 같은 간담회는 개최된 바 없다.

1977년 10월 22일 세종문화회관에서 열린 첫 번째 간담회에는 전경련 회장인 아산을 비롯해 재계 중진 16인과 문학계 인사 11인이 참여했다. 본래 이 모임은 전경련이 기업과 기업인들에 대한 국민들의 비판을 순화시킬 방안으로 모색되었다. 당시는 가발

수출업체 여성 노동자들이 회사 폐업 조치에 항의해 야당인 신민당 당사에서 농성을 벌이다 강제 해산 과정에서 여공 1명이 추락사한 'YH사건'으로 기업과 기업인의 이미지가 극도로 실추되어 있던 때였다. 또 1978년 노동자 계급의 소외로 인한 사회적 갈등에 대한 문학적 보고서였던, 조세희의 《난장이가 쏘아올린 작은 공》이 출간되는 등 열악한 노동 조건을 다룬 문학이 쏟아지던 시기이기도 했다. 전경련은 종교계와 언론계에 이어 문학계와의 간담회 자리를 마련함으로써 그와 같은 상황에 대한 타개책을 모색하려 하였다.

본래 문학계의 의견을 듣기 위한 자리였으므로 이날 보임에서 주로 발언한 것은 문학계 인사들이었고, 기업인들은 문학계 인사들의 지적에 대한 해명을 주로 내놓았다.[55] 문학평론가 이어령은 인간세계에 가장 중요한 것은 돈과 언어의 힘이라며 언어를 다루는 시인이나 작가는 떳떳한데 돈을 다루는 기업인은 그렇지가 못하다고 지적했다. 이어 그는 기업 환경 자체가 파괴된다면 기업을 키워나갈 수 없다며 기업 환경 측면에서 정신문화 풍토를 재검토할 단계라고 말했다. 문학평론가 유종호는 노동자들이 사람다운 대접을 받고 사회정의가 이루어져야 좋은 기업인상이 정립될 것이라고 지적했다. 또한 그는 노동 현장을 직접 체험한 작가

55 간담회 내용은 〈경향신문〉, "문인들 전경련 초청 간담회서 강조 기업 꽃피우려면 토양은 문화라야", 1979년 10월 23일.와 〈매일경제〉, "경제계 문인 간담 전경련 주최 '기업은 사회적 중개기능 살려야'", 1979년 10월 23일을 참고하여 정리하였다.

들이 간담회에 나오지 않았다며 그들의 목소리에 귀 기울일 것을 촉구했다. 시인 이근배는 젊은 작가들이 참석하지 않은 이유는 기업과 대중과의 거리감에서 비롯된 것이며, 기업인들이 문학에 대해 얼마나 관심을 갖고 있었느냐가 중요하다고 말했다. 시인 정한모는 기업인들이 종업원을 따뜻하게 보살펴야 하며, 그다음으로 기업 환경을 든든히 하고, 여력이 남으면 문화계에 대한 관심도 가져야 할 것이라고 말했다. 문학평론가 이광훈은 분배 문제가 해결되면 노동 현장 소설은 퇴조할 것이라 전망하면서 그동안 문화가 양적으로 성장한 것은 경제발전을 바탕으로 이루어진 것이며 기업이 잘 되려면 그 토양은 문화가 되어야 한다고 말했다. 송지영과 구상 등은 기업인들이 작가 양성에 관심을 갖고 창작 기금을 할애해줄 것과 간담회를 계기로 문학 토양 조성에 나서줄 것을 당부했다. 작가들의 지적에 대해 산업은행 총재 김준성은 해방 후 우리나라의 토지자본이 산업자본으로 전환되지 못하고 정치와 야합한 자본이 형성되었기 때문에 국민들이 자본에 대해 부정적인 인식을 갖게 되었다고 진단하고, 이후로는 기업 이익의 사회 환원이 개선될 것이라고 전망했다. 대우실업 회장 김덕중은 당시 한국의 임금이 높은 수준이고 물가 압력으로 기업이 이익을 낼 수 없는 상황이라며 국민들이 1960년대의 기업만 생각하기 때문에 기업을 부정적으로 여긴다며 기업의 입장을 항변했다. 결국 이날 간담회에서 이야기된 바는, 문학계 인사들은 노동 조건의 개선과 노동자들이 인격적인 대우를 받는 풍토를 조성할 것, 문학에 대한 지원에 나설 것 등을 기업인에게 촉구했고, 기업인들은 한국 기업의 역사와 당시의 경영 형편을 들어 억울함을 토로한 것으로 정리할 수 있다. 전경련 회장이었던 아산은 마무리 발언을 통해 이렇게 말했다.

> 기업계가 민간주도형 경제를 부르짖으면서도 사회문제에 관해 소홀해왔던 점은 사실이다. 마음을 안정시켜주는 것은 역시 문학이다. 부정 축재, 악덕재벌의 소리를 우리 기업이 자라온 과정에서 운명적으로 받아들여야 한다는 것은 오늘의 기업인으로서는 불행한 선택임에 틀림없다. 그러나 우리는 줄기차게 인간적인 가치를 살리면서 기업을 경영하려 한다. 내년 예산에는 창작기금 등을 반영해서 문예진흥에 최대한 협조를 아끼지 않겠다.[56]

당시 간담회는 언론의 주목을 받았지만, 전경련이 기대한 성과를 달성하지는 못했다. 단 몇 시간의 대화로 기업과 기업인들에 대한 이미지가 개선되거나 문학에 대한 기업의 지원이 확대될 리는 만무하다. 더구나 간담회 며칠 후 10·26사태가 터지면서 전경련의 관심은 기업에 대한 국민들의 인식보다는 정국의 추이로 향하게 된다. 그럼에도 불구하고 이날의 간담회는 기업인과 문학계 인사들이 최초의 공식적인 만남을 통해 상호 이해의 폭을 넓

---

56 〈매일경제〉, "경제계 문인 간담 전경련 주최 '기업은 사회적 중개기능 살려야'", 1979년 10월 23일.

히고 건전한 기업 풍토 조성과 문화의 발전을 위해 각자가 모색해야 할 바를 고민하는 계기가 되었다는 점에서 의미가 있다. 그리고 그 중심에는 일찍이 문인과 교유를 이어온 아산이 있었다.

두 번째 간담회는 1983년 6월 9일 서울 프라자호텔에서 개최되었다. 이날 간담회에는 전경련 중진 26인과 문인 57인이 참석했다. 이 자리에서 오간 대화 내용을 요약하면 다음과 같다.

정주영 서로 생활하는 방향이 달라 만나지 못했다. 기업인들은 문인들을 만날 기회가 극히 드물어 문인들의 사정과 지향하는 뜻을 모르고 기업에만 몰두해왔다. 이번 모임을 계기로 앞으로는 자주 만나 어려움을 서로 이야기하고 이해를 돈독히 하자.

송지영(문예진흥원장) 88올림픽을 앞두고 부산한 준비를 하고 있다. 그러나 86아시안게임과 달리 88올림픽은 단순한 체육행사로 끝나서는 안 된다. 한국의 인정풍속을 구체적으로 나타내는 것이 중요하다. 문화진흥원의 예산은 체육부의 4분의 1에 불과, 해야 할 일도 못하고 있다. 문화를 떠난 기업은 생각할 수 없는 시대이다. 문인들의 입장을 적극 이해해줄 것을 기대한다.

문덕수(시인, 문학평론가) 상품 수출 이전에 문화 수출이 필요하다. 문화적 토대가 닦여야 상품도 잘 팔릴 수 있다. 일본의 작가 교류 유학생 초청 등이 좋은 예다. 이런 점에서 오늘 초대 한 번으로 끝내지 말고, 문학계를 위해 자금을 얼마나 지원하겠는가 등의 포부를 말해 달라.

정주영 서로 너무 몰라 현재는 포부나 계획이 없다. 이야기하다 보면 생길 수 있다고 생각한다.

송지영 문예진흥원이 얼마 전 마련한 구상이 있다. 미국의 경우처럼 기업이 마련해준 문학재단 같은 것이 필요하고 각 대학에 문화예술 장학금 같은 것이 있었으면 한다. 어느 기업이 하나씩 맡아도 좋다.

정주영 문예진흥원은 국가 재정에서 할 일이고, 오늘 모임은 문학계와 경제계의 이야기이다.

김동리(문인협회장) 오늘은 역사적인 모임의 날이다. 과거 경제인은 문인은 가난하고 고집이 세다고 이해했고, 문인은 기업인을 돈 버는 사람으로만 몰아붙였다. 그러나 오늘날은 문화와 경제를 떼어놓고 생각할 수 없다. 문인은 현실적으로 약하고 가난하다. 그렇다고 도움을 요청할 수는 없다. 그러나 기업 운영에 지장을 주지 않는 범위 내에서 후세에 길이 남을 탑의 주인공들을 만들어 내도록 경제계의 지원도 연구해봄직 하다.

김우종(문학평론가) 문학계가 현 단계에서 기업에 후원을 요청하는 것은 무리다. 기업의 이윤은 기업주와 근로자의 공동 소유이므로 그 이익은 먼저 근로자에게 돌아가야 한다. 문학이 과연 기업에 지원을 요청해야 할 정도로 돈이 필요한 것인가? 문인의 궁극 목표는 가난한 사람, 남을 돕는 일이다. 경제계에 도움을 요청하는 것은 우리의 정신문화를 물질에 예속시키는 것이다.

최일수(문학평론가) 급속한 경제성장은 반문화적 가치 상실의 풍토를 낳았다. 도와 달라는 것이 아니라 상실된 문화를 회복하자는 것이다. 경제 원로들께서 오늘을 기회로 문화가 무엇인가를 한 번만 생각해 줄 것을 바란다.

성기조(시인) 발전의 밑거름에는 돈이 필요하다. 기업이 1백억 원 정도를 문화기금으로 조성, 문학계 운영기금을 만든다면 문학 발전에 큰 도움이 될 것이다. 운영은 경제계와 문학계가 실무위원회를 구성, 결정하면 된다.

정주영 서로가 소원했다는 생각을 느낀다. 그 나름대로 살고 있기 때문이다. 기업계와 문학계가 서로 없는 것을 들어 무시해서는 안 된다. 서로의 풍요를 나눠가져야 한다. 돈 때문에 불쾌한 생각은 갖지 말아야 한다고 생각된다. 기업인도 생각이 깊다. 문인들의 자존심을 손상시킬 의도는 추호도 없다. 서로의 이해를 도모하는 것이 무엇보다 중요하다.

김남조(시인) 문인은 가난에 굴하지 않는 자긍심이 있다. 그러나 주간잡지를 부둥켜안고 있어야 하는 문인도 있다. 구차스럽기보다는 현실적인 이야기다. 기업이 문인들에게 우리는 이렇게 피땀을 흘렸다고 말할 수 있는 입장이 되면 좋겠다.

김우중(대우그룹 회장) 아침부터 저녁까지 뛰다보면 자신의 빈곤함을 느낀다. 시간을 내서 만날 기회를 주시면 감사하겠다.

선우휘(소설가) 우리나라 문인들은 발표할 곳이 없어서 원고를 묵히는 경우가 많다. 몇 개 있는 문학잡지라도 잘 운영되었으면 더할 나위 없겠다.[57]

---

57 간담회 내용은 〈매일경제〉, "새 창조영역 함께 모색", 1983년 6월 10일과 〈경향신문〉, "기업인 문인중진 83명 오찬 '상호보완' 역할 모색 등 대화", 1983년 6월 10일을 참고하여 정리하였다.

기업과 기업인에 대한 부정적 이미지 개선 방안과 기업의 사회적 책임을 중심으로 진행되었던 첫 번째 간담회와는 달리 두 번째 간담회는 문인이 기업에 지원을 요청하는 것이 정당한지 여부와 구체적인 지원 방안을 중심으로 대화가 진행되었다. 간담회 내용이 그러한 탓이었는지 기업인의 입장을 전경련 회장이었던 아산이 주로 밝히고 있다는 것도 첫 번째 간담회와는 차이가 있다. 첫 번째 간담회에 이어 두 번째 간담회에도 참석했던 시인 구상은 이날 아산의 발언을 이렇게 요약했다.

> '이제까지 문인과 경제인들은 서로를 알려고 하지 않았는데 이제부터는 사회를 올바르게 발전시키기 위하여 두 직업인들이 서로 이해해야 할 단계에 와 있다'고 전제하고 '치부나 사리사욕은 일부나 전 시대의 일로서 우리 기업인들도 이 나라 이 사회 이 민족을 위해서 헌신봉사하려는 일념뿐이니 기업가라면 악덕 모리배시 하는 이미지를 여러분부터 씻고 또 국민의 의식도 그렇게 선도해 달라'는 요청과 '기업생산도 결국은 국민들의 격조 높은 생활을 위해 있는 것이니 문학인과 유대를 가지며 그 창작 활동에 보탬이 됨으로써 상승해 나아가고자 한다'고 말하고 '그 구체적 지원 방안은 여러모로 검토하겠다'는 지극히 온당하고 원만한 것이었다.[58]

구상이 요약한 바를 보면 아산은 이날 간담회에서 문인에 대한

---

58 구상, 〈정신과 육신이 함께 풍요한 사회로〉, 〈경향신문〉, 1983년 8월 13일.

기업의 지원을 요청하는 요구에 응대하면서도 첫 번째 간담회에서 말한 바와 같이 기업에 대한 부정적 이미지를 개선하는 데에도 초점을 맞추고 있다. 아산은 기업가로 성공한 이후 기업과 기업인에 대한 왜곡된 시선을 교정하기 위해 지속적으로 노력했다. 그가 문인들과 지속적으로 교유하고 유례없는 문인 초청 간담회를 개최했던 것도 그러한 노력의 일환이었다. 또한 그러한 노력은 아산이 기업인으로서의 자신의 삶에 대해 높은 자긍심을 품고 있었다는 사실에 대한 반증이기도 하다.

두 번째 간담회에서 아산이 약속한 창작기금 조성은 그해 곧바로 실현된다. 아산은 문학기금 10억 원 조성을 추진하고 광고 게재를 통해 문학지를 지원했다. 아산이 전경련 회장으로 재직하던 1985년에는 문예진흥후원협의회가 발족됨으로써 문화예술에 대한 기업의 체계적 지원 방안이 모색된다. 따라서 두 번째 간담회는 첫 번째 간담회와는 달리 구체적 성과로 이어졌다고 평가할 수 있다.

두 번에 걸쳐 이루어진 기업인과 문인의 간담회는 세간의 조명은 물론 기업과 문학의 관계에 대한 다양한 논의를 이끌어 냈다. 문학과 기업의 접촉, 문학과 자본의 관계에 대한 다양한 논의들이 전개되었으며, 문화예술에 대한 기업의 지원 방안이 다각도로 모색되었다. 두 번의 간담회는 한국의 문학사와 문화예술사에서 그 의미를 가벼이 넘길 수 없는 사건이었다. 현재 이루어지고 있는, 문화예술에 대한 기업의 지원이 두 번의 간담회를 거치면서 틀이 잡히고 실현되었기 때문이다. 그리고 그 중심에는 아산이 있었다.

5. 결론

이 글은 아산의 문학 독서 경험, 아산과 문인들과의 교유 양상, 문화예술 관련 아산의 언행 등을 토대로 문화예술에 대한 아산의 언행이 지닌 의미와 가치를 밝히고자 하였다. 먼저 2장에서는 아산이 감명 깊게 읽었다고 회고한 이광수의 소설 《흙》과 박화성의 《백화》를 중심으로 아산이 두 작품에 매료된 까닭과 두 작품이 아산의 이후 행적에 미친 영향을 분석하였다. 두 작품에 깔려 있는, 정당한 권리에 대한 부당한 억압과 비합리적인 행태에 대한 지극한 분노는 아산이 패배주의적 사고와 순응적 운명론을 극복하고 창조적 예지, 적극적 의지, 추진력이라는 기업가정신을 평생토록 유지하는 동력이 되었고, 끝내는 정치 참여에 나서게 하는 계기로 작용했다. 이러한 내용을 밝히는 과정에서 기존 자료에서 아산의 독서 경험에 대해 부정확하게 서술한 내용을 실증을 통해 바로잡았다.

3장에서는 아산과 문인들과의 교유 양상을 아산과 모윤숙의 교유 양상을 중심으로 살펴보았다. 아산에게는 다양한 인물들과의 교유가 기업 경영을 위한 '창의적 에너지'를 제공해 준다는 믿음이 있었다. 그러한 믿음과 더불어 미처 이루지 못한 배움에 대한 갈증이 그가 문인과의 교유에 나선 주요 동기가 되었다. 특히 그는 모윤숙과의 만남을 통해서 다양한 문인과 교유하게 되는데, 모윤숙의 작품이 《흙》이나 《백화》와 마찬가지로 아산이 중시하고 지향했던 사상을 담고 있었기 때문이다.

4장에서는 아산이 전경련 회장으로 재직 시 개최한 두 번의 '기업인과 문인 간담회'가 지닌 의미를 살펴보았다. 두 번에 걸쳐 이루어진 기업인과 문인의 간담회는 기업과 문학의 관계에 대한 다양한 논의를 이끌어 냈다. 문학과 기업의 접촉, 문학과 자본의 관계에 대한 다양한 논의들이 전개되었으며, 문화예술에 대한 기업의 지원 방안이 다각도로 모색되었다. 기업에 대한 부정적 이미지를 재고하기 위한 아산의 노력으로 이루어진 두 번의 간담회는 기업과 문화예술의 관계를 정립하는 데 기여했다는 점에서 의미 있는 사건으로 기록되어야 한다.

아산은 행복할 수 있는 조건으로 세 가지를 제시한 바 있다.[59] 첫째는 건강이다. 아산은 건강을 잃고는 긍정적으로 사고하기 어렵다고 보았다. 둘째는 다른 사람에 대한 이해의 폭을 넓게 가지고 담백하고 순수한 마음으로 살아보라는 것이다. 그는 사회 각 분야에서 열심히 훌륭하게 자기 일을 하는 사람들을 진심으로 존경하고 솔직하게 찬사를 보낼 수 있는 '잘난 사람'들이 많아져야

59 정주영, 《이 땅에 태어나서: 나의 살아온 이야기》, pp.410-411.

우리도 '잘난 나라'로 발전할 수 있다고 말했다. 셋째는 보다 나은 삶, 보다 나은 인간, 보다 나은 직장, 보다 나은 발전에 대해서 항상 향상심을 갖고 '공부하는 사람'으로, '생각하는 사람'으로 사는 것이다.

문학을 비롯한 문화예술은 아산이 행복한 삶을 살 수 있는 토양을 제공해주었다. 그가 탐독했던 문학 작품들은 그에게 긍정적 사고를 심어 주었으며, 문인들과의 지속적인 교유는 타인과 세계에 대한 이해의 폭을 넓히는 데 기여했다. 아산은 그들을 진심으로 존경하고 후원했다. 또한 문학 독서 경험과 문인들과의 교유는 아산이 고정관념이나 현실에 안주하지 않고 끊임없이 더 나은 삶을 위해 매진하는 촉매가 되었다. 한국인들은 양적 성장의 시대를 넘어 삶의 질을 추구하는 시대를 살고 있다. 행복을 최대의 가치로 추구하며 살고 있는 것이다. 그런 점에서 아산이 행복의 조건으로 제시한 것들은 여전히 유효하다고 해야 할 것이다. 아산은 "정신적·육체적으로 고양된 삶을 사는 사람은 물질적으로나 정신적으로나 10배, 100배를 산다"라고 말한 바 있다.[60] 행복한 삶이란 정신적·육체적으로 고양된 삶을 일컫는 말이기도 할 것이다. 그가 정신을 고양할 수 있는 문학과 예술에 관심을 둔 것도 그것이 행복한 삶과 결코 분리될 수 없는 것이기 때문이었다. 그러한 측면에서 문화예술과 관련된 아산의 언행은 행복한 삶과

---

60 1980년 12월, 현대그룹 사보 인터뷰.

문화예술의 관계는 물론 문인과 기업인, 문화와 기업 간의 관계가 어떻게 정립되어야 하는지에 대한 하나의 사례를 제시하고 있다. 그리고 이는 한국의 기업인으로서는 유사한 사례를 찾기 어렵다는 점에서 그 가치가 남다르다고 할 수 있다. 아산 자신이 자긍심과 여유를 섞어 썼던 표현을 빌리자면, '돈'과 '사람'의 행복한 만남을 위해 '돈'이 무엇을 할 수 있는지를 앞장서 보여주었다는 점에서 현재는 물론 미래에도 그 의미가 적지 않다고 할 것이다.

덧붙이자면, 이 글은 그간 아산에 대한 연구뿐만 아니라 문학 연구 분야에서도 시도된 바 없는 것이기 때문에 시론試論의 성격을 지니고 있다. 논의의 출발점으로서 관련 연구를 촉발시키는 계기가 될 수 있기를 바란다.

참고 문헌

상상력의 공간 – 창업·수성에 나타난 아산정신_전영수(한양대학교)

권영욱, 《결단은 칼처럼 행동은 화살처럼(개정판)》, 아라크네, 2013.

김윤영, 《성공을 넘어》, 미래출판기획, 2008.

김윤이 외, 《빅 피처 2015》, 생각정원, 2015.

김태형, 《기업가의 탄생》, 위즈덤하우스, 2010.

박시온, 《정주영처럼》, FKI미디어, 2012.

아산 정주영과 나 100인 문집 편찬위원회, 《아산 정주영과 나》, 아산사회복지 사업재단, 1997.

정주영, 《이 땅에 태어나서: 나의 살아온 이야기》, 솔출판사, 1998.

조형호 외, 《가슴을 뛰게 하는 비즈니스 명장면 23》, 명진출판, 2008.

홍하상, 《정주영 경영정신》, 바다출판사, 2006.

천대윤, 《창발전략경영혁신과 리더십》, 삼현출판사, 2012.

최병일 외, 《기업가정신》, 한국경제연구원, 2013.

현대엘리베이터, 《동행, 30년 미래를 향한 동행》, 현대엘리베이터 30년사(1984~2014).

정주영 경영정신 요약본, www.bookcosmos.com.

정진영, '기업가정신', 칼럼 한마당–장진영, 한겨레신문, 2014년 7월 25일.

안영배, '대탐험! 인간의 성격', 신동아 통권 498호, 2001년 3월 1일.

〈이데일리〉, '정주영, 고약한 사람인 줄 알았는데 창조적 예술가더라', 정진홍 인터뷰, 2012년 3월 5일.

〈중앙선데이〉, '정규웅의 문단 뒤안길 1970년대 〈31〉 정주영과 문인들', 2009년 9월 13일.

미창부(www.msip.go.kr/web/msipContents/contents.do?mId=ODA=검색일: 2015년 3월 10일)

http://blog.naver.com/gatesceo?Redirect=Log&logNo=150088946190(검색일: 2014년 8월 5일)

http://www.ceoscoredaily.com/news/article.html?no=8792(검색일: 2015년 3월 5일)

자기구현의 인간학 – 아산의 인성_박태원(울산대학교)

정주영, 《시련은 있어도 실패는 없다: 나의 삶 나의 이상》, 제삼기획, 1991.

_____, 《이 땅에 태어나서: 나의 살아온 이야기》, 솔출판사, 1998.

정진홍, 〈아산학의 필요성〉, 《아산학의 정립 가능성》, 제1회 아산학술심포지엄, 아산리더십연구원, 2013.

아산리더십연구원, 〈아산관련 도서 목록집〉, 울산대학교 아산리더십연구원, 2013.

_____________, 〈아산리더십연구원 소장도서 해설집〉, 울산대학교 아산리더십연구원, 2014.

크리스토퍼 거머(Christopher K. Germer) 외, *Mindfulness and Psychotherapy*(The Guilford Press, 2005), 김재성 번역, 《마음챙김과 심리치료》, 도서출판 무수, 2009.

긍정 · 도전 · 창의의 기반 – 아산의 사아구조_정진홍(울산대학교)

박정웅, 《세기의 도전자, 위기의 승부사 정주영: 이봐, 해봤어?》, 프리이코노미북스, 2015.

소광희, 《시간의 철학적 성찰》, 문예출판사, 2001.

정몽준, 《나의 도전, 나의 열정: 정몽준의 인생과 세상 이야기》, 김영사, 2011, p.22.

정주영, 《시련은 있어도 실패는 없다: 나의 삶 나의 이상》, 제3기획, 1991.

_____, 《이 땅에 태어나서: 나의 살아온 이야기》, 솔출판사, 1998.

Edward S. Cassey, *Remembering : A Phenomenological Study*, Indiana University Press, 1987.

Geoff Colvin, *Talent Is Overrated: What Really Separates World-Class Performers from Everybody Else*, Penguin Group, 2008.

Robert K. C. Forman ed., *The Innate Capacity: Mysticism, Psychology, and Philosophy*, Oxford University Press, 1998.

M. C. Green, J. J. Strange, T. C. Brock eds., *Narrative Impact: Social and Cognitive Foundations*, Lawrence Erlbaum Associates, Inc, Publishers, 2002.

Martin Heidegger, *What Is Called Thinking?*, trans. J. Glenn Gray, Harper and Row, 1968.

Paul Ricoeur, *Interpretation Theory: Discourse and the Surplus of Meaning*, The Texas Christian University Press, 1976.

____________, *Symbolism of Evil*, Harper & Row, 1967.

____________, *Memory,Forgetting,History*, University of Chicago Press, 2004.

Albert E. Stone, *Autobiographical Occasions and Original Facts*, University of Pennsylvania Press, 1982.

순응·확장·관리 – 아산의 학습생애_강대중(서울대학교)

강대중, 〈평생학습 연구 방법으로 학습생애사의 의의와 가능성 탐색〉, 《평생교육학연구》, 15(1), 2009, pp.201-223.

______, 옮긴이의 말, 《성인교육의 의미*The Meaning of Adult Education*》, Lindeman, E. C. (강대중·김동진 역), 학이시습(원전은 1926에 출판), 2013, pp.126-139.

구상, 〈아산과 시심〉, 《백인문집: 아산 정주영과 나》, 아산 정주영과 나 편찬위원회(편), 아산사회복지 사업재단, 1997, pp.27-28.

권기태, 〈영원한 건설인〉, 《백인문집: 아산 정주영과 나》, 아산 정주영과 나 편찬위원회(편), 아산사회복지 사업재단, 1997, pp.44-52.

김성수, 〈아산 정주영의 생애와 경영이념〉, 《경영사학》, 19, 1999, pp.5-45.

김인자, 〈질 높은 세상을 열어준 판도라 상자〉, 《백인문집: 아산 정주영과 나》, 아산 정주영과 나 편찬위원회(편), 아산사회복지 사업재단, 1997, pp.92-97.

김자경, 〈가장 힘찬 박수와 가장 많이 친 박수〉, 《백인문집: 아산 정주영과 나》, 아산 정주영과 나 편찬위원회(편), 아산사회복지 사업재단, 1997, pp.98-101.

김종규, 〈재벌총수의 검약생활〉, 《백인문집: 아산 정주영과 나》, 아산 정주영과 나 편찬위원회(편), 아산사회복지 사업재단, 1997, pp.113-117.

김종서 · 김신일 · 한숭희 · 강대중, 《평생교육개론(개정판)》, 교육과학사, 2009.

민병철, 〈짜투리시간에 잠자는 완벽주의자〉, 《백인문집: 아산 정주영과 나》, 아산 정주영과 나 편찬위원회(편), 아산사회복지 사업재단, 1997, pp.157-160.

______, 《나는 대한민국 외과의사다》, 새론북스, 2006.

박정웅, 《정주영 이봐, 해봤어?(개정판)》, FKI미디어, 2007.

방일영, 〈겨울에 하복 입은 단벌신사〉, 《백인문집: 아산 정주영과 나》, 아산 정주영과 나 편찬위원회(편), 아산사회복지 사업재단, 1997, pp.211-213.

성태제 · 강대중 · 강이철 · 곽덕주 · 김계현 · 김천기 · 김혜숙 · 봉미미 · 유재봉 · 이윤미 · 이윤식 · 임웅 · 홍후조, 《최신교육학개론(2판)》, 학지사, 2012.

아산리더십연구원, 〈아산리더십연구원 소장도서 해설집〉, 울산대학교 아산리더십연구원, 2014.

아산 정주영과 나 편찬위원회, 《백인문집: 아산 정주영과 나》, 아산사회복지 사업재단, 1997.

음용기, 《등대없는 바다를 날다》, 이야기꽃, 2009.

______, 장우주 외, 《길이 없으면 길을 닦아라: 70-80년대 현대종합상사맨들의 세계시장 개척사》, 이야기꽃, 2005.

이성태, 《위대한 기업가의 가난한 철학》, 민맥, 1991.

이양섭, 《나의 삶 그 열정의 무대에서》, e-퍼스트북, 2008.

이지혜, 〈학습자 중심 연구에 있어서 전기적 접근의 시사〉, 《학습사회의 교육학》, 김신일 · 박부권(편), 학지사, 2005, pp.419-438.

이호, 《또 하나의 기적을 만든다: 정주영 회장과 참모들의 대화록》, 자유시대사, 1997.

정원식, 〈정 회장의 새로운 모습〉, 《백인문집: 아산 정주영과 나》, 아산 정주영과 나 편찬위원회(편), 아산사회복지 사업재단, 1997, pp.391-394.

정주영, 《아산정주영연설문집》, 김용완(편), 울산대학교출판부, 1985.

______, 《이 아침에도 설레임을 안고: 아산 정주영 연설문집》, 삼성출판사, 1986.

______, 《시련은 있어도 실패는 없다: 나의 삶 나의 이상》, 제삼기획, 1991.

______, 《새로운 시작에의 열망》, 울산대학교 출판부, 1997a.

______, 《한국경제이야기》, 울산대학교 출판부, 1997b.

______, 《이땅에 태어나서: 나의 살아온 이야기》, 솔출판사, 1998.

조상행, 《정주영 희망을 경영하다》, 바이북스, 2012.

한국지역사회교육중앙협의회, 《한국지역사회교육운동20년》, 한국지역사회교육중앙협의회, 1992.

허영섭, 《정주영 무릎꿇다: 대권도전다큐멘터리》, 아침, 1993.

정주영 현대중공업 현장 조 반장 훈시, 〈미간행 현대중공업 연설 녹취록〉, 1977. 10. 8.

Amsden, A.H., *Asia's next giant: South Korea and late industrialization*, New York: Oxford University Press, 1989.

Chamberlayne, P., Bornat, J., & Wengraf, T., *The turn to biographical methods in social science: Comparative issues and examples*, London and New York: Routledge, 2000.

Coombs, P.H., & Ahmed, M., *Attacking rural poverty: How nonformal education can help*, Baltimore: Johns Hopkins University Press, 1974.

Erikson, E.H., & Erikson, J.M., *The life cycle completed*, New York: W.W. Norton, 1998.

Field, J., Learning from our lives, In Jarvis, P., & Watts, M.H.(eds.), *The Routledge international handbook of learning*, London: Routledge, 2012, pp.176-183.

Fowler, J.W., *Stages of faith: The psychology of human development and the quest for meaning*, San Francisco: Harper & Row, 1981.

Freire, P., *Pedagogy of the oppressed*, New York: Herder and Herder, 1970.

Kang, D.J., Rhizoactivity: Toward a postmodern theory of lifelong learning. *Adult Education Quarterly*, 57(3), doi:10.1177/0741713606297445, 2007, pp.205-220.

Kang, D.J., *Life and learning of Korean artists and craftsmen: Rhizoactivity*, Abingdon, UK and New York: Routledge, 2015.

Knowles, M.S., *The modern practice of adult education: Andragogy versus pedagogy*, New York: Association Press, 1970.

Kohlberg, L., Revisions in the theory and practice of moral development, *New Directions for Child and Adolescent Development*, 2, 1978, pp.83-87.

Kolb, D.A., *Experiential learning: Experience as the source of learning and development*, Englewood Cliffs, NJ: Prentice-Hall, 1984.

Levinson, D.J., Darrow, C.N., Klein, E.B., Levinson, M.H., & McKee, B., 《남자가 겪는 인생의 사계절*The Seasons of a Man's Life*》(김애순 역), 이화여자대학교출판부(원전은 1978에 출판), 1996.

Levinson, D.J., 《여자가 겪는 인생의 사계절*The Seasons of a Woman's Life*》(김애순 역),

이화여자대학교출판부(원전은 1996년에 출판), 2004.
Lindeman, E.C., 《성인교육의 의미*The Meaning of Adult Education*》(강대중·김동진 역), 학이시습(원전은 1926년에 출판), 2013.
Merriam, S.B., Caffarella, R.S., & Baumgartner, L., *The Jossey-bass higher and adult education series: Learning in adulthood : A comprehensive guide(3rd Ed.)*, San Francisco : Jossey-Bass, 2007.
Mezirow, J., *The Jossey-Bass higher and adult education series: Transformative dimensions of adult learning*, San Francisco : Jossey-Bass, 1991.
Steers, R.M., *Made in Korea: Chung Ju Yung and the rise of Hyundai*, New York : Routledge, 1999.
Usher, R., Bryant, I., & Johnston, R., *Adult education and the postmodern challenge: Learning beyond the limits*, New York : Routledge, 1997.

기업가정신과 문학 – 아산의 독서 경험_소래섭(울산대학교)

정주영, 《새로운 시작에의 열망》, 울산대학교출판부, 1997.
______, 《이 땅에 태어나서: 나의 살아온 이야기》, 솔, 1998.
이광수, 《흙》, 동아출판사, 1995.
모윤숙, 〈이 봄이 그저야……〉, 〈동아일보〉, 1933년 4월 29일.
박화성, 서정자 편, 《박화성 전집1-백화》, 푸른사상, 2004.
고승희, 〈아산정신과 현대그룹의 기업문화〉, 《경영사학》 14:1, 한국경영사학회, 1999.
구상, 〈정신과 육신이 함께 풍요한 사회로〉, 〈경향신문〉, 1983년 8월 13일.
구인환, 〈귀농과 농촌의 낙원화〉, 《흙》, 동아출판사, 1995.
김성수, 〈아산 정주영의 생애와 경영이념〉, 《경영사학》 14:1, 한국경영사학회, 1999.
______, 〈전후 한국경제성장을 이끌어온 현대그룹의 창업자 정주영 회장 연구-경영이념과 사상, 경영전략을 중심으로〉, 《경영사학》 20:5, 한국경영사학회, 2005.
김성연, 〈공동체 지향과 아나키즘적 상상력-박화성의 《백화》론〉, 《국제어문》 46집, 2009. 8.
김정수, 〈아산 정주영의 아산정신 연구—한국적 자본주의 정신의 토대로서 아산정신과 무한의 이념〉, 《아산리더십연구원저널》 Vol.1, 울산대학교 아산리더십연구원, 2014.

성기조, 〈한국 펜클럽의 대모 영운 모윤숙〉, 《문예운동》 121, 2014. 3.
안미영, 〈앙드레 지드 《좁은 문》과 조선적 전유방식-모윤숙의 산문집 《렌의 애가》를 중심으로〉, 《어문론총》 59호, 2013. 12.
이근배, 〈문학동네에 살고 지고 38-영운의 추석잔치〉, 《중앙일보》, 2003년 2월 27일.
정규웅, 〈정규웅의 문단 뒤안길〉 31호, 〈중앙SUNDAY〉, 2009년 9월 13일.
정진홍, 〈정주영, 고약한 사람인 줄 알았는데 창조적 예술가더라〉, 〈이데일리〉, 2012년 3월 5일.
조병두, 〈논어의 인간경영론과 현대 기업경영에서의 활용에 관한 연구〉, 성균관대학교 박사학위논문, 2009.
지수걸, 〈식민지 농촌현실에 대한 상반된 문학적 형상화-이광수의 《흙》과 이기영의 《고향》을 중심으로〉, 《역사비평》 22, 1993. 2.
아산 정주영과 나 100인 문집 편찬위원회, 《100인 문집 아산 정주영과 나》, 재단법인 아산사회복재단, 1997.
김윤영 지음, 한경아 엮음, 《아산의 꿈, 아산의 열정 성공을 넘어》, 미래출판기획, 2008.
모윤숙, 《湖畔의 密語》, 문호출판사, 1982, p.217.
송준호, 《대한민국 기업인 정주영》, 영림카디널, 2005.
정대용, 《아산 정주영의 기업가정신과 창업리더십》, 삼영사, 2007.
조상행, 《정주영 희망을 경영하다》, 바이북스, 2012.
홍하상, 《정주영 경영정신》, 바다출판사, 2006.
M. 바바렛 J., 박형신·정수남 옮김, 《감정의 거시사회학》, 일신사, 2007.
"문인들 전경련 초청 간담회서 강조 기업 꽃피우려면 토양은 문화라야", 1979년 10월 23일.
〈경향신문〉, "기업인 문인중진 83명 오찬 '상호보완' 역할 모색 등 대화", 1983년 6월 10일.
________, "현대 정회장, '문화가 경제발전의 궁극적 목표'", 1987년 8월 7일.
________, "대선 후보 연구 14- 독서", 1992년 8월 14일.
________, "김수현 정리, '대선후보연구34", 1992년 11월 28일.
〈매일경제〉, "경제계 문인 간담 전경련 주최 '기업은 사회적 중개기능 살려야'", 1979년 10월 23일.
________, "새 창조영역 함께 모색", 1983. 6. 10.
〈시사저널〉, "대선 주자 초청 패널 토론", 1992년 6월 18일.
〈정주영 통일국민당 대통령후보 초청 관훈클럽 특별회견〉, 1992년 12월 3일.

아산, 그 새로운 울림: 미래를 위한 성찰

'아산 연구 총서' 시리즈(전 4권)

01_얼과 꿈

상상력의 공간 – 창업 · 수성에 나타난 아산정신_전영수(한양대학교)

자기구현의 인간학 – 아산의 인성_박태원(울산대학교)

긍정·도전·창의의 기반 – 아산의 자아구조_정진홍(울산대학교)

순응·확장·관리 – 아산의 학습생애_강대중(서울대학교)

기업가정신과 문학 – 아산의 독서 경험_소래섭(울산대학교)

02_살림과 일

유교와 민족주의 – 아산의 기업관과 자본주의 정신_류석춘(연세대학교), 유광호(연세대학교)

자본주의의 마음 – 아산의 파우스트 콤플렉스_김홍중(서울대학교)

한국적 경영 – 아산의 인격주의_이재열(서울대학교)

중산층 사회의 등장 – 아산의 기능공 양성_유광호(연세대학교), 류석춘(연세대학교)

03_나라와 훗날

수신제가치국평천하 – 아산의 유교윤리와 국가인식_김석근(아산정책연구원/아산서원)

발전국가와 기업 – 아산의 '인정투쟁'_왕혜숙(연세대학교)

서울올림픽 – 아산의 정치외교사_김명섭(연세대학교), 양준석(연세대학교)

통일국민당 – 아산의 창당과 한국정당사에서의 의미_강원택(서울대학교)

실리적 남북경협 – 아산의 탈이념적 구상과 실행_정태헌(고려대학교)

04_사람과 삶

자아·가족·사회 – 아산의 사회공헌정신의 형성과 계승_홍선미(한신대학교)

복지재단과 복지사회 – 아산사회복지재단의 한국적 의미_최재성(연세대학교)

의료복지와 경쟁력을 빚어내다 – 아산병원의 의료 모델 _김태영(성균관대학교)

한국형 복지국가 – 아산 복지정신의 함의_이봉주(서울대학교)

희망과 치유의 철학 – 아산의 삶과 한국사회의 미래_김진(울산대학교)

아산 연구 총서 01
아산, 그 새로운 울림 : 미래를 위한 성찰
-- 얼과 꿈

첫판 1쇄 펴낸날 2015년 11월 23일

편 울산대학교 아산리더십연구원
글쓴이 전영수 | 박태원 | 정진홍 | 강대중 | 소래섭

펴낸곳 (주)도서출판 푸른숲
펴낸이 김혜경

출판등록 2002년 7월 5일 제 406-2003-032호
주소 파주시 교하읍 문발리 파주출판도시
529-3번지 푸른숲 빌딩, 우편번호 413-756
전화 031)955-1400, 031)955-1410
팩스 031)955-1406, 031)955-1424

값 30,000원
ISBN 979-11-5675-626-2 (04080)
ISBN 979-11-5675-625-5 (04080) (세트)

이 도서의 국립중앙도서관 출판시도서목록(CIP)은 서지정보유통지원시스템 홈페이지(http://seoji.nl.go.kr)와 국가자료공동목록시스템(http://www.nl.go.kr/kolisnet)에서 이용하실 수 있습니다. (CIP제어번호 : CIP2015030472)